汉语身体词词义范畴化的认知研究

孙 影◎著

科学出版社
北 京

内 容 简 介

人们对身体词的认识是与对身体的哲学认识分不开的。身体在哲学史上通常是与心智结合在一起的，身体和心智的关系问题几乎同哲学本身一样古老。本书基于语言哲学、认知语言学、词汇语义学、文化学的理论框架，遵循“词义—认知—思维—文化哲学”的研究思路，勾勒出“词义范畴纵聚合引申”和“词义范畴横组合衍生”两个层面考察整个身体词词义范畴化的过程，提出汉语言是一种“象语言”，词义取象是词义范畴化的脉络，隐喻取象是词义范畴化的机制，文化取象则预先规定了词义范畴化的方向和结果，解析身体和身体经验如何影响人们对世界的观察、体验、表达，从而实现了从现实之身到概念之身的转换和引申。

本书介绍了认知语言学范畴化理论的哲学渊源、主要理论、发展路径、动态发展过程和研究方法，适合语言学本科生，外国语言学及应用语言学硕士、博士研究生，以及老师使用。

图书在版编目（CIP）数据

汉语身体词词义范畴化的认知研究/孙影著. —北京：科学出版社，2023.10

ISBN 978-7-03-076309-9

Ⅰ. ①汉…　Ⅱ. ①孙…　Ⅲ. ①汉语-词义学-研究　Ⅳ. ①H13

中国国家版本馆 CIP 数据核字（2023）第 170741 号

责任编辑：王　丹　赵　洁 / 责任校对：姜丽策
责任印制：徐晓晨 / 封面设计：润一文化

科学出版社 出版
北京东黄城根北街 16 号
邮政编码：100717
http://www.sciencep.com

北京虎彩文化传播有限公司 印刷

科学出版社发行　各地新华书店经销

*

2023 年 10 月第　一　版　开本：720×1000　1/16
2024 年 1 月第二次印刷　印张：11 3/4
字数：193 000

定价：98.00 元

（如有印装质量问题，我社负责调换）

吉林省社会科学基金项目“基于语料库的汉英身体词语义演变的认知文化研究”（2023B132）
吉林省教育厅“十三五”社会科学研究项目“认知视域下英汉词义范畴化的语料库研究”（JJKH20190517SK）
吉林省人文社科重点研究基地“英美语言文学研究中心”研究成果

目　　录

第一章　词义、词义演变与身体词

语言的三要素为语音、语义、语法，其中语义因为无影无形，不易得出具有普遍意义的规律，一直没有得到应有的重视。但在 20 世纪，语义学却如同语言研究中的“灰姑娘”，成为众多哲学家、语言学家、人类学家、心理学家共同关注的课题。束定芳（2005：3）认为：“现代语义学的发展与现代语言学的发展密切相关。但与语言学研究不同的是，它的发展既有语言学的传统，又有哲学的传统。尤其是在 19 世纪末和 20 世纪上半叶，语言哲学的研究对现代语义学的发展产生了重大而深刻的影响。”所以为了把握词义的本质，我们首先从哲学层面展开关于词义本质的思考。

第一节　词义本质的哲学思考

哲学的语言学转向让语言学家开始思考词义的本质属性问题。古往今来，许多哲学家都试图给意义一个确切的定义，提出了纷繁复杂的语义理论。有将语义与所指对象联系起来的（指称论或命名说）；有与人们头脑中的观念联系起来的（意念论或观念论）；有与命题的真值联系起来的（真值对应论、真值条件论等）；有与语言的实际用法，或与语句所具有的功能联系起来的（用法论、功用论）；有与言语交际时的社会情景联系起来的（语境论）；有与受话者的反应（刺激—反应）联系起来的（反应论）；有与言语行为及其所引起的效果联系起来的（言语行为论）；有与发话者的意向和所欲达到的目的联系起来的（意向论）；还有与人类的感知体验、范畴化、概念化、认知过程、推理能力联系起来的（认知论）（王寅，2001：261）。词义问题已经是 20 世纪语言哲学探讨的核心问题，有代表性的词义理论，哲学家们提出的有指称论、观念论、行为论、用法论、关系论、概念论。

一、指称论

指称论（referential theory）又被称为指示说、命名说、对象说。指称论指的是词与事物之间的命名关系，认为语词的意义就是语词所指称的客观世界中相对应的对象。例如“桌子、老师、树木、猫”等词的词义是否有意义，就看这些词所指的对象是否和客观事物存在一致性，指称论表达的是语言和现实的一一对应关系。最早的古希腊哲学认为词与物是有本质联系的，词义的名称在某种程度上揭示了事物的本质。坚持指称论的哲学家密尔提出了词义有内涵和外延之分（Mill，1961）。除了密尔，对指称论较有影响力的现代哲学家还有罗素。他 1905 年发表的论文《论指称》认为词语是代表某种东西的符号，将词语划分为专有名词和摹状词（Russell，1905）。专有名词直接指的一个对象就是它的意义，摹状词的意义是由所组成的语词意义而定。哲学家维特根斯坦在他的哲学著作《逻辑哲学论》中认为名称表示对象就是意义（维特根斯坦，2019a），这也是指称论中名称和指称对象之间直接的一一对应关系。但是维特根斯坦后期的《哲学研究》却用“词语的意义在于使用”（维特根斯坦，2019b）的观点否定了前期观点。

指称论满足了人类最初对词义本质认识表达的需求，发现了词与事物的对应关系，看到了词义客观性的一面。但是随着人类认识和思维的不断深化，语言不再仅仅局限于描述客观世界中的具体事物而存在，抽象概念表达的需求需要语言的虚指，这时指称论的解释力就受到了很大的限制。例如，神、天使、麒麟、龙、鬼等在客观世界中就无法找到相对应的指称对象，而且有的词因为语境的不同有可能存在多个指称对象。所以指称论关于“语词是现实的镜像反映”这一孤立、精致、机械的观点受到了分析哲学的猛烈抨击和批判。指称意义只是意义的一个组成部分，而不是全部。福多和斯多森也认为，指称并不等同于语词所指称的对象（或所指称的事物），指称论把词义的来源（存在）视作词义本身（意识），混淆了存在与意识的关系，无法解释形形色色的语言现象以及词与物的复杂关系（章宜华，2002：6）。

二、观念论

观念论也被称为意念论，是在指称论的基础上提出来的，是更为成熟的词义理论。19 世纪弗雷格批判了指称论，区分了 reference 和 sense 的差异，正式确立了“观念论”。观念论认为语言符号是通过“观念”这一中介与所指物发生关联的，词义是语言所代表的事物在语言使用者心目中形成的某种观念或意念。观念论的最早倡导者是 17 世纪英国唯物主义哲学家洛克。他把观念看成是人心中的意象，语言在人心目中的观念意象就是语言的意义。休谟则认为观念是对感官印象的模仿，是人们将对世界的感知上升为概念认知的词义表达。观念论观点是日后分析哲学词义研究的现代语义理论基础。

虽然观念论克服了指称论中词和所指事物之间一一对应的原始性、直观性等缺陷，但也存在着不足之处。例如对于观念形成的基础是什么、观念是如何形成的、观念与人类的实践间存在什么样的具体关系等问题都没有给予充分的解释，从而没有赋予语言应有的地位。很多词，如虚词、数词、抽象名词等在人心目和头脑中并不形成某种具体的观念；而且同一个词，因时间、地点的不同产生的观念也会有所不同。对于这些现象，观念论也没有充分的解释力。甚至观念论的难以捉摸性导致词义缺乏确定性、稳定性，人的主观因素也没有考虑在内，这些缺陷后来受到了弗雷格、赖尔、蒯因等哲学家的批评。

三、行为论

20 世纪，被心理学界誉为第一次革命的行为论认为词义是一种刺激—反应的过程。行为论认为人学会语言不是遗传的结果，而是环境刺激的结果。例如“葡萄”会让干渴的人产生分泌唾液的行为，而“书”就不会产生这样的刺激。行为论的代表人物中美国心理学家华生的影响力最强，杜威、莫里斯、罗素、赖尔、蒯因等哲学家也都非常欣赏行为论，布鲁龙尔德还提出，语言是人类后天习得的，他把人类的言语行为看成一种刺激—反应过程（即 S—s—r—R），其中 S 和 R 是外在的刺激和反应，s 和 r 是语言的替代性刺激和反应，一定的刺激 S 会引发一定的语言反应行为 R，必须先有充分的输入之后才有输出。行为论所展示的只是一种因果的理想型反应模式，无法解释同一语境下，不同词语为什么有相同的词义，或不同语境下同一词语为什么有不同的词义。行为论只注重从某种心理过程来解释词义，这从根本上是行不通的，也无法解释复杂多变的语言现象和词义演变现象。

四、用法论

词义的用法论自20世纪初以来就不断被哲学家提及，但说法各异。用法论的观点是一个词的词义在于它的使用。布鲁格曼认为一个词的意义主要看这个词用在什么地方（Brugmann，1982）。法国房德里耶斯认为任何一个词，使用多少次，就有多少意义，词任何时候都不可能两次用于同一个意义（Vendryès，1921）。英国语言学家克鲁斯认为一个词的语境构成了该词的词义（Cruse，2000）。弗雷格（Frege，1948）认为只有在语境中，而不是孤立的词中，才能发现词义。哲学大家维特根斯坦在《哲学研究》中明确提出了词义用法论和语言游戏论，认为一个词的意义取决于词语的用法，语言只有在具体的使用中才能实现它的价值，也才能体现它的价值，语言游戏的使用规则规定了词语的使用原则和意义（维特根斯坦，2019b）。

词义用法论突破了指称论和观念论的局限性，但也导致词义似乎没有明确的意义，只能通过用法来确定，将词义看成是认知主体创造、理解的产物，否定了词义的客观存在性，导致词义的不确定性和不稳定性，从而背离了认识论的基本原理。

五、关系论

关系论也被称为联系论，是一种中介论，也是对指称论修正后的一种词义理论。关系论认为词义不是原始的词与物的一一对应关系，而是词与物的联系中介。词义中既有“物”层面的内容信息，也有语音和实物之间联系的中介物信息，是符号和客观世界事物之间的一种抽象关系。如“词是通过概念的中介指示物的”（Ullman，1962：5）。索绪尔（1999：103）认为人类是以符号的方式来认识世界的，词就是符号，它所联系的不是客观事物，而是声音形象和概念两者相互联系，相互依存，形成了一种二元对立。索绪尔认为词义可以在语言组合关系和聚合关系中发现，语言符号能指和所指的关系具有任意性。由于索绪尔为现代语言学之父，他关于语言任意性原则的阐述导致在相当长时间内语言学家忽略了词义和所指事物之间的自然联系。

六、概念论

概念论认为意义词义对应的是意识中的概念。很多哲学家都认为词义是表示概念的。如索绪尔认为语言符号的所指是概念的，洪堡特认为词语是指称事物的概念，萨丕尔认为词是一个概念的符号性的语言对应物。

这些词义理论，是哲学家和语言学家基于历史条件、在自己认识能力范围内提出来的，形成了关于词义研究的多家流派，如哲学语义学与语言语义学、形式语义学与认知语义学、共时语义学与历时语义学、结构语义学与生成语义学等等。20世纪七八十年代以来，由于第一次认知革命和第二次认知革命的影响，认知语言学家们将语言看成是一种心理客体，强调了词义的体验性、认知性和人文性，着力挖掘语言是如何通过体验和认知形成的，分析语言背后的认知机制，透析人们认知世界的方法。

第二节　词义演变研究综述

语义作为语言的三大核心要素之一，已经成为语言学家、哲学家、逻辑学家、历史学家、符号学家、人类学家和心理学家的重要研究课题。传统语义学考察的主要是意义的词义成分和词义之间的结构关系，很少涉及词义演变及演变规律。现代语义学的词义演变研究则呈现出了多学科、多维度、多层次的特点。本书主要从历史语义学、结构语义学、认知语义学这三种理论流派的角度梳理词义演变的研究现状。

一、历史语义学

19 世纪以前，关于历史语言学和历史语义学的研究还不成系统，相对比较分散。19 世纪后，历史语言学进入了比较兴盛的时期，成为一门独立的学科，研究也步入了系统阶段。历史语言学家收集了大量丰富的田野语料，通过具有共同基因或家族象似性的语言关联，构建出不同语言的共同母语，设计出具有家族谱系的语言起源，从历时角度提出语言演变的假设树，为以后的语言研究提供了对比的研究方法和手段。历史语言学也逐渐地从对语言起源的追寻过渡到对语言意义演变的研究，注重解释语言本质和语言变化的规律性特征。近些年来，历史语言学家开始结合语用的研究视角，用诸多的语用原则如“特殊隐涵义”“一般隐涵义”“固有义”来解释语言演变的原因，提出词义演变需要经历从“特殊隐涵义”到“一般隐涵义”，再从“一般隐涵义”到“固有义”的一个过程，在词义演变的过程中，语用和认知是背后的推动力。有学者以大量的历史语料为考察基础，采用历史语用学和话语分析的方法对词义演变进行了跨文化、跨语言描写分析，从共时和历时两个视角发现了语言的词义演变是一个单向性的演变路径这一发展规律（Traugott & Dasher，2002）。

二、结构语义学

结构语义学的研究模式是建立在现代语言学之父索绪尔的理论基础之上的，主要成果是语义场理论。语义场理论不再孤立地研究单个词，而认为一个词的真正含义的确定必须放在语义场中才有意义，从而聚合了若干个意义语义场，可以说是词义历时演变的语义网络模型。如王军（2005：5）提出语义场理论最大的贡献就是纠正了传统语义学那种以“一个孤立词”为研究对象的片面方法，真正把索绪尔的语言系统的认识观念转化为研究上的方法论原则。

卡兹和福德（Katz & Fodor，1963）使语义场理论进一步演变成词义成分分析法，通过对元语言的分析，将词义一直分解到最为基本的词素构成成分，从而打破了原来的词义不可再分的观点，对词义做了更为细致、精确、充分的分析。例如对 bachelor 的词义成分进行了分析，如图 1-1 所示。

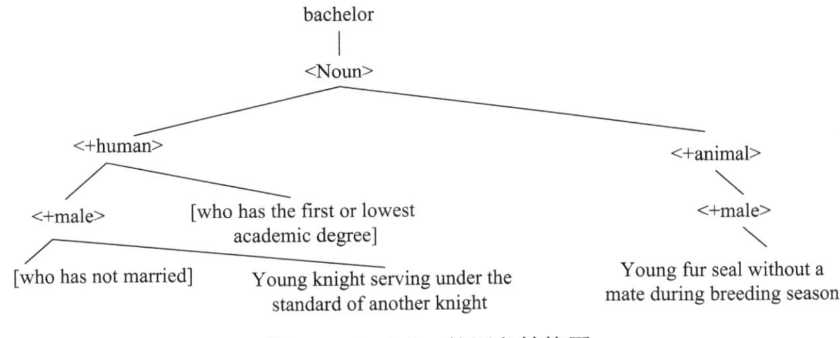

图 1-1　bachelor 的词义结构图

通过对 bachelor 的描写，可以看到语义场对词义描述的充分性和精细化，并且具有很强的操作性，已经深入到词义的微观层面。语义场理论和词义成分分析是索绪尔结构语言学思想在语义研究中的具体运用，是人们对词义进行科学分析的一种有益尝试，但这一理论模式并没有对词义演变进行深入系统的研究和解释。

结构语义学也被称为形式语义学，在过去几十年内一直是词义研究的主流学派，其理论假设包括：①语言可以作为计算系统（algorithmic）来描述；②语言系统本身是自足和自主的，对它的分析不需要参照语言之外的事物；③语法，尤其是句法，是语言的一个独立层面；④语法具有生成性，可以生成某一语言的所有句子；⑤意义可以通过逻辑形式语言以真值条件的方式得到描述，该逻辑形式语言的规则根据塔斯基的单一意义协调原则得到定义；⑥语义具有严格的组合性，但其重要性与句法相差甚远；⑦类推、隐喻、呈放射性状态的概念等不应包括在语言研究之列（束定芳，2005：3-4）。形式语义学的这些理论假设在对词义和词义演变的具体解释方面遇到了很多挑战，近二三十年更是受到了认知语义学的批判。

三、认知语义学

有学者认为认知语义学是对形式语义学的一种反动（Albertazzi，2000：10）。相对于历史语义学和结构语义学，20 世纪 70 年代末至 80 年代新兴的认知语义学更好地解释了词义演变的发展规律和认知机制。虽然认知语义学尚未形成一个统一的理论框架，但研究不同课题的认知语义学家有着几个共同的理论假设。①意义就是概念化、范畴化，也就是说，某一词语的意义等于听话者大脑中被激活的概念。根据这一观点，意义被认为是词语和大脑之间的一种关系，而不直接是词语和世界之间的关系。②词语和更大的词语被看作是进入开放型的知识网络的入口。要完全解释某一词语的意义常常需要考虑意象、隐喻联想和普通百姓对世界的理解。因此，一个词的意义一般无法通过词典定义之类的形式来解释。③范畴不是通过标准-特征模型或者是由必要和充分条件决定的成员身份而确定的。相反，范畴是围绕原型、家族相似和范畴内部成员之间主观的关系而组成的。④是否合语法的判断涉及范畴化，因为说话者认为某一话语是某一公认的语言模式可以接受的成员之一。因此，合乎语法性的判断是渐进的，不是非此即彼的情况。这种判断依赖语境的微妙关系和语法规约。⑤认知语言学家在一般认知方面寻找语言的对等物。心理学方面有关人类范畴化、注意、记忆等的研究成果被用来直接解释语言现象。⑥句法被看作是语音赖以传达意义的规约模型。因此句法不需要自身特殊的原始形态和理论架构（束定芳，2005：4-5）。

有学者从认知语义学视角描述出词义演变的三个主要路径：第一个是从具体概念向抽象概念的发展；第二个是从较弱抽象概念向较强抽象概念的发展；第三个是从低度推理性向高度推理性的发展（Traugott & Dasher，2002：321）。认知语义学认为词义范畴化的认知机制主要是隐喻和转喻。很多词汇的词义具有多义性，多义词中从词义本义到引申义跨越的认知桥梁是通过隐喻思维和转喻思维来完成的。隐喻和转喻不只是一种语言现象，更是一种认知现象，是语言抽象化的认知工具。隐喻和转喻的功能有所不同，“隐喻属于语言的选择轴，因为它的根据是象似性。转喻属于关系轴，涉及的是事物的相邻关系：部分与整体、原因与结果等等”（Gibbs Jr，1994：321）。

第三节 身体词研究

身体范畴是语言中非常重要的研究领域，尤其随着语言研究转变到认知语言学的研究范式后，由于身体的认知基础性地位，国内对身体词的研究热情不断高涨，身体词成为国外许多语言学家的关注点之一，也取得了一系列研究成果。

一、身体词的国外研究

国外关于身体词的研究有不同的视角，如哲学、语义、认知和语言习得等，研究成果具有原创性、多样性，对国内的身体词研究有着重要的启发意义和借鉴价值。

（一）身体词的哲学研究

梅洛-庞蒂创立的身体现象学将身体由原来被忽略的从属地位提升到哲学本体的位置。1987 年约翰逊的《心中之身：意义、想象、推理的身体基础》提出人类的思维是基于身体经验基础的，意义也是基于身体经验基础的，具有体验性。1997 年，多尔蒂认为这本书从实证角度验证人类经验的诸多领域，身体和身体经验通过隐喻延伸成了认知和意义的来源。1999 年，《肉身哲学：亲身心智及其向西方思想的挑战》一书明确提出了体验哲学是哲学的新范式，即心智具有体验性，是建立在身体和身体经验基础上的。这与柏拉图“身体灵魂分离论”、笛卡儿的“二元论”、第一代认知科学的“计算论”，以及整个西方哲学史上心智与身体相分离的哲学理论都是背道而驰的。2007 年约翰逊发表的《身体的意义：人类理解的美感》进一步探讨了意义、意义来源、意义形成与身体的密切关系，认为最原始的意义都是源自身体的，例如空间概念是我们以身体为基础，空间相对我们的身体移动通过隐喻映射到了时间域，最后提出了“身”与“心”不是两回事，而是一个有机过程的两个方面。约翰逊对身体的语言功能贡献非常突出，也是本书的理论基础之一。

美国心理语言学家吉布斯（Gibbs，2005）的力作《体验与认知科学》提出了语言的“身体体验前提”，不仅挑战了传统哲学与认知科学中关于心智脱离身体经验的思想，而且明确把心智与身体的研究置于现代认知科学的研究框架中，探究了人类身体的主观感受经验如何为认知和语言提供体验基础和认知前提。作者认为“身体体验前提”涉及“心智—身体”以及“语言—身体”相关的诸多联系。

此外，斯威彻尔（1992）的《从语源学到语用学》通过研究英语和其他印欧语言中身体动词的演变路径，提出了心智的身体性基础和以身喻心的隐喻模式。森夫特（1988）以特罗布里恩群岛身体词习语为语料研究了心智与身体的关系，认为由身体器官转指人具有普遍性，不存在跨文化的差异。相对于下部身体词，上部身体词的使用具有认知显著性。总之，身体在语言产生、形成、演变中的经验作用在认知语言学的研究背景下进一步被突显出来，身体的感知功能、情绪反映作用、身体各部分的结构关联都在语言表达中有所体现。

（二）身体词的词义研究

身体本身和复杂的身体结构及彼此之间的相互关系为身体词的词义研究提供了丰富的分析素材。关于身体词的词义研究首推马提索夫，他通过对比藏缅语系的不同语言，认为身体词是比较词汇语义学和词义场组织的重要材料，身体词义场是研究整个语言词义关系的实验基地，有关身体器官的词语是我们隐喻外部世界的发源地（Matisoff，1978）。安德森（Andersen，1978）也强调了身体词具有跨文化的高度一致性和预测性，这是因为无论哪个地区、哪种文化的人，身体结构都是相似的，身体是人类共同感知外部世界的生理基础，也是我们隐喻各种事物和事物关系的参照物。帝格曼斯（Dingemanse，2009）认为身体作为具有生理普遍性的认知基础，是表达其他概念的源域，具有语言符号中其他语词所没有的优先权。

此外，学者们还进一步研究了身体词和其他词之间的关系，如身体词与空间的关系、身体词与语言动作的关系、身体词和数字的关系。这些研究都强调身体在语言表达层面的作用及对我们思维的影响。

（三）身体词的认知研究

关于身体词的认知研究主要集中在对身体词的隐喻分析上。兰达（Landa，1996）通过对比分析英语和西班牙语中的身体词词义及词义隐喻引申，认为某些身体器官的空间位置可以用来隐喻表达空间方位的词义特征，两者有着对应的关系。堪萨（Kansa，2003）则展开了英语和泰语身体隐喻的跨语言对比，得出身体是语言和文化的经验基础，身体隐喻具有跨文化的普遍性和差异性，两种语言中身体词词汇化程度是不同的，同时探讨了语言意义和形式之间的关系，并将研究结论应用于语言教学中。鲁博（Rubal，1994）基于泰语和英语，从跨文化的角度分析了大量身体词的隐喻用法，认为身体是表达自我意象的重要来源，分析了身体和身体经验是如何影响我们观察世界、体验世界、表达世界的，并认为不同的世界观会影响人们的表达方式。海因（Heine，1997）将空间方位与身体部位联系起来，提供了身体到空间方位的演变经历了从身体部位到物件部位的典型实例。艾奇森（Aitchison，1994）认为任何语言中的身体词都是基础词，身体词意义的拓展建立在身体的生理特征、约定俗成和人类想象的基础上，同时将认知普遍性和文化性糅合在一起。於宁（Yu，2009）基于汉英身体复合词及习语的语料分析了语言、身体、文化和认知之间的关系，从感觉、知觉等方面验证心智和思维最终源于身体的哲学理念。厄伊（Oey，1990）通过对马来西亚语中身体词的分析，认为人类内心活动不是通过大脑体现出来的，而是主要体现在心脏和肝的语词表达中。威尔金斯（Wilkins，1996）研究了身体词词义跨越和映射的趋势。

此外，关于身体词研究也有从语言习得的视角开展的。罗施（Rosch，1973）认为身体词及身体词隐喻对于语言习得早期阶段的构建具有重要价值。约翰逊（Johnson，1987）探讨身体词和习得的关系，认为儿童对世界的了解是建立在身体和世界的关系基础之上的，儿童知识的积累和延伸也是通过身体延伸到未知领域的。

二、身体词的国内研究

我国关于身体词的研究主要集中在 20 世纪 90 年代，是在国外研究基础上开展的，主要包括身体词同名词的历时研究、身体词的认知语义研究、身体词的跨文化对比研究、身体词的词群研究、身体词的组合研究。

（一）身体词同名词的历时研究

关于身体词的历时演变研究，国内考察的主要是如“面—脸”“首—头”“目—眼”“足—脚”等身体同名词的历时演变。冯凌宇（2006）指出身体同名词历时演变是渐变而非突变的更替，往往存在新旧名称的义域交叉、新旧名称并存的现象和阶段，新名称取代旧名称时会在语法、语用等方面有所表现。史锡尧（1994）在《“口”、“嘴”语义语用分析》中比较得出作为一个词孤立存在时，“口”“嘴”的语义是相同的，但作为一个构词成分或进入熟语时往往不能换用，如“五口之家”，不说“五嘴之家”。做身体同名词历时考证的还有张建理（2003），他从历时看“面”一直指面孔，而“脸”是后起字，原指面孔的一部分，后才逐渐与“面”同义，“脸”只可作名词及名词修饰语（如“脸色”），“面”除有“脸”的语法功能外，还可以有限度地用作及物动词。此外，“面”还可作名词后缀、量词以及副词。“面”可以和单音动词组成双音动词，能产性高，使用频率高。

（二）身体词的认知语义研究

国内对身体词的认知研究集中在对身体词多义现象的隐喻和转喻机制的认知分析上，而不是对身体词词义本身的研究。这方面的研究主要以单个身体词为研究对象，其中以“心”的研究居多，还包括“脸”、“面”、“眼”、“脚”、“口”和“头”等。

身体词词义组成了一个多义网络，这个多义网络的形成和引申主要通过隐喻的作用来推动。如齐振海、王义娜（2007）的《“心”词语的认知框架》结合国内外学者对“心”词语的研究，使用英汉语料，对“心”词语重新进行认知分析，构建出六个转喻框架和两个隐喻框架，描述了“心”在英语和汉语中表达方式的异同以及词义生成、词义引申的认知机制。张瑞华（2008）在《英汉“心”隐喻对比研究——与吴恩锋先生商榷》中认为隐喻不仅是一种语言现象，与人类语言的发展规律密切相关，而且也是一种认知现象，与人的思维方式和思维发展密切相关。谢之君、史婷婷（2007）的《汉语“心”和英语“heart”的语义范畴转移比较》通过对汉语“心”和英语 heart 的语义范畴的转移比较，揭示不同语言系统中人类相似的认知过程，人们通过具体的身体经验的隐喻化去理解抽象的情感、心理、思维等，语言原始形态在人们不断理解和认识世界中产生新的语义。此外，还有王文斌的《论汉语“心”的空间隐喻的结构化》，齐振海、覃修贵的《“心”隐喻词语的范畴化研究》，吴恩锋的《论汉语“心”的隐喻认知系统》和《再论“心”的隐喻——兼与齐振海先生商榷》，卢水林的《多义词的认知语义学研究》，贺文照的《英译汉中“心”的隐喻重构——基于汉英平行语料库的考察》，张建理的《英汉“心”的多义网络对比》，卢卫中的《人体隐喻化的认知特点》，程淑贞的《汉语人体部位特征的隐喻研究》，王彩丽的《通过名词性人体隐喻透析人的认知过程》，王逢鑫的《身体隐喻：构词理据、功能变换、冗赘与错位》等。

对身体词的转喻认知机制研究的文章有杨成虎、赵颖（2009）的《认知语义学中语义变化机制研究中概念转喻取向》，他们认为过去对认知语义学研究主要集中在概念隐喻上，而对概念转喻的机制讨论得还不多，深入语义变化机制研究的概念转喻取向具有重要的理论意义。陈洁（2007）在《从认知角度看英汉语中的“口齿唇舌”转喻》中认为转喻作为人类思维和认知的方式是普遍存在的，一个具体转喻的转体选择、转喻目标、所属类别及制约原则在不同语言中可能会有一致的表现，这与人类大脑构造相似所导致的认知共性是相互印证的。王敏（2008）在《人体转喻化的认知特点》中将身体转喻分为四类，其凸显的功能特征包括：某人体部位的动作、抽象智力功能、抽象情绪和心理功能。

还有很多学者将隐喻、转喻放在一起研究身体词的认知机制。张建理（2005）的《汉语“心”的多义网络：转喻与隐喻》研究显示，“心”的一些词义引申分别涉及隐喻和转喻认知，很多其他词义的引申同时涉及两者，有些转喻是主导的，隐喻是辅助的。此外还有单新荣的《人体词语认知域中的转喻与隐喻连续体关系》，赵丽娟的《探究英汉两种语言中“鼻子”的隐转喻异同》，林敏的《“сердце”、“душа”与“心”隐喻转喻用法产生的认知心理机制》，李瑛、文旭的《从“头”认知——转喻、隐喻与一词多义现象研究》，林荫的《脚的转喻和隐喻分析》，徐银的《英语“mouth”与汉语“口、嘴”词汇的隐、转喻认知对比》，李永芳的《转喻与隐喻的连续体现象与多义词的认知》，杨波、张辉的《隐喻与转喻的相互作用：模式、分析与应用》等。

（三）身体词的跨文化对比研究

身体词语中蕴含着不同民族源远流长的文化信息，例如，从汉语身体词的引申和演变就能透析出中国哲学、中医学等文化理据。李树新（2004）在《人体词语的认知模式与语义类推》中指出汉语庞大的人体词语组织系统的出现是文化类推、精神类推的结果，是文化的必然、历史的必然。侯玲文（2001）在《“心”义文化探索》中认为，“心”义的文化价值在于它对自然、社会的全息性，它以自身为中心，与人体、人界、自然形成了一个动态关系系统。这是受到了中国传统文化的影响，体现了汉民族的整体观念和人文精神。钱进的《说“脚”构词语系列及其文化内涵》一文试以搜集到的 70 余条词例对“脚”构词语系列进行分析，并从中寻觅民族心态的遗痕，最后认为“脚”构词语系列中包含了汉民族复杂的文化心态，尤其是古代中国女子裙下的“三寸金莲”所构成的“畸形小脚文化”，更是所有国家、所有民俗中独一无二的。李红（2008）在《从文化角度看人体隐喻的认知研究》中比较了英语与汉语中人体隐喻词汇的相似性与差异性，并且发现相似性大于差异性。相似性源于人们相似的生理基础及隐喻思维方式，而差异性源于不同的文化背景。

从跨语言对比角度，很多学者对身体隐喻的拓展类别进行了探究。孙毅（2013）对英汉“头”的多义性范畴进行了探索，总结出思维、容器、形状、空间、时间、秩序、社会等级、性质、悖论、虚化等范畴。刘志成（2015）比较了“手”和 hand 的多义性认知。研究发现，hand 有六个类别，包括人、非人实体、抽象事物、行为、属性和测量单位。在 hand 的语义类别中，动作行为是最高的。汉语“手”可拓展为人的身体构造、人、非人实体、抽象事物、行为、空间方位、测量和虚拟意义。其中最突出的类别是抽象事物、行为和非人实体。关于比较的角度，以往研究集中在身体隐喻的异同以及背后的因素上。齐振海（2003）用许多例子说明了英汉心脏隐喻的相似性和差异性。张楠（2018）对比了汉语的“脸/面”和英语的 face 概念，揭示了人类认知的普遍性和差异性，发现普遍性的原因是相似的身体结构，而差异性是文化导致的结果。王婉玲（2021）研究了泰语和汉语“头”隐喻的异同，认为普遍性来源于双方共同的生活经历和心理认知，而差异性则是不同的隐喻认知和思维方式所致。

以上所举都是学术论文，专著目前从文化学角度做研究的有唐汉的《唐汉解字·汉字与人体五官》、古敬恒的《人体词与人的秘密》。另外有些著作涉及身体词语的某方面的问题，例如马清华的《文化语义学》、王钰的《现代汉语名词研究》等。

（四）身体词的词群研究

身体词词群主要探讨身体某些器官的词语。如闵娜（2011）在《汉语“足”词群的语义范畴与隐喻认知研究》中对汉语“足”词群进行了系统的描写与分析。以“足”为范畴标志将其分为四类：一是以“足”做部首构成的单纯词；二是由“足”部字为构词词素与其他构词词素共同构成的合成词；三是由“足”作为构词词素和其他词素组合或意合而成的双音节词；四是含有“足”的四字格成语。这些以“足”作为范畴标志的词称为“足”词群，反映了汉民族利用自己已知的事物及经验去认识物质及抽象的世界的认知心理和认知行为。解海江、张志毅（1993）在《汉语面部语义场历史演变——兼论汉语词汇史研究方法论的转折》中指出面部语义场的“所指”几千年来依然如故，但是面部语义场的“能指”却发生了较多的、较大的变化，而且这个变化在语言学、文化学以及认识论上都具有典型意义。李群（2007）在硕士学位论文《以“心”为部首汉字的情感隐喻及转喻——认知个案研究》中，以《唐诗三百首》中出现的以“心”为部首的汉字为语料，分析了这些汉字中所隐含的情感隐喻和转喻，并认为语境对隐喻和转喻在语言中的实现过程存在着一定的影响。满欣（2007）在硕士学位论文《汉语内脏器官词语意义分析》中认为身体内脏器官词语在使用方面已经超出生理学上的意义，与人的心志、情绪、性格特征等发生关系，其形象性也体现了汉民族的具象思维方式。还有从身体词做偏旁部首的汉字入手做字族的意义和文化学研究，如王希杰的《“心”和方位词语——说“心上、心下、心中、心里、心头、内心”等》、孙雍长的《汉字构形的心智特征》等。

（五）身体词的组合研究

冯凌宇（2007）认为汉语“人体+人体”构成的双音人体词语多表示非人体的意义，这类特殊人体词语群的结构表现出以联合式为主的特点，其入词语素的选择和转义的产生都受语言外部认知因素的影响。“头脑”“头目”“头颅”“首领”，本指人的“头”部，后比喻集团或部门的负责人，其中“头脑”还有“脑筋、思维能力”的引申义，如“有头脑/头脑清楚/摸不着头脑”等。姜光辉（1994）根据心理学家的调查，认为人的六种基本感情都是通过颈部以上部位表达的。例如，悲伤和恐惧主要通过眼部表达，高兴和惊讶由眼部和脸的下半部表达，讨厌只由脸部的下半部表达，生气则通过脸的下半部与眼、眉、额头的配合来表示。刘利红（2008）对有关“心”“头”“手”“眼”的习语做了统计调查，在 494 个中文习语中，有 226 个习语使用双源域，而英语一般使用单源域。如“铁石心肠”，中文同时使用“铁”和“石”两个域来形容人的心肠极硬，不为感情所动；

而“铁石心肠”相应的英文是 with a heart of stone，仅仅使用 stone 这个域，而没有同时使用 stone 和 iron 两个域来形容人的心肠极硬。

上述文献对词义本质、词义演变和身体词的研究可谓角度多样、结论各异，为本书提供了一定的理论基础和研究思路。整体研究已经很有系统性，研究方法也从早期阶段的内省方法转向了实证研究的新趋势。但纵观身体词的研究全貌和研究成果，在揭示身体词的词义演化和演化规律方面还需进一步深入，使之更具有系统性，解释力也需从更深的角度深入挖掘。

（1）关于词义演化规律的研究人们多从理论上提出从简单到复杂、从具体到抽象的一般性规律总结，但这种说法过于宽泛笼统，词义缺乏系统性，很少探究具体的词义演变规律。词义变化首先是人认知方面的改变，但“传统的词汇语义学在谈论词义变化的原因时，更多地将词义的变化归于历史的、社会的因素。这些固然是词义变化的重要因素，但它们只是外部因素，其内因来源于语言使用者的认知思维。历史社会因素只能说明变化的必要性，而认知因素才能说明词义变化的内在机制和可能性”（赵艳芳，2001：120-121）。本书从促成身体词词义范畴化的认知动因入手，探讨 54 个身体词具体而细致的词义范畴化轨迹及范畴化的认知规律。

（2）过去对身体词的研究大多局限于对单个身体词的研究上，而不对一类词作批量的聚类思考。单个词的词义范畴化考察具有一定偶然性，得出的词义演化规律往往无法具备科学性、系统性和普遍推广的意义。如果仔细观察国内身体词的研究，还可以看出即使是单个身体词的研究，多数文章也只停留在零星的、举例式的描述上，很多作者甚至将英文研究照搬过来，只将国外文章或论著中的例子和中文身体词做了简单的对应，缺乏针对汉语言特色和词义本质的讨论，缺少深入汉语言独特性的高质量文章。

（3）目前对身体词的一词多义，即身体单音词关注较多，但对身体词的组合层面，即身体词汇家族的主要成员身体合成词的研究较少，将身体单音词的聚合研究和身体合成词的组合研究放在一起共同作为身体词系统研究对象则更少见，从而无法揭示身体词词义范畴化的整体认知规律。词汇组合研究是词汇语义学的研究前沿，组合分析是词汇聚合分析的高级阶段，因为组合分析可以进一步澄清聚合分析中未解决的问题，可以深入到词义的细致之处，是更为详细、更为具体的分析。

（4）由于20世纪七八十年代认知语言学的兴起，关于身体词研究的多数文章主要是从认知角度，也就是隐喻角度来进行研究，而非从语言本体出发。在认知语言学的研究背景和热潮中，多数文章的重心在于认知和隐喻，但关于身体词的隐喻研究也多停留在总体论述上，有关隐喻思维到底是如何在词义范畴化中具体发挥作用的研究文章比较少。简单重复的文章多，总体缺乏创新观点。本书将认知语言学和词汇语义学相结合，以词汇研究为本体，运用认知机制系统探析词义范畴化，旨在针对汉藏语系独特的语言和思维特点，得出属于汉民族自己的语言规律。

为克服过去身体词词义研究多以印欧语系英语为主的不足，本书针对身体在认知和语言中的基础性地位，立足于词汇中最稳定、最核心的汉语身体词，运用语言哲学、认知语言学、符号学、文化学、词汇语义学等的基本思想和研究方法，在对54个身体词词义描写的基础上，深入到身体词词义范畴的静态结构和动态演化中，采用定量统计和定性分析的方法，阐述身体词词义是如何范畴化和为什么如此范畴化的问题，解释身体词词义范畴化的深层认知机制和文化取象，探讨汉语言特有的认知和文化特性，系统归纳出身体词的词义范畴化规律。这也符合张志毅和张庆云（2001：232）提出的从原子观推进到整体观，从个体、孤立、分散的研究推进到系统研究的词义演变研究新趋势，词义理论也得以不断完善和提升，为汉语认知词汇学诞生和发展提供了一定的基础。

第四节　本书的研究内容和研究新意

人是通过身体与世界相连并与其相互作用的，身体是人类认知世界的起点，身体是人给世界万物命名的出发点和参照系的坐标，身体词概念是人类认知世界的概念之首。实际上，人在认知世界时，几乎将身体的各个部位以各种方式投射于客观物质世界，即人类是以认识自身身体的方式去认识客观物质世界、对世界进行概念化的（黄碧蓉，2009：2）。这体现着以人为本、以身体为中心的思维方式，如“山头”“山脚”“山腰”就是以身体部位为参照的语言表达形式。所以“身体词”是词义考察的理想对象，是“用来理解其他概念的概念”（Lakoff & Johnson，1980：14）。对身体词词义范畴化的认知考察，旨在从中观察出人类是如何以身体和身体经验为参照对世界进行概念化、范畴化的，还可以提炼出具有广泛代表性的词义范畴化规律来，而且在身体词词义范畴化形成和演变的过程中也可以反观汉民族独特的思维方式和文化精髓在语言中留下的印记。

本书的研究对象是身体词，共选取 54 个汉语身体词，其中包括外部身体词 46 个（包括 9 个同名词），分别为“体-身、头-首、口-嘴、背、顶、面-脸、足-脚、牙-齿、骨、手、指、眼-目、皮、掌、耳、股、腰、腹-肚、肤、项、眉、肩、额、舌、脑、颈、臂、腿、胸、腕、肘、咽-喉、唇、脖、膝、鼻、趾”，以及内部身体词 8 个，分别为“心、胆、肠、肝、脾、肾、胃、肺”。

人们对身体词的认识是与对身体的哲学认识分不开的。历史上关于身体的探讨通常是和心智结合在一起的，身心问题在西方哲学史上几乎同哲学本身一样古老。西方哲学史上的身体是受争议最多的对象之一，经常被看作是被动的、机械的、物质的皮囊，成为理解绝对理念的障碍，从而被哲学所排斥。如柏拉图曾宣布身体是灵魂的坟墓，笛卡儿的“身心二元论”也致使身体在哲学上长时间的缺席，这一身心对立的二元框架一直到尼采才有所瓦解。尼采的“一切从身体出发”“以身体为准绳”的“身心一元论”开辟了哲学的新时代。梅洛-庞蒂的“身体现象学”则将身体提升到哲学本体的位置，为哲学始源的进一步回归提供了一个可以通达的路径。因为在世的身体不仅是我们与世界互动的媒介物，也是人理解自我和世界的起点。兴起于 20 世纪七八十年代的认知语言学认为世界是对身体及身体经验的隐喻，人的认知是建立在身体基础上的，心智和推理也是建立在身体经验基础上的，具有体验性。

中国的身体研究在西方影响下也有所升温。张再林（2007：52）的研究与西方传统的意识哲学不同，他认为中国哲学乃是一种身体哲学，中国哲学的根本宗旨，不是主张思在同一的“我思故我在”，而是坚持身在同一的“我躬故我在”，事实上，“身体”与我们平时所说的“肉体”和“躯体”绝不是完全等同的，“身体”是一个包含着物质结构、心灵结构和文化结构的整体有机范畴。可以说，中国哲学视域中的“身体”是消解了身体与心智、肉体与灵魂等二元对立的身心一体。体现在语言层面，如“心灵手巧”“目光远大”“眉飞色舞”“满腹经纶”等语词都在借助对身体及身体器官的描述，表达着与精神世界相关的情感、情绪、价值、文化等。

本书选取的54个身体词大都起源较早，经过历时的范畴化投射大多都产生了大量引申义或转义。这些身体词也大都属于基本词汇范畴，具有非常强的构词能力，所以本书的身体词的词义范畴化不仅包括单个身体词纵聚合引申的词义范畴化，也包括以身体词为词素标志的横组合衍生的词义范畴化。无论是身体词的聚合词义范畴引申，还是身体词组合的词义范畴衍生，词义范畴化的过程都不是任意的，通过词义取象和隐喻取象表现出很强的系统性。此外，词义范畴化过程中也凝聚着深刻的汉民族文化心理和思维方式，整个身体词的词义范畴化与汉民族“近取诸身，远取诸物”的“象思维”息息相关，而且“天人合一”“主客一体”的汉民族文化取象预先规定了身体词词义范畴化的方向和结果。

截至目前，还没有哪部著作扎根于汉语言特有的身体哲学、象思维，利用认知语言学的词义范畴理论对身体词进行详尽的、系统的、有层次的研究和阐述，因此本书的身体词研究是有其现实性和研究意义的。

本书以54个身体词的词典释义和语料库真实使用的语料为考察对象，借鉴认知语言学的最新理论成果和研究方法，探讨身体词的词义范畴化过程及规律，拟解决以下四个问题。

（1）揭示身体词词义范畴化的认知顺序及认知规律。身体词的词义范畴化认知顺序及认知规律可以从两个层面进行考察：一是描述身体词词义范畴引申的轨迹，从中梳理出身体词的词义范畴化顺序来，这是词义范畴化的具体过程，是关于词义运动的本体研究；二是讨论身体词词义范畴化顺序背后的认知规律，是词义引申运动本体的规律，是关于词义范畴化的一般性规律。具体地说，通过词典释义法统计了54个身体词的572个词义，并将这572个词义归类为10个词义范畴，再量化分析这10个词义范畴的具体引申顺序及背后的认知规律。

（2）探索身体词词义范畴化纵聚合和词义范畴化横组合的关系。本书身体词的词义范畴化既包括身体词单个符号意义的聚合引申，也包括身体词符号的组合衍生，并且通过“词义范畴”的衡量坐标将纵聚合引申和横组合衍生结合了起来，也是将词义意义潜势和词义真实使用结合了起来，这样所考察的身体词的词义范畴化规律才更全面，也更权威。从身体词的纵聚合来看，本书考察的 54 个身体词词义有 572 个，绝对数目并不多，是一个相对封闭的系统。但几乎每个身体词都形成了大量的组合词，具有非常强的构词能力，形成了如“身体词+身体词”“身体词+非身体词”“非身体词+身体词”的组合形式。那么身体词纵聚合划分出的 10 个词义范畴和数量庞大的身体词横组合之间到底存在什么关联呢？希望本书身体词横组合层面研究的开展可以拓展词义研究的一个新视角，也可以帮助身体词的词义范畴研究走向深入和细致，解决词义范畴聚合中没有解决的问题，从而可以得出更具有代表性、更具有普遍意义的词义范畴化规律来。

（3）阐述身体词词义范畴化的认知机制。身体词词义范畴化的研究范围既包括单个身体词及其转义的纵聚合系统，也包括由身体词词素组合构成的合成词及其转义的横组合系统，在语言单位中分别对应着单音词和合成词。无论是纵聚合的词义引申，还是横组合的词义衍生，词义范畴化的认知机制都是范畴化、隐喻化、语法化，三者互相交织，但作用还是存在着不同。那么范畴化、隐喻化、语法化这三者之间到底是什么关系呢？本书对三者的作用和关系进行了界定和厘清。此外，本书在原来隐喻认知研究的基础上，针对汉语言汉藏语系的语言特质，提出汉语言是一个多层级的语言符号系统，隐喻象似性是多层级符号系统之间词义范畴化的认知动力和认知机制，并存在象似度的差异。

（4）追溯身体词词义范畴化的文化哲学渊源。刘重德（1998：2-3）认为语言研究应分三个层次：第一个层次是语言表层结构，第二个层次是语言表达方法，第三个层次是语言哲学。目前国内的语言学研究主要重视词义研究的精细化、描述的充分化，宏观语言哲学角度发掘词义的人文认知功能还需要进一步深入挖掘，重视语言学作为认知科学的本质属性。本书认为身体词的词义范畴化既源于人类具有相似认知的普遍性，也源于各民族各地区的文化差异性。具体来说，东方的道和西方的逻各斯（Logos）可以从文化哲学的深层解释词义范畴化的差异。如天人合一是东方孕育的核心哲学观，这一哲学观又孕育了中华民族的“象思维”，主客二分是西方逻各斯孕育的哲学观，由此也孕育了西方民族的“概念思维”，这两种思维方式又进一步塑造了汉英两种语言的不同特点。可以说各民族的文化哲学取象和不同的思维方式预先规定了不同语言词义范畴化的方向和结果。

本书的创新性主要有以下几点。

（1）本书最突出的特点是在西方认知语言学的理论背景下，结合了汉民族自己的语言和文化特色，对身体词的词义范畴化展开了系统的、立体的、本土化的研究。本书提出了汉语言是一个多层级的语言符号系统、隐喻象似性是汉语言的本质属性和词义范畴化的认知机制、汉民族文化取象预先决定了汉语言词义范畴化的方向和结果等观点。

（2）确定“词义范畴”为词义演变的衡量坐标，突破了原来词义演变研究中没有一个统一标准、研究结论似乎是因人而异的局限。本书基于认识论原理和运动学原理，以认知范畴理论为依托，根据词典释义法和认知分析法，将 54 个汉语身体词的 572 个词义，划分成 10 个微观词义范畴（身体器官、具体事物、行动、人、抽象事物、性质、空间、时间、量词、语法范畴），10 个词义范畴又被归类为“感知范畴”和“心智范畴”两大宏观词义范畴。以“词义范畴”为词义演化的衡量坐标具有宏观和微观的双重意义。宏观层面可以观测出词义范畴的结构层次和系统特征，词义由此可以获得进一步的分类和进行横纵比较；微观层面则可以梳理出 10 个词义范畴的具体演化顺序，是对原有词义研究的细化和深化。

（3）开展了有代表性的基本词的认知研究，提出了身体词词义范畴化的认知顺序和认知规律。本书的研究对象“身体词”是有代表性的基本词，是词的概念之首。过去很多词的认知研究通常只选取某个词，然后进行举例式的词义描述，得出的结论不具有普遍性，也缺乏系统的词义范畴化的规律总结和解释。本书综合运用了语言哲学、认知语义学、符号学、文化学等学科的理论和研究成果，对 54 个身体词展开了聚类思考。因为只有聚类考察，才能得出具有普遍性、代表性、系统性的词义范畴化的认知规律和认知顺序来，也具有更为广泛的理论意义和应用价值。具体提出身体词词义范畴化的认知顺序为 1 具体事物＞2 行动＞3 抽象事物＞4 量词＞5 身体器官＞6 人=7 性质＞8 空间=9 时间＞10 语法范畴，从而验证和深化了从具体到抽象的认知规律。

（4）探讨了身体词词义范畴化的认知机制为范畴化、隐喻化、语法化，并厘清了三者之间的动态关系。范畴化、隐喻化、语法化是认知语言学中最核心的几个概念，以往的研究一般都将三者分开论述，似乎彼此之间没有什么关联。本书在界定“词义范畴”为身体词词义演化的衡量坐标后，提出了隐喻化、语法化是身体词词义范畴化的认知机制，并认为隐喻化和语法化实际上都是范畴化的过程，都是以“象”为理据进行词义范畴化的，是汉民族“象思维”下的产物，而且语法化在本质上也是隐喻化的，是隐喻化的进一步深化。

（5）开拓了身体词词义组合层面的前沿研究。目前词义聚合研究已经开展得非常深入，分析视角可谓多元，研究结论也丰富多样，但词义组合分析目前还需要进一步强化。本书在以往只注重词义聚合分析的基础上，通过“词义范畴”的衡量坐标将词义聚合和词义组合结合起来，开展了词义组合的研究层面，旨在厘清词义聚合和组合在词义范畴化中的关系和作用，全面揭示词义范畴化的认知规律，这对实际的词汇教学和有关专家进行词典编纂都具有一定的指导意义和参考价值。

（6）追溯了身体词词义范畴化背后的文化取象。以点带面地选取了汉语言中重要的身体词“心”，从“心”词语的词义范畴形成、词义范畴演变看认知的普遍性和文化的差异性。提出是人类的认知普遍性决定了词的原型词义范畴，即词义本义通常具有共通性；而不同民族的文化取象则对边缘的词义范畴具有导向作用，预先规定了词义范畴的方向和结果。

本书根据研究问题的不同拟采取下面具体的研究方法，具有一定的创新性。

（1）身体词词义范畴化纵聚合解析采用了词典释义法与认知分析法相结合的方法。词典是人类智力的结晶，也是理解词义和梳理词义范畴化的重要途径。词典释义法为词义描写提供了模式化的标准，为身体词的词义范畴化及划分提供了历时依据。

认知语言学在经验主义背景下进行词义分析的主要方法是范畴理论和具有“家族象似性”的原型理论。维特根斯坦提出的“家族象似性”可以表达为 ab、bc、cd（Wittgenstein，1953）。根据词义范畴间的区别性特征，区分词义的词义范畴类别并进行划分。本书将词典释义法和认知分析法相结合对身体词所有词义的词义范畴进行了宏观和微观的两次划分。

（2）身体词词义范畴化的横组合采用了词典释义法与语料库相结合的方法。词典记录的词语义项在很大程度上侧重于反映身体词词义范畴的历时形成过程及其投射范围，语料库的研究方法旨在反映身体词在实际语境中的使用情况，可以更加细致地考察身体词用法的真实性和丰富性。身体词词义范畴化横组合的语料来源主要包括北京大学现代汉语语料库、《汉语大词典》APP。

（3）定性分析和定量分析相结合。定性分析虽然能够揭示出复杂语言现象背后的本质规律，但没有科学的数据作为根基是难以令人信服的；定量分析可以通过数据对研究对象进行量化，从而得出科学有效的语言演变规律。本书将定量分析法和定性分析法结合起来，旨在得出具有效度（validity）和信度（reliability）的研究结论。本书以定量分析为手段，以定性分析为目的，定量和定性相互参照，力求根据张志毅和张庆云（2001：282）“在定性的基础、前提、条件下，用定量把定性精化、规律化，把定性推进到新的认识层级上”，从而确保研究过程的可操作性和研究结论的信度。本书具体量化分析了如身体词的词义数量、词义范畴数量、词义范畴集中区的词义取象和隐喻取象等，从而弥补了认知语言学主要是内省研究方法的缺陷和不足，是研究方法的改进和创新，也对以后的词汇语义学研究有所启发。

（4）点面结合法。聚焦了 54 个身体词的词义范畴化，期望对词义范畴化过程及范畴化机制开展全方位的透析，但在具体的纵聚合和横组合研究中都选择了具有代表性的身体词，之后以点带面地进行有效推演和整体把握，从而得出具有权威性、全面性的身体词词义范畴化规律。例如以“手”为例考察了身体词词义范畴纵聚合和横组合的关系；身体词隐喻意义的考察抽取了空间词义范畴和情感词义范畴为代表；考察身体词语法意义时，则选取了“头”作为身体词量词化的范例，“面”为身体词的语法化范例，文化取象考察是以“心”为研究焦点的。

（5）历时分析和共时分析结合法。语言研究有历时研究和共时研究两个层面，共时层面是语言历时的凝缩，历时层面是语言共时层面的一步步演进。语言历时研究为共时研究提供了丰富翔实的历史文献的佐证，为共时语言现象提供了历时发展的理据；而语言历时研究需要在共时框架中才能有具体实现的场景和语境。只有将共时研究和历时研究结合起来，才能对词义范畴化给予充分、全面的描写和解释。本书身体词的纵聚合考察侧重于身体词历时层面的研究，身体词的横组合考察则侧重于身体词共时层面的研究，将身体词词义范畴的纵聚合层面和横组合层面结合起来也是将语言历时研究和共时研究结合在了一起。

总之，本书从多层面、多视角动态地考察身体词词义范畴化的过程及突显的取象认知特点，对身体词从聚合和组合层面进行语言学、哲学、认知、思维、语义多层次立体的分析，在开展身体词词义本体研究的基础上，采用了认知语言学的研究方法和理论，从认知层面观照语言，从而可以达到跨学科的结合和互补，旨在揭示身体词词义范畴化的认知规律及认知动因，努力发掘新的研究视点和研究方向，为今后该方向研究提供有价值的参考。

本书由六个章节构成。

第一章文献综述中首先进行了词义本质的哲学思考，在透视西方哲学中六种意义理论得失和词义本质的基础上，提出本书的哲学基础为体验哲学。接着从历史语义学、结构语义学和认知语义学角度对词义研究工作进行梳理。关于身体词的研究情况，则从国内外展开综述，并对目前的研究现状加以评析。最后指出本书的研究内容和研究新意，提出身体词认知词义分析的现实性问题，强调身体范畴在词汇意义研究领域的基础性地位，提出有必要对身体词的词义范畴化过程进行总体的描写和解释。

第二章通过哲学基础、思维论、范畴观构建起身体词认知词义分析的理论框架。哲学基础认为关于身体的研究一直是与心智研究结合在一起的，身体词研究是与身体的哲学研究分不开的，表现在语言层面上即有关身体器官的范畴已经成为人给世界万物命名的出发点和参照系的坐标。思维论主要是基于汉民族象思维的特点，通过多级语言符号系统分析汉语言词义形成发展中的隐喻象似性。词义范畴观历史上有经典范畴理论和认知范畴理论两种理论范式，认知范畴理论为身体词词义提供了“词义范畴”的衡量坐标，家族象似性是一个词义范畴家族形成的重要理据。

第三章为身体词词义范畴化的纵聚合解析。首先选定了 54 个汉语身体词，并基于《汉语大词典》APP 的词典释义统计出 572 个身体词词义；根据认知语义学的词义理论，以及认识论原理、运动学原理，确定“词义范畴”为词义演变的衡量坐标；利用词典释义法和认知分析法对 572 个身体词词义进行词义范畴的两次划分（第一次划分为感知范畴和心智范畴；第二次感知范畴细分为身体器官、具体事物、人、行动，心智范畴细分为抽象事物、性质、空间、时间、量词、语法范畴）；之后量化出身体词的词义取象；最后梳理出身体词 10 个词义范畴的具体认知顺序，不仅验证了词义从具体到抽象的认知规律，而且是对原有词义范畴化规律的细化和深化。

第四章为身体词词义范畴化的横组合辨析。词义组合分析是词义聚合分析的高级阶段，是词义研究的前沿课题之一。横组合指的是以身体词为词素构成的合成词、成语、俗语等，本书主要以合成词为主。身体词横组合的词义范畴可以分为身体词本义、身体词隐喻意义、语法意义。隐喻意义以点带面地选取了情感词义范畴和空间词义范畴；语法意义则以点带面地选取了量词范畴、语法范畴。此外，还分别阐述跨词义范畴背后的隐喻象似机制和语法化机制。从身体词横组合的跨词义范畴可以看出“身体是一种思维方式”，如身体词的空间化、情感化、量词化、语法化中就隐藏着这种不易被人察觉的身体思维方式，形成以身体词本义为核心，身体词隐喻意义在外，语法意义在边缘的多层级的词义范畴化过程。这种“身体思维方式”实际上也是以人为中心、以人为本的思维方式。可以说人作为自然身心的存在，既设定了世界上那些有形万物的位置，也设定了那些无形之“物”的位置。

第五章阐释了身体词词义范畴化的文化取象。中华民族“天人合一”的哲学观孕育了“主客一体”的象思维方式，西方“主客二分”的文化哲学观则孕育了概念思维，两种不同的文化哲学思想塑造了两个民族不同的思维方式和两种语言的不同特点。如果说身体词本义具有了跨语言、跨文化的认知普遍性的话，身体词词义范畴纵聚合的引申义和词义范畴横组合的衍生义则受到了不同文化模式的影响，产生了跨文化的差异。如“天人合一”“以人为本”的汉文化就预先决定了身体词“心”的词义形成、词义引申、词义搭配以及词义的丰富程度。也就是说，不同民族的文化取象预先规定了词义范畴化的方向和结果。最后从汉字取象构形及命名、原始思维、发生学视角阐释身体如何通过隐喻拓展成为人类的一种思维方式，从语言哲学视角论证身体和心智的关系。

第六章提炼出研究结论，同时也指出仍然存在的缺陷和不足，为进一步的研究提供了方向。

第二章 理论框架

现代西方哲学经历了本体论、认识论和语言哲学三个阶段。在古希腊，哲学家们侧重于研究形而上学的本体论，探讨世界形而上学的最终成分，如金、木、水、火、土。近代哲学研究的中心从本体论转向认识论，从研究世界的本源或本体转向研究认识的起源、人的认识能力以及认识方法等。到了现代，哲学研究的中心又从认识论转向语言哲学，认为不论研究的存在还是研究的认识，都需要弄清语言的意义，对语言意义的研究正是语言哲学的首要任务。

语言哲学是现代西方哲学中的一个主要研究领域，是现代西方各个哲学流派普遍关注的重要研究对象，它着重从哲学角度研究哲学中的语言问题或者语言学中的哲学问题，研究语言的基本性质和一般特征，研究语言的意义、指称以及真理性等问题（徐纪亮，1996：1）。哲学的“语言学转向”（linguistic turn），取代认识论成为哲学的中心课题，人们不再全力关注知识的起源、认识的能力和限度等问题，转而探究语言的意义和本质、理解和交流等，通过研究语言来研究“存在”，哲学关注的主要对象由主客体关系转向语言与世界的关系，直接导致了语言哲学（philosophy of language）或曰“分析哲学”的诞生，现代语义学和语用学都是分析哲学的产物（钱冠连，1999：15）。

在20世纪，语言学研究还发生了语义转向，曾经被忽略的语义学成了语言研究中的宠儿。本书在语言哲学转向和语义学转向的研究背景下，基于身体哲学、汉语言的象思维、认知范畴理论的研究框架，梳理身体词词义范畴化的具体认知顺序，透析身体词词义范畴化的深层认知机制及背后的文化哲学渊源，全面考察汉语身体词词义演化的范畴化过程和认知取象。

第一节 哲学上的身心观

哲学的“语言学转向”让语言学家开始更深入地思考语言的本质属性，语言哲学发展的一个重要标志就是高度重视从哲学上研究语言。因为世界虽然独立于人的意识客观存在，但是人只有通过语言才能将世界纳入谈论范畴。如果人类没有语言，世界对人类来说就是存在的无，所以孙正聿（2006：273）认为语言既是人类存在的消极界限（语言之外的世界是存在的无），又是人类存在的积极界限（世界在语言中对人生成为有）；正是在语言中才凝聚着自然与精神、客观与主观、存在与思维、真与善等的深刻矛盾，才积淀着人类思维和全部文化的历史成果。

语言哲学的研究路径和本体论、认识论的从世界到思想和语言的研究路径不同，其是遵循从语言到世界的研究顺序。因为语言哲学认为语言和世界在某种程度上是同构的，可以通过分析语言结构从而认识世界的结构。语言哲学的首要任务就是研究语言的意义，意义是哲学最关心的问题。从哲学角度对意义的根本问题给予解答，是词义认识的基础，而且意义也是思维科学中的重要范畴，因为语言是思维的工具。意义中的能指和所指关系、组合关系和聚合关系更是词义学的研究重点。这些都构成了本书的研究基础和理论框架。

身体词的研究是与对身体的哲学认识分不开的，历史上关于身体的哲学探讨通常是与心智结合在一起的。所以我们主要从语言层面考察身体范畴和心智范畴的关系，分析关于心智、思想的语言是否可以翻译成关于身体物体状态的语言，从语言学视角验证“心智即身体”的哲学理念。这也是符合以语言为切入点，通过语言分析解决哲学问题的语言哲学特征的。

一、中西哲学视域中的身心关系

不管是西方由来已久的身心二分，还是中国身体哲学中的身心一如，这些都是东西方传统哲学的本质使然。相对于东方哲学强调的“天人合一”“主客一体”，西方则一直更注重“天人相分”“主客对立”的哲学思想，从而也孕育了西方如“心与身”“头与脑”“主观与客观”等二元对立的思维模式。

（一）西方哲学中的身心关系

身心关系问题在西方哲学史上几乎同哲学本身一样古老。身心关系可以总结为八种主要理论：唯物论、唯心论、相互作用论、副现象论、双重形态论、身心平行论、偶因论、预定和谐论（Thaler，1984）。整体来说，身体在这八种关系中还是处于被轻视的地位。实际上从古希腊开始，西方就一直演绎着这种重心轻身的历史，身体作为心智的障碍被哲学和哲学家所排斥。对身体忽视最早的当数古希腊哲学家柏拉图，柏拉图曾说所谓“哲学的生活”就是无视于肉体的愉悦而转向心灵性，明确地称身体是“灵魂”的坟墓，死亡就是心灵从肉体中获得解放（罗素，1976）。柏拉图思想中这种隐藏的身心二元区分，随着笛卡儿二元哲学的建立得以进一步彰显。笛卡儿虽然不是身心二元论最初的提出者，但是现代的身心二元论的确与他有直接的关联。关于身体及身体的功能可以说自笛卡儿后被严重漠视，有关身体的讨论几乎消失不见。

之后的相当长时间里身体都一直处于被压抑、被贬低的地位，是现象学重新将身体放置回西方哲学的中心，为更为彻底、更为根本的哲学始源复归提供了一种可以通达的路径。具体来说，身心对立的二元框架到了尼采才有所瓦解，尼采的“一切从身体出发”“以身体为准绳”的“身心一元论”开辟了哲学的新时代（尼采，2007）。法国哲学家梅洛-庞蒂的身体现象学更是将身体提升到了哲学本体的位置。因为在世的身体是我们在世界上存在的媒介物，也是人理解自我和世界的起点。他的《知觉现象学》一反昔日哲学仅仅关注形而上问题的传统，把形而下的身体作为现象学分析的起点，把“作为物体的身体”“身体的体验”“身体的空间性”“身体的性别”“作为表达和言语的身体”等一系列问题作为哲学问题来探讨，从而揭开了现象学发展史上的“身体现象学”时代（叶舒宪，2002）。在梅洛-庞蒂（2001）的身体现象学中，身体成了意义世界开显的场所，“身体是我们拥有世界的总的媒介”，从而将身体置于了哲学本体论的地位。

20 世纪七八十年代以来兴起的认知语言学，以大量的认知研究成果建立起认知语言学的身体哲学基础。认知语言学家莱考夫和约翰逊（Lakoff & Johnson，1999）将过去在西方占统治地位的哲学基础统称为客观主义（objectivism）哲学，同时宣称认知语言学的哲学基础是身体哲学。体验哲学（embodied philosophy）一词最先出现在 1999 年莱考夫和约翰逊（Lakoff & Johnson，1999）出版的《肉身哲学：亲身心智及其向西方思想的挑战》的鸿篇巨著中。当然莱考夫（Lakoff，1987）在《女人、火与危险事物：范畴显示的心智》一书中就曾使用过 embodiment 一词，但并没有将其作为哲学术语来使用。孙影和成晓光（2010：94）相对于客观主义，针对身体哲学提出了一系列具有挑战性的观点：①心智在本质上是基于身体和身体经验的，具有体验性。心智的体验性认为：我们的范畴、概念、推理和心智并不是外部现实客观的镜像的反映，而是由我们的身体经验所形成的。我们大部分推理的最基本形式依赖于空间关系概念、身体、大脑和环境的互动，这些提供了日常推理的认知基础（王寅，2002：83）。②思维大都是无意识的，有意识的思维只是冰山的一角，95%的思维都是在认知的无意识下进行的。③抽象的概念大部分是隐喻的，隐喻在日常生活、语言和思维中俯拾皆是，无处不在。身体哲学认为心智是基于身体经验的，思维是基于身体经验的，意义也是基于身体经验的，它们都具有体验性。意义在我们身体感知体验的基础上，通过隐喻机制、转喻机制、概念整合机制对词义范畴进行拓展和引申，完成抽象的推理和复杂的概念化、范畴化。认知语言学的身体哲学挑战了身体和心智相分离的哲学观点，世界成了对身体及身体经验的隐喻，身体的主观感受、感知为认识世界和语言构建提供了体验基础和认知前提，这是人类在身体心智研究史上的重大转折。身体在当代语境下已备受青睐，成为众多学者，尤其是认知语言学家的一大关注重点和研究热点。

（二）中国哲学中的身心关系

如果说西方哲学史是重心轻身的历史，中国哲学史则是身心一如的历史。张再林（2007）指出相对于西方传统的意识哲学，中国传统哲学的本质乃是身体哲学。虽然身体在中国哲学不同的历史时期和不同流派中地位有所不同，但是从某种意义上讲，对身体的不同解释贯穿了中国哲学的发展史，身体是支撑起整个中国哲学体系的真正的阿基米德点。张再林（2007：52）提出，就其大的脉络而言，先秦哲学标志着身体的挺立，宋明哲学则意味着身体的退隐和与之相偕的心识的觉醒，而明清哲学则代表着向身体的回归；中国哲学的根本宗旨，不是主张思在同一的“我思故我在”，而是坚持身在同一的“我躬故我在”。

在中国哲学的历史上，先秦时期是中国古代身体哲学的重要时期；在宋明时期，随着此前佛学的盛行，出现了心识的觉醒和身体的归隐，导致作为一种意识哲学的程朱理学的兴盛与阳明心学的大行其道；在明清时期，随着泰州学派“明哲保身”的推出，以及王夫之“即身而道在”的闪亮出场，身体再次挺立于中国哲学舞台的核心；明清之后，由于西方意识哲学的传入，中国哲学研究的重心也渐渐偏向于“意识”而非身体（燕连福，2007：50）。张再林（2007：54）认为在中国哲学的历史上，周易和周礼的推出意味着中国古代身体哲学的黄金时代的到来，周易的身体哲学的既深且钜的意义首先在于，从“近取诸身”出发，其把身体及其行为作为宇宙之发生的原点和起源。与此同时，也正是基于这一身体本体，周易把这种宇宙的发生构成与人身体、生命自身的发生构成打并归一。接续周易和周礼，孔子的儒家学说亦可视为一种在新的历史背景下回归身体的学说。孔子的“仁”即所谓的“能近取譬”，也即由自己的身体出发，设身处地，由己推人。身体本体的思想在孟子的学说中被进一步地坚守和肯定。这一中国哲学史是对身体而非心体的哲学本体的真正澄清，对于我们把握整个人类哲学发展具有重要的价值。

在中国哲学视域中，身体已经成为一种思维方式。身体成为一种思维方式，一是指我们通过身体思维思考，二是说身体本身就在进行思维活动。身体作为一种思维方式是以体验的方式在进行，因为只有通过体验，人才能将客观外在世界与主观内在世界联系起来，身体体验成了人类思维的逻辑起点和认知世界的出发点。身体还是我们认识世界的中介，人类以认识自身身体的方式借助隐喻实现了对世界的概念化和范畴化。从语言层面可以看出，身体语词从纯粹的身体器官意义所指到完全虚化的语法范畴，这是“万物皆备于我”身体思维方式的体现。事实上，中国传统哲学文化中的“天人合一、万物一体”中的“体”指的就是人的身体，“近取诸身，远取诸物”的思维也是典型的身体思维范式。中国哲学语境下的身体不再是西方哲学中的肉体，而是具有体验性的身体。可以说中国哲学本质是一种身体的体验之学，是身在其中的体验、体悟、体知、体会、体感等。

本书的研究更注重立足于中国自身的身体哲学基础，吸收本国的身体哲学营养。如黄俊杰（2002：55）认为梳理并建构中国的身体哲学有着极为重要的意义和价值：第一，在多元文化并存的今日，中国的人文研究应深入具有中国文化特色的议题，并开发其重要意义与价值，以便与西方文化或其他文化互相参照，中国的“身体观”正是这种具有中国文化特质的研究课题；第二，数十年来中国思想史的研究论著，采取“即心言心”的研究思路较多，采取“即身心互渗以言心”的研究思路实不多见，这个新领域的开发，可以为中国思想史研究开拓出新的境界。从以上这两个角度来看，“身体观”研究在中国思想史研究领域中具有可观的发展潜力。在某种程度上说，将中国哲学定位于身体哲学，才能了解中西方在身体方面为何出现了如此大的差异。

二、身体与身体词

身体是人类思想史上最多被误解的对象。在存在论层面，身体被看作是自然的、机械的、被动的、物质的“臭皮囊”，是“空间上并列的各个器官的组合”；在认识论上，身体带来混乱的感觉，引发错觉和幻觉，它代表着非理性、无意识、盲目和无知；在价值层面，身体被看作是兽性的、野蛮的、欲求的、冲动的、贪婪的、自私的，是不堪与文明人相提并论的各种低级属性的总和（张之沧，2008：11）。身体在这种机械理解中被层层剥离的同时，失去了它本身存在的整体有机性和系统性。实际上，身体绝不只是单纯生理意义上的肉体或者躯体。肉体和躯体只是身体最原初的意义和概念，是纯生理的，身体更重要的意义是人与自然、社会发生关系的中介，具有丰富的社会性、文化性，是生理和心理的共同体。具体来说，身体是一个包含着物质结构、心灵结构和文化结构的整体有机范畴：身体的物质结构不仅指可见的体态、可触摸的躯体，还包括肌肉、骨骼、血液、呼吸、消化、免疫、生殖以及大脑-神经等系统；心灵结构不仅包括生命冲动、需求、各种意欲等动力系统，还包括情感、意志、信念、想象、直觉、理性以及生命体验等复杂的心智状态；身体的文化结构记录着身体与自然、社会、历史及他者的丰富关系，包含着身体多样的行为方式、灵活的交往方式、复杂的语言系统以及独特的意义系统等。这三层结构不可分割地交融在一起，共同构成身体的大结构（张之沧，2008：11-12）。人的身体不只是物质意义上的，更是社会、文化的产物。因此，当我们谈论作为“世界枢纽”的身体时，它已经是一个充满文化意蕴的具有人的意义的世界。

所以身体不再仅仅是一个物体，而是人类经验或体验的汇合处。首先，人的身体具有体验功能是因为身体是认知主体的出发点，所有的认知主体都是具有身体和身体感知的人；其次，身体是人的认知工具，我们是通过身体与外界互动获得知识和经验的；最后，身体也是认知最基本的对象，我们祖先最早获得的就是关于自身身体的经验，之后近身及物进行推理，获得对未知世界的认识。所以人是通过身体来感知和把握世界的。人的经验本质上也是人体的体验，既是个人的体验，也是集体的体验，体验在人与世界之间创建一种意义和关联。

认知语言学也强调身体和身体经验在人的认知和语言中的重要性。人的经验和认知只有通过语言才能清晰地表达出来，身体对语言的形成和发展具有重要的意义和价值。例如，颜色来自身体的颜色锥状细胞，空间方向则是身体定位的结果，人类原始初民最初也是通过身体化、拟人化的语言来认识和把握世界的。这体现着以人为本，以身体为参照的一种思维方式。

身体是人类认知世界的起点，身体词所代表的概念也就成了人类认知世界的概念之首，身体范畴在认知中具备了其他任何范畴都不能替代的基础性地位。如沈家煊（1994：19）所说，一切都是从人自身出发，引申到外界事物，再引申到空间、时间、性质等等。近些年来，语言学家的诸多研究成果都反映出了对身体范畴的日益关注。身体词经过历时投射大都产生了基于本义的抽象引申义或转义，但这些意义的生成不是没有规律可循的，通过认知取象表现出很强的系统性和规律性。

第二节　任意性理论与象似性理论

如果说“身心分离”“主客对立”是西方传统哲学的根基，那么“身心一体”“主客统一”就是东方传统哲学的底座，这两种哲学观产生了东西两种不同的思维模式。西方哲学理念下形成了西方更注重理性分析的“概念思维”，而中国文化哲学则形成了中国人更偏重直觉式的“象思维”。东西方这两种不同的思维方式也在语言中留下了清晰的印记，形成了英语偏“任意性”重形合、汉语偏“象似性”重意合的特点。任意性还是象似性，这是长达两千多年关于语言符号本质的历史争鸣。本书认为在汉民族象思维影响下的汉语言，尤其是汉语言文字，更偏重象似性，具体可以体现为隐喻象似性，并存在象似度的差异。

一、表音文字系统与概念思维

思维和语言互为表里，相互影响。西方表音文字的语言方式背后是一种“概念思维”。概念思维继承了古希腊的理性科学精神，语言中几乎完全剔除了事物的具体形象，采用拼音文字的语言交流模式来表达现实。这种哲学观念起源于亚里士多德的形式逻辑和柏拉图的理性学说，文艺复兴以后经过笛卡儿的主客二分论和康德的绝对理念说的熏陶得到强化，从而孕育了西方民族主客二分的思维模式，这种思维模式认为人是认识的主体，外在的客观世界是人的认识对象，认识的过程就是对对象进行观察、分析、加工、整理的过程，由此得到关于对象本身的关系和规律的理论，即科学知识，所以西方文化是理性文化，这种理性文化也铸造了西方民族的理性语言观（杨元刚，2005：368-369）。

人是通过语言对世界进行概念化、范畴化的。西方理性语言观直接对世界进行简单的是与非的二元对立切分，最为典型的体现应该当数现代语言学之父索绪尔关于语言和言语、历时和共时、组合和聚合、能指和所指、关系和价值的二元划分。孟华（2004：49）认为，西方文化传统中的二元对立分析模式实际上反映了理性逻辑思维的抽象原则：从事物的相对静止的状态出发，发现偶值性事物之间最简单、最基本的区别性对立特征，二者之间非此即彼，决不混淆，从而进一步进行思维抽象、非此即彼的二元对立。这正是结构主义符号学二元对立思想的逻辑基础，也是西方哲学传统中理性主义思维方式的表现。

二、表意文字系统与象思维

相对于印欧语系重形的拼音文字，汉藏语系是重意以象形文字为根基的语言。事实上，中西方一开始都是以象形文字为起源的，但西方走了一条完全符号化的道路，其文字最终演变为拼音文字，而汉字却在符号化的过程中一直保留了象似性的根基，演变成形意结合的表意文字，表现出与众不同的象思维的认知方式。

“象思维”是王树人（2007）于20世纪80年代提出来的一个哲学概念，这是一个有汉民族特色的具有开创性意义的概念。象思维是中国传统思维方式基本内涵，中国传统经典基本上是用象思维创造出来的，如中国的易、道、儒、禅这些经典主要都是象思维的产物，其表达方式都是“象思维”式的，从“象”出发，“立象以尽意”。例如八卦的起源就在于“观象”。所以，重新打开被西方中心论长期遮蔽的“象思维”，是把握中国传统经典本真的需要。

与概念思维相比，象思维是人类最早的思维方式，更具有原创性。实际上西方的概念思维也是从象思维中衍生和发展起来的。与概念思维相比，汉民族象思维的特点是：①整个思维过程在于观象与取象，人在认识事物时以物象为基础，与对象保持不可分的一体关系，没有明确的主体与客体之分，它不像西方逻辑思维那样，首先将认识对象与主体对立起来，并在分析的基础上不断加以限定和规定，表现为概念层面上的思维运动。②这种具象思维讲求在“象”的基础上抽绎出义理，并且注重对“象”的整体直观和体悟，作为思维过程和思维结果的“意”也是用浅显易懂的“象”来显示的。这种象喻表达无须经过人为的概念切割，具有整体性和全息性的特征，它诉诸认知者的整体直观和体悟，人可以从任何一种全息的、动态的、在对立中相互转换的物象中与自然和宇宙沟通，从而在精神上把握无限与永恒。③这种思维是以自我为中心的，即在获得知识的过程中主体与客体混为一体。在认识过程中，不仅不排除情感和非理性的作用，而且情感对思维还有重要的制约作用（户晓辉，2000：55-56）。

三、语言符号的任意性与象似性

语言任意性是西方二元对立思维下的产物。语言越来越被简化为单纯的符号标记，走了一条完成符号化的道路，最终演变成线性的拼音文字，形成了语言任意性的根本属性。现代语言学之父及符号学创始人索绪尔提出语言的能指和所指之间具有任意性之后，任意性支配了整个语言学界长达一个世纪之久。任意性是20世纪语言学的一条根本原则（Taylor，1989：25）。索绪尔（1999：102）在《普通语言学教程》中将语言符号看成音响形象（sound image）和概念（concept）的结合，即能指和所指的结合，而且指出所指和能指的关系是任意的、不可论证的。任意性由此成了语言符号最重要的性质。或许索绪尔早已意识到其语言符号任意性原则可能会产生争论，所以他又用“相对任意性”和“绝对任意性”进行了补充和限定。索绪尔（1999：104）提出了语言符号具有“绝对任意性和相对任意性”的观点，符号任意性的基本原则并不妨碍我们在每种语言中把根本任意的，即不能论证的，同相对任意的区别开来；只有一部分符号是绝对任意的；别的符号中有一种现象可以使我们看到任意性虽不能取消，却有程度的差别；符号可能是相对可以论证的。

与索绪尔同时代的符号学创始人，著名哲学家皮尔斯使用 icon 一词，并用 iconicity 这一术语来指符号形式和所指事物之间所存在的一种自然关系，即象似性。皮尔斯（Pierce，1931）认为符号可以分为象似符（icon）、指示符（index）与象征符（symbol）。最原始的象似符是通过表征物对所指对象的如实复制，即临摹的象似性，如照片、风景画和象形文字等。随着人类认知能力和思维能力的提高，人们发现表征物与所指对象之间存在一定的关系，如因果关系，例如有烟会有火，一个人一瘸一拐是他腿脚有缺陷的标志，这就是指示符。人类思维的进一步发展使人类可以用具体指代抽象，如龙是中华民族的象征，这种表征物与所指食物对象之间约定俗成的关系为象征符。皮尔斯进一步将象似符分为映像象似（imagic iconicity）、拟象象似（diagrammatic iconicity）和隐喻象似（metaphorical iconicity）。由于索绪尔在语言学界的巨大影响，皮尔斯提出的象似性并没有受到足够重视。随着 20 世纪七八十年代认知语言学的兴起和发展，象似性成了一个热门话题。有学者指出，“象似性理论在 20 世纪最后 25 年的语言学研究中占据了支配性的地位”（Wierzbicka，1988：3）。

（一）国外的任意性与象似性之争

实际上，从唯名唯实之争，到任意性的论述，再到象似性的强调，可以说任意性与象似性这两种观点已经争论很久。唯名论的代表人物亚里士多德认为任何语言的声音与所指事物之间没有任何自然联系（张廷芳，2008）。洛克（1983）认为一种声音和文字符号观念之间的关系是任意的。也就是说，人们可以选用任何声音或记号来标记某个概念。集唯名论之大成者当数索绪尔（1999），他在《普通语言学教程》中指出能指和所指的联系是任意的，并将这条原则视为头等重要的原则。乔姆斯基也同意此观点，实际上乔姆斯基将任意性的观点推崇到了极点，认为象似性是动物“语言”的特点，人类语言的特点是非象似性。

唯实论的代表人物柏拉图认为命名不过是模仿的艺术。中世纪持续这场古希腊两学派争论的唯实论的代表赫尔德（2014）在《论语言的起源》一书中指出，语言源于人的心智。在 1836 年出版的《论人类语言结构的差异及其对人类精神发展的影响》一书中，洪堡特指出，象似性是语言结构的规律与自然界的规律相似，语言通过结构激发人的最高级，最合乎人性的力量投入活动从而帮助了人深入认识自然界的形式特征。皮尔斯采用 iconicity 来指符号形式和所指事物之间所存在的一种自然关系，即象似性。

（二）国内的任意性与象似性之争

语言符号到底是任意性的还是象似性的，目前国内语言学界大致有三种观点。

第一种观点，王德春（2001）、朱永生（2002）、张绍杰和张延飞（2007）等学者坚持认为索绪尔的任意性原则是不可动摇的，象似性应是对索绪尔理论的补充，而不是任意性原则的替代物。如王德春（2001：74）在文章中指出皮尔斯在为符号分类时把映像符号命名为 icon。icon 是肖像的意思，肖像是本人的复制品，当然与本人象似。在研究过程中不少人忽视了这种象似性是复制性的象似，多半是非语言符号的特征，而语言符号和非语言符号是有本质区别的。语言符号是音义结合的第二信号的体系，语言的词语是信号的信号。复制性符号、标志性符号、象征性符号和信号式符号都是非语言符号，在极其有限的情况下经过加工之后才能成为词语，这些符号连同它们与客体的象似性在语言中只起很小的作用。他进一步指出，正因为这样，我们说语言符号与所表客体之间的联系是任意的，没有本质的、必然的联系，应该在这个意义上理解索绪尔的任意说。朱永生（2002：5）认为索绪尔的任意说指的只是语言单个符号所含的能指和所指之间的关系，他是从单个符号的角度而不是从符号组合或符号结构的角度来论述任意性的。国内外一些语言学家恰恰是从这个角度寻找象似性的，并以此向索绪尔的任意性原则提出挑战。朱永生建议我们牢记索绪尔所说的任意性只是针对单个的语言符号，应该在同样的范围内进行审视，而不是从其他方面寻找根据来推翻他的论断。张绍杰和张延飞（2007：64）认为“如果把象似性视为语言的根本属性，那么则无法解释语言的创造性特征。原因很简单，象似性的本体论基础是语言形式和意义之间存在着映现关系或相似关系，这反映出语言只是被动地表现世界，那么语言符号作为创造意义的资源手段，在构建社会现实的过程中所发挥的作用则被抹杀，因而忽视了语言的创造性。索绪尔之所以提出任意性是语言符号的根本属性或第一原则，是因为语言符号不但被动地承载世界的信息，而且还能动地通过所指对能指的任意选择去创造意义。如果人类遵循以理性原则为基础的象似性原则去创造语言，人类语言的差别会越来越小，最终导致语言的一致性；人类语言的千变万化，正是任意性所带来的结果。……因此，任意性是语言符号的根本属性，这是无法否认的事实”。张绍杰和张延飞（2007：64）还指出，“认知语言学家对索绪尔的批判，集中在索绪尔夸大了语言符号的任意性，忽视了理据性。然而，这种批判本身却忽视了索绪尔关于绝对任意性和相对任意性之分。‘相对任意性’概念实际上指的就是理据性，或说象似性，我们发现任意性和象似性不是两个相互排斥的概念，而是相互依存于一个统一体中……事实上，语言符号的任意性和象似性两者相互依存而不是相互排斥”。

第二种观点，以王寅为代表的学者认为象似性学说比任意性学说更合理。随着认知语言学在中国的发展，国内学者对象似性分别做出了自己的解释。沈家煊（1993：2）在《句法的象似性问题》一文中指出，“语言的象似性是相对于任意性而言，它是指语言符号的能指和所指之间有一种自然的联系，两者的结合是可以论证的，是有理有据的（motivated）。语言结构的象似性就是语言结构直接映照人的概念结构，而不仅仅是一般的体现概念结构”。张敏（1997：40）认为：“语言符号及其结构和它们所代表的概念内容/外在现实及其结构之间存在着某种相似性。”王寅（2007a：510）把象似性定义为语言符号在语音、语形或结构上与其所指之间存在映照性相似的现象。王寅将象似性建立在认知语言学框架下，认为象似性是认知语言学研究的一个重要课题。认知语言学的哲学基础是体验哲学，其认为语言是人们在对现实世界体验的基础上通过认知加工而形成的，是主客观互动的结果，在现实与语言之间存在“认知”这一中介。因此，在语言形式与所指之间存在很多可论证的象似性关系。王寅（2007a：306）是坚持语言符号象似性说优于任意性支配说的学者，他认为提出语言符号任意说的原因很多，究其根源主要有三：①二元论、自主论；②纯内指论；③非隐喻观。并且，他以这些为靶子，对符号任意说展开了批判。认知哲学和语言学交叉形成的认知语言学的理论链条为现实—认知—语言，认知语言学认为“主体-客体”二分法不能成立，批判了“心智与身体分离”的二元论，这也就批判了任意性理论的传统哲学基础。认知语言学认为语言是人类对现实世界进行加工后而形成的。换言之，人类在对现实世界感知体验和认知加工的基础上形成了自己的概念结构，语言不是直接反映客观世界，而是把人对客观世界的认知介于其间。所以语言必然在许多方面，在一定程度上与人们的经验结构、概念结构、形式所表达的意义之间存在对应相似关系，即象似性。认知语言学的哲学基础体验哲学同时批判了任意性的哲学基础“内指论”。乔姆斯基认为语言是天赋的、自治的，并从语言内部研究语言，彻底切断了语言与外部世界的联系。体验哲学认为语言是体验的，如果割离语言与外部世界的联系，何以形成今天的语言？何以表明语言是一种社会现象？以何为接口来达到表达世界的目的？体验哲学认为语言具有隐喻性，而传统的分析哲学否认隐喻的认知作用。莱考夫和约翰逊认为，隐喻是我们赖以生存的东西（Lakoff & Johnson，1980）。如果仔细研究每个词的词源，我们都可以从中找到隐喻的影子。语言中绝大多数词是多义的，中心意思有可能是任意的，而非中心意义则是有动因的，主要通过隐喻延伸而来，但不一定都能被预测出来。语言中的隐喻保守地说能占到三分之二以上，这样的话，语言中的象似性就多于了任意性。哪里有文字，哪里就有隐喻，而所有隐喻都是有动因的，动因就是理据性。所以，承认隐喻的存在就是承认象似性的存在。总之，二元论、自治论、内指论和非隐喻观是任意说的理论基础，也是认知体验哲学的批判对象。

第三种观点认为对任意性和象似性的关系应该采取辩证的态度，因为两者并存于语言符号系统之中，两者都是必不可少的，并且对语言符号的作用是互补的。从对任意性原则的强调，再到对象似性原则的关注，实际上是语言范式由结构主义向功能主义转变的结果。

（三）任意性与象似性表现的层次

任意性主要体现在语音层面，而象似性则体现在语言的各个层面，如词汇象似性、句法象似性、语篇象似性。

首先来看词汇象似性。认知语言学认为，尽管客观世界中的事物是杂乱的，但人类大脑对世界的认识却是有序的。只有在认知的参与下，人类才能根据事物的特点，采取分析、判断、归类的方法，将世上万物进行分类、定位，进而认识世界。在此基础上，语言符号才有可能获得意义。作为人类认知活动结果的词汇，必然反映人类认知活动的规律，从而具有象似性。从认知的角度看，词汇象似性可以从语音和字形方面进行研究（项成东和韩炜，2003：37）。

（1）词汇语音象似性。不同音素的发音部位、发音方法的不同会造成音的音质不同，给人的感受、使人产生的联想也不同。舌位较低、开口较大的元音如/ɑ:/显得大方、响亮；舌位较高，开口较小的前元音/i:/、/i/、/e/等显得比较单薄。含有这些音素的单词趋向于表示相应的或近似的状态或性质，如 large（大的）、fast（迅速的）、clear（清晰的）、crystal（水晶）、swift（迅速的）、chop（剁下较大一块）、chip（凿下较小一片）、slab（方形或长形厚板）、slip（纸条）、nib（笔尖）等。

（2）词汇字形象似性。各种语言的文字符号系统在象似性程度上存在着差异。汉字属于象形文字，作为方块文字的汉字单字字形的象似性较为明显，象似性程度显然高于英语的拼音文字。如“人”是一个人分腿而立的形象，“雨”中包含天空、云和雨点的形象，“休”是人靠着树休息的形象。

其次来看句法象似性。语言的共性，是由人类认知规律的共性所决定的，映照了人类的认知结构或者说经验结构。语言象似性作为这种经验结构的表征，必定会在线性的语言符号中留下明显的路径，昂格雷尔和希米齐划分出了以下三类象似性。（Ungerer & Schimid，2001：9）

（1）顺序象似性（iconic sequencing）。

He opened the bottle and poured himself a glass of wine.

He poured himself a glass of wine and opened the bottle.

第一个句子的两个分句是按照事件发展的顺序排列的，因而是可接受的。第二个则不然，因为句子的线性顺序违反了事件发生的时间顺序。

（2）接近象似性（iconic proximity）。

认知的格式塔原则（gestalt principle）趋向于把具有连续性和/或共同运动方向的构成放在一起。表现在语言中，当多个形容词修饰同一个名词时，与该名词关系密切的形容词往往最接近名词，于是下面的 4 个短语，只有第一个可以接受。

the famous delicious Italian pepperoni pizza

the Italian delicious famous pepperoni pizza

the famous pepperoni delicious Italian pizza

the pepperoni delicious famous Italian pizza

（3）数量象似性（quantitative iconicity）。

概念结构越复杂，包含的信息量越大，语言结构也越复杂，一般说来句子也就越长。

This guy is getting on my nerves.

This aggressively impertinent egghead is getting on my nerves.

最后来看语篇象似性。对于语篇象似性现在论述的学者还不是很多。因为人们感知的客观世界是一个纷乱繁杂的万千世界，仅几条原则或描述不足以表征其认知规律。当然，象似性在不同语言及同一语言的不同层面会有不同程度的体现。

四、汉语言文字的任意性与象似性

在索绪尔将任意性原则视为语言的本质属性后，众多语言学家将其适用范围扩大到所用语言中。但实际上索绪尔（1999：50）本人曾说过我们的研究只限于表音体系，特别是只限于今天使用的以希腊字母为原型的体系。众所周知，汉字不属于表音文字，而是形、音、义统一在一起的文字，而且语言和文字还存在着本质的区别。因为文字是一种视觉媒介，具有可视性，可以是一种无声的、不在场的交流；而语言则是听觉的、有声的、在场的。语言没有了声音就无法传递要表达的信息，但文字的“无声性”旨在强调借助其形象表达意义，并不是说真的不能发出声音。

隶属于汉藏语系的汉文字与隶属于印欧语系的西方拼音文字不同，是一套可以直接用来表达意义的寓意于形的意象符号系统。意象中的“象”乃是符号的形式和意义之间具备的某种理据性，即象似性；“意”是这种理据性、象似性的磨损或淡化，可以说是文字形式和意义之间存在的任意性。作为意象符号系统的汉字是任意性与象似性的和谐统一，其中任意性保证了语言符号的创造性、多样性，象似性则保证了语言符号的有序性、机制性。

孟华（2004：151）认为汉字更接近于“象”的精神。我们认为汉语言文字是一种“象语言”，一种以象似性为核心特点的语言文字。汉语言的象似性可以具体体现为形体之象和意义之象，而且无论是汉字的形体之象，还是意义之象，都是在汉民族典型的思维方式“象思维”下形成并发展起来的，象形文字就是最好的例证。象形字以具体实在、生动可感的自然外象为依托，完成了字形和意义之间的象似，形成了汉语言最初更重象似性而非任意性的特点。从汉字发展历程看，篆书及其之前的形态，象形特征突出。但汉字经过汉代隶书产生“隶变”，可以说也基本符号化了。不过，必须注意，即使“隶变”之后，汉字中仍然保留着象形性根基，与完全符号化的拼音文字有着本质区别，从而能成为书法艺术对象。汉语言文字从“象形”诞生起，就是以“象”为基础发展演变的。

在拼音文字中，这种视觉象形性根基已经荡然无存。虽然任何文字都具有形、音、义统一体之特征，但汉字之形与拼音文字之形显然具有本质区别。拼音文字之形不是象形，不能像汉字以形表意那样引起联想。就是说，“象思维”在中国和西方都有其语言文字上的根源。问题是，西方拼音语言文字，由于语法、文法发达，而富于逻辑理性；中国汉字则由于语法、文法不发达，而富于诗意悟性。中国“象思维”与汉语言文字这种诗意悟性密切相关。即使就声象而言，中国汉字单音节，在声象上也极富诗意性和铿锵音乐性。可知，在“象思维”成熟阶段，也即在文字产生后，汉字仍然保留有象形性根基，所以中国人一直保有“象思维”之特长。中国思想文化得以在“象思维”中诞生，因而具有自己的突出特征，即富于诗意，文史哲不分家等。

汉语言不只字形是象似的，更进一步讲，字意也是象似的。如“口”本义为身体器官“人的口部”，基于象似性进一步引申为像“口”的事物，如“洞口”“枪口”等；接着还进一步引申为量词“一口水”“一口黄牙”“一口棺材”等。词义引申实际上是基于“口”的物理象似性在人心目中产生的心理象似性，从而引发了词义类推、辗转相生。语言中这样的例子可以说比比皆是。从“象思维”的视角出发，重新认识汉字表意文字与拼音文字的区别，也是有着积极的跨文化意义的。

由此可见，汉语言文字是象化的，象化的汉字和中国人的象化思维互相作用，并融为一体，不可分割。实际上，用有限的文字表达无限的思想也是通过“以象统字”“字象合一”的象思维实现的，这正是汉字象中有象、灵活多变的创造性特点。通过观察思维方式，发现大多数思维通常都与“象”字有关，如“想象”“意象”“抽象”等，再如“得意忘象”“得象忘言”也是借象表义。象是义和言两者转化的中介，是一种思维方式。正是在这个意义上，维柯（1997：181）认为各异教民族的祖先都是一些发展中的儿童，他们最初的智慧一开始就不是现在学者所用的那种理性的抽象的玄学，而是一种感觉到的想象的玄学。人类本性与动物本性最初具有一种相似的特性，即各种感觉器官是他们认识事物的唯一渠道，人类最初只凭一种完全肉体方面的想象力和惊人的崇高气魄去创造他们的智慧，具有强大的感觉力和生动的想象力，被维柯称为“诗性智慧”。

总之，如果说任意性是英语的根本属性，汉字中的象似性是更为突出的。当然，任意性和象似性并不是截然对立的，而是互为补充的，并表现在语言的不同层面上。汉语言是既有任意性又具备象似性的符号系统，两者不是非此即彼的关系。我们发现隐喻在象似性中发挥着举足轻重的作用，隐喻象似性体现在汉语言多层级符号系统的每一个层级中，从单个符号到符号组合都是具备解释力的。因为人基于身体感官的自然感知来观察客观事物的形象，采用“比类取象”“近取诸身、远取诸物”的象思维方式从万物中提取共象，通过隐喻取象完成对自然和世界近身及物的认识和推理。此外，隐喻象似性还存在象似度的差异，从单个象形符号的具象性到多个符号意象的意象性，可以说隐喻象似思维不仅是汉民族最早的思维方式，也是人类的一种高级思维方式。

第三节　词义范畴观

词义范畴观是本书的主要理论依据之一，身体词的词义演变就是以认知范畴观的“词义范畴”为衡量标准的。本书认为“范畴”是人类在千差万别的客观事物中寻找彼此的象似性，并对其进行分类，形成概念，之后用语言符号固化下来的过程和结果。范畴可以说是人类最基本的认知活动，语言学无论在方法上还是在本质上都与范畴密切相关。如莱考夫所说：“对我们的思维、感知、行动和言语来说，再也没有什么东西比范畴划分更基本的了。……如果没有划分范畴的能力，我们根本就不能在自然界或是在我们的社会生活和智力生活中从事任何活动。”（Lakoff，1987：6）

一、词义范畴化理论

到目前为止，词义范畴的划分标准有两种，一种是“经典范畴理论”下的客观主义的划分标准，一种是“认知范畴理论”下的划分标准。

对范畴的理解最早起源于古希腊亚里士多德在哲学领域的阐述。词义范畴被视为人类认识世界的一种逻辑工具，是二分的，有着清晰明确的界限，事物要么在词义范畴内要么在词义范畴之外，所有范畴内的词义成员地位都是平等的，没有级别的区别。这种经典范畴理论所理解的范畴是对世界纯客观的、机械的认识和理解的过程，是一种镜像式的反映，并没有考虑范畴主体在认识范畴、形成概念和建构语言意义系统中的能动作用，范畴的划分是以不以人的意志为转移的必要充分条件为标准的。

从亚里士多德到维特根斯坦的《哲学研究》出版之前，词义范畴这个概念一直是以这种清晰的客观主义为划分标准的。然而维特根斯坦在《哲学研究》中发现了经典范畴理论的缺陷和不足，从日常语言中揭示了词义范畴的特性：无法用一组共同的语义特征来描述一个词义范畴内的所有成员；词义范畴的边界是开放的，无法明确地加以界定；词义范畴内的各个成员的地位是不平等的，以原型范畴为核心（Wittgenstein，1953：49）。维氏以 game 为例提出了“语言游戏”“家族象似性”等概念，这被认为是认知语言学的源头。维特根斯坦的理论在心理学界和语言学界产生了巨大的影响力。拉波夫和罗施后来将其发展成为著名的原型理论，具有家族象似性特征的典型范畴被称为原型范畴。我们认为建立词义范畴大家族的基础不是家族成员之间的共同性，而是彼此之间的象似性，词义范畴的家族象似性可以解决语言中复杂的词义问题。之后，莱考夫在前人研究的基础上进一步提出了“理想化认知模式”（idealized cognitive model），揭示出许多经典范畴理论和传统语义学解释不了的语言现象。认知范畴理论承认客观世界对语言的本源作用，但认为语言不是对世界镜像般的反映，人作为认知主体介于主观世界和客观世界之间，研究语言必须参考人的认知规律。

二、词义范畴化过程

词义范畴化有两个过程：一是从基本词义范畴开始，向上或向下扩展为上位范畴或下位范畴；二是从原型词义范畴开始，由最为典型、核心的成员扩展到边缘词义范畴成员。罗施等人通过实验认为人类范畴化中有一个层次比较特殊，他们称之为基本类的范畴，这一层次上的词义范畴成员通常有以下特点：①在感知上具有总体的形状和单一的心理影像，并具有容易和快速辨认的特征；②具有一般运动程序和文化功能；③在用词上也是最常用和上下文中最中性的词，并且最先被儿童所习得；④范畴的大部分知识均储存于这一层次（转引自张辉，1999：5）。基本词义范畴是我们对事物进行组织的基本层，是理解事物最容易、最有效、最快速的层面，基本词义范畴层产生的词语一般为基本词汇。

原型词义范畴是人对世界范畴化的起点和参照点，具有以下特点：①决定范畴内涵的属性及其数目是不确定的；②特征也可分为中心的重要的区别属性和边缘的非重要的属性；③范畴成员之间具有互相重叠的属性组合，所有成员享有部分共同属性，形成家族象似性；④成员之间的地位不是平等的，有中心成员和边缘成员之分，而具有更多的共同属性的成员是中心成员（朱晓军，2008：56）。

本书主要研究词义范畴化的第二个过程，即从原型词义范畴扩展到边缘词义范畴的范畴化过程。词义范畴是静态的，词义范畴化却是动态的，词义范畴是词义范畴化的结果。例如，人们根据桌子的原型特征，基于象似性，把各种各样的桌子组织起来形成一个“桌子”家族的过程就是范畴化过程。目前，词义范畴化问题已经是认知研究的一个中心议题。词义范畴化的过程就是以家族象似性为基础，利用语言主动地赋予世界以一定结构的认知过程。认知范畴理论下的范畴不再仅仅是经典范畴理论中对客观世界被动的镜像反映，中间蕴含着深刻的人类主观化特点，是主客观相结合的产物。本书对身体词词义范畴演变的考察也是对身体词范畴化过程的考察，从中不只可以看出汉民族利用语言对世界的切分过程，还可以看出中华民族文化精髓和哲学理念对语言和语言演变的渗透和影响。可以说各个民族的词义范畴化过程都存在着认知模式和文化模式的双重作用。

三、语言的认知功能：词义范畴的切分

目前对语言最普遍最广泛的理解是语言的工具性，即语言是思想交流的工具和手段。钱冠连（2001a：2）指出，如果我们不认识语言的非工具性性质，就不能认识语言的本质。实际上，语言最本质、最重要的功能是其认知功能，是对世界进行范畴化的切分。因为世界本身无所谓意义，意义只是相对于我们人类自身

而言的。没有语言对世界的认知切分，世界就是一片混沌和模糊，思想也无法界定。如索绪尔（1999：157-158）认为思想离开了词的表达，只是一团没有定型的、模糊不清的浑然之物。在语言出现之前，一切都是模糊不清的。通过语言范畴化的切分和命名，客观事物被澄清定型，进入我们的谈论范围。可以说，语言范畴化创造了一个我们能够把握意义的世界，语言成了人类栖息的家园。语言通过范畴将世界纳入人类的谈论中来。语言范畴化包括两个层面：一是人类通过语言对世界进行范畴化的切分，语言意义的形成实际上就是人们对世界范畴化的结果，最终形成了一个词义范畴；二是语言内部的范畴化问题，语言内部也都是范畴，一个语词就是一个词义范畴，句子也是范畴。

词义范畴可以说既是语言问题，也是认知问题，因为词义范畴涉及语言符号、人的大脑和客观世界三者之间的关系。词义范畴是人脑利用语言符号将无序的客观世界切分为各类范畴的有序过程，每种语言都以自己独特的方式将世界切分成不同的概念和范畴，词义范畴化有着不同的民族和文化个性。但需要注意的是，世界是连续的，这种连续性必然保留在词义范畴中，词义范畴之间有着模糊地带，不是截然二分的，这也是词义范畴边缘不清的根本原因。

四、象似性：词义范畴的重要依据

人采用语言的形式对无序的世界进行了有序的范畴化切分，但我们对世界范畴化的切分并不是完全任意的，而是基于词义范畴的家族象似性进行的。人类重要的认知能力之一就是能够辨别各种象似。实际上象似现象普遍存在于世界中，世界千差万别的事物中存在着程度不同的象似性。既存在单纯基于事物形状、外貌、色彩特征可以直接感知的象似，也存在需要人基于性质、属性、功能等推理的间接象似，更有只能建立在共享文化基础之上的文化象似。象似性是人类思维的本质特征之一，人类与思维有关的词语很多都与“象”字相关，如“抽象”“意象”“表象”“印象”等。当然，对象似性的研究不能只停留在哲学思辨和身体感官感知的感性认识上，更需要实验的证实。为此很多学者进行了大量的实验，证明人类的象似思维是基于完型感知的心理学法则的，这些法则包括：①相近原则（principle of proximity），即距离相近的物体往往被感知为彼此相连；②相似原则（principle of similarity），即相似的物体常常被感知为同类物体；③连续原则（principle of continuation），即连续不断的物体往往被感知为整体（Ungerer & Schmid，2001：33）。

人类语言不是任意的，客观存在的象似联系也不会因为语言的切分而使象似性中断，词义范畴化的过程就是以家族象似性为基础进行构建的，是以象似为理据的。意大利美学家维柯（1997：258）指出，人类语言就起源于思维的象似性和类比原则。象似性是词义范畴化的重要依据，词义范畴化是对客观事物存在的象似性、连续性的记录，是以象似性为基础用语言符号对外部世界切分的过程和结果。不仅初级的认知活动基于象似性，更复杂的高级认知活动也要基于象似性的范畴化的切分。钱冠连（2001b：7）认为：范畴化"是人类的一种高级认知活动，人类在千差万别的世界中看到象似性，并据以对世界进行分类，进而形成概念，这样的过程就是范畴化。"范畴化就是要使得同一个范畴内部诸成员的象似性达到最大化程度，使得不同范畴的诸成员之间的象似性达到最小化程度。所以，词义范畴离不开象似性。我们也可以这样说：没有象似性，就没有词义范畴。因为只有象似的事物才可以归为一类，构成一个词义范畴，象似性是词义范畴化的基础。

维特根斯坦在《哲学研究》中指出，他想不出比"家族象似性"（family resemblance）更好的表达式来刻画词义范畴之间的象似关系：因为一个家族的成员之间的各种各样的相似之处，如体形、相貌、眼睛的颜色、步姿、性情等等，以同样方式互相重叠和交叉（Wittgenstein，1953：47-48）。维氏在这里是通过界定德语词 spiel 的所指范围来提出他的"家族象似性"概念的。维氏首先列举了 spiel 词义范畴的一些成员来进行特征比较，以此显示：建立词义范畴的基础是象似性而不是共同性，spiel 的词义范畴中的每一个成员与另一个成员之间总是有象似之处，但两个成员之间的象似之处不一定为第三个成员所享有；词义范畴中各成员之间具有一种互相重叠、交叉的象似关系之网；而且，随着列出并被比较的成员的增多，各成员之间共同拥有的象似之处越来越少，直至最后找不到这个词义范畴的所有成员所共同拥有的一个象似之处。正是这种象似关系（类似于人类社会的家族成员之间的那种象似关系）维持了该词义范畴的存在。象似性成为人类认识世界的概念化、范畴化的认知基础，这具有重要的认知语言学意义，也是本书采用的主要理论之一。

第四节 小 结

有学者认为词义研究有三种方法：形式的方法、心理的方法、概念的方法（Talmy，2000：125）。本书采用的是第三种方法——概念的方法，关注语言中概念或范畴的形成及演化过程，这一过程也是词义的范畴化过程，因为认知语义学认为“意义就是概念化、范畴化”。认知语义学与传统语义学不同，是从人的认知入手，语言被看成是认知系统的组成部分，词义范畴成为认知的基本单位，词义范畴化是通过隐喻等认知机制从一个认知域跨越到另外一个相对抽象的认知域的认知过程，象似性则是一个词义范畴家族形成的认知基础和认知理据。

在认知语言学的研究背景下，本书的具体研究思路是这样的：首先选定了汉语中 54 个具有历史稳定性的身体词，根据《汉语大词典》APP 的词典释义统计了这些身体词的 572 个词义，旨在梳理 572 个身体词词义范畴化的认知顺序、认知机制和认知规律。因为词典释义只是罗列出身体词词义潜在的意义选项，这些潜在意义还需要在真实语境中通过具体使用来体现和表达。所以本书除了使用词典释义法外，还采用了目前比较科学、先进的语料库研究方法，利用北京大学现代汉语语料库收集身体词词语真实使用的语料，由此建立起一个身体词词义范畴纵聚合引申和词义范畴横组合衍生的意义网络，可以考察出词义范畴纵聚合引申和词义范畴横组合衍生是如何共同完成了身体词词义范畴的整体演化的。

那么如何从 54 个身体词 572 个词义中考察出身体词词义范畴化的规律呢？572 个身体词词义看起来是杂乱无章的，必须找出一个科学有效的考察词义演化的衡量工具来。本书根据认知范畴理论、认识论原理和运动学原理，确定“词义范畴”为身体词义演变的衡量坐标，对 572 个身体词词义进行了宏观和微观的两次划分。宏观层面将身体词词义划分为感知范畴和心智范畴；微观层面将其划分为 10 个具体的词义范畴，分别为“身体器官、具体事物、行动、人、抽象事物、性质、空间、时间、量词、语法范畴”。其中“身体器官、具体事物、行动、人”属于宏观的感知范畴，“抽象事物、性质、空间、时间、量词、语法范畴”属于宏观的心智范畴。这样划分的目的是可以梳理出身体词词义范畴化的具体演化顺序，也可以透析背后的认知机制，更可以从语言哲学视角考察身体和心智的关系。

通过“词义范畴”这一衡量坐标也可以将身体词词义引申的纵聚合和词义衍生的横组合结合起来。从身体词来看，考察的 54 个身体词聚合义为 572 个，绝对数目并不多，是一个相对封闭的系统，但几乎每个身体词都形成了大量的组合词，具有非常强的构词能力。可以说身体词的纵聚合为横组合提供了大量的具体范畴选项，身体词横组合形成的结构是身体词纵聚合中 10 个词义范畴的具体体现。关于身体词词义的横组合语料，本书主要采用语料库研究方法来收集。因为语料库研究方法可以为身体词组合的实际使用、搭配情况、出现频率、数据统计、语料检索提供技术上的支持。由此可以关注到以前被忽略的词义组合和词义聚合的关系，身体词的词义范畴化也会考察得更加全面，得出的规律也会更加具有科学性、权威性。

最后还对词义范畴化进行了文化哲学的考察，解释身体词为何如此进行演化，具体研究思路如图 2-1 所示。

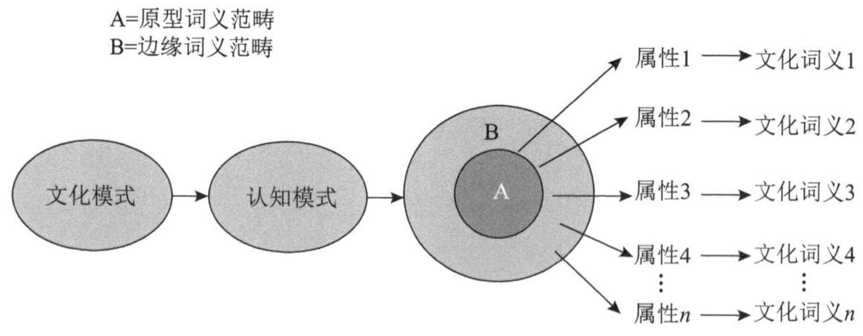

图 2-1　身体词词义范畴化的研究思路

从图 2-1 可以看出，整个身体词词义范畴化研究具体遵循着“词义—认知—文化”的研究路径。词义范畴有“原型词义范畴”（A）和“边缘词义范畴”（B）之分，如果说原型词义范畴（A）因为人类的认知普遍性具有了跨语言的相同或相似的本义的话，边缘词义范畴（B）则由于跨文化的不同表现出了差异性。以身体词为例，身体词的本义（原型词义范畴）因为世界各地的人们都具有相似的身体器官和身体结构而具有了认知普遍性，身体词的引申义，也就是文化词义（边缘词义范畴）则因为各民族文化的不同而具有了跨文化的差异。本书通过汉民族的“天人合一”“主客一体”的文化密码解释了“心”词的词义范畴化过程和结果。

从词义范畴入手去探究语言产生的认知规律，这是语言研究的新思路和新方法。相对于从传统的形式到意义的研究思路，从词义到形式的研究思路更适合人类的思维方式。因为词本来是先有意义，再用合适的形式来表达的。总之，在认知语言学的研究背景下，词义研究已经成为语言研究中的核心问题，而且不再拘泥于零打碎敲的诠释和考据，它已经成为人们探索人类认知机制与文化映射的一把钥匙。可以说认知语义学中的词义研究不再只重视词义描写的精细化，更重视词义的动态性把握及词义认知规律的解释工作。

第三章　身体词词义范畴化的纵聚合解析

纵聚合和横组合是本书切入身体词词义范畴的两个视角，因为词义范畴化过程既包括词义范畴纵聚合的不断引申，也应该包括词义范畴横组合的不断衍生，两者共同构成了身体词词义系统，缺少哪一个得出的词义范畴化规律都是相对片面的。在词义范畴化的过程中，纵聚合结构为横组合的词义范畴提供了可以选择的范畴类别，横组合结构是纵聚合词义范畴的具体体现，将两者结合在一起也有利于厘清彼此之间错综复杂的关系。

本章身体词词义范畴化的纵聚合解析主要从两个层面展开：一是描述 54 个身体词词义范畴化的引申轨迹，从中梳理出身体词词义范畴化的具体顺序；二是透析身体词词义范畴引申背后的认知规律。前者是词义运动的本体，是身体词词义范畴化的具体轨迹；后者是词义引申运动本体的规律性，是词义范畴化的一般规律。

具体的研究思路是：首先选定了 54 个汉语身体词，细分为 46 个外部身体词和 8 个内部身体词，并根据词典释义统计身体词词义的数量；其次以认知范畴理论为依据，根据认识论原理和运动学原理确定“词义范畴”为身体词词义演变，即范畴化的衡量坐标，采用词典释义法和认知分析法对 572 个身体词词义进行词义范畴的两次划分；再次在量化的基础上抽取身体词的词义取象；最后梳理出身体词词义范畴引申的认知顺序和认知规律。

第一节　身体词词义的统计和认知解析

本书考察了 54 个具有历史稳定性和广泛使用性的身体词，根据《汉语大词典》APP 的词典释义统计其词义，并对身体词引申力的强弱做了认知解析。

一、身体词词义的数量统计

考察的汉语身体词有 54 个，其中，46 个外部身体词（包括 9 对同名词）分别为体-身、头-首、口-嘴、背、顶、面-脸、足-脚、牙-齿、骨、手、指、眼-目、趾、鼻、眉、皮、掌、耳、股、肩、腰、腹-肚、肤、项、额、舌、脑、颈、臂、腿、胸、腕、肘、咽-喉、唇、脖、膝；8 个内部身体词分别为心、胆、肠、肝、脾、肾、胃、肺。

本书根据《汉语大词典》APP 的词典释义统计了 54 个汉语身体词的 572 个词义（详见附录），其中外部身体词词义为 537 个，内部身体词词义为 35 个。详见表 3-1、表 3-2。

表 3-1　外部身体词词义数量表　（单位：个）

身体词	体	头	口	背	顶	齿	足	面	骨	首	手	指
数量	43	30	26	25	24	22	22	20	20	20	18	17
身体词	身	眼	目	牙	皮	脚	股	耳	趾	鼻	眉	掌
数量	17	17	17	14	13	12	11	10	10	9	9	8
身体词	肩	腰	腹	肤	项	额	舌	脑	脸	颈	臂	腿
数量	8	8	8	8	8	7	6	6	5	5	5	5
身体词	胸	腕	咽	肘	嘴	肚	脖	唇	喉	膝	平均数	总数
数量	4	3	3	3	3	2	2	2	1	1	11.7	537

表 3-2　内部身体词词义数量表　（单位：个）

身体词	心	胆	肺	肝	肠	肾	胃	脾	平均数	总计
数量	15	5	4	3	3	2	2	1	4.4	35

注：身体词的通假义及姓氏义未列入选项

二、身体词引申力强弱的认知因素解析

词义引申义的数量是词义特征的量化表达。以平均数为参照点，从表 3-1 中可以看出，具有强引申力的外部身体词包括“体、头、口、背、顶、齿、足、面、骨、首、手、指、身、眼、目、牙、皮”。这些具有强引申力的身体词分别为头部身体词（首、头、顶），功能身体词（口、齿、牙、眼、目），中心身体词（体、

背、面、身），端点身体词（手、指、足）。相对来讲，这些指称对象都具有引人注目的认知显著性。因为一个词能否成为具有强引申力的词，是与词的认知显著度以及人的表达需求密切相关的。沈家煊（1999：7）将认知显著度规律归纳为："一般情形下，整体比部分显著（因为大比小显著），容器比内容显著（因为可见的比不可见的显著），有生命的比无生命的显著（因为能动的比不能动的显著），近的比远的显著，具体的比抽象的显著。"

相对而言，具有强引申力内部身体词的比例则比外部身体词低了很多。8 个内部身体词中只有"心"具有强引申力，这也是由人的认知特点决定的。因为内部身体词居于人体内部，不在视力所及范围之内，难以引起人们的认知关注，具有一定的认知难度。所以内部身体词词义平均数（4.4）远远低于外部身体词词义平均数（11.7）。

第二节　身体词词义演变衡量坐标的确定、划分及统计

本书研究的是身体词的词义范畴化规律，也就是词义演变及词义演变规律。那么首先要问的第一个问题就是，如何来衡量词义演变？如果说词义演变是一种词义引申的话，那么词义从哪里开始引申，又引申到哪里截止？引申中词义内涵和外延又发生了怎样的具体变化，有怎样的演变轨迹？如果说词义演变是一种词义引申的话，同样也需要考察词义引申的起点、终点、范围及路径问题。黄易青（2007：232）认为词汇意义演变的考察必须具有一定的规范性、标准性、科学性，而不能是含糊的、难以把握的、因人而异的，这就要求我们找到一种衡量意义演变的工具和标准。

一、确定"词义范畴"为衡量词义演变的坐标

本章采用"词义范畴"作为衡量词义演变的坐标。因为除了专有名词的指称对象比较单一外，大部分语言符号的指称对象都是一类事物，也就是一个词义范畴。传统语义学认为词义和词义范畴只是对客观世界的镜像反映，虽然也进行了大量描写分析，但多停留在探讨词义的表层和认知的高级阶段，忽略了认识本身

范畴化的建构过程。与传统结构语义学不同，认知语义学认为词义范畴不再是单纯记载词与客观现实的二元关系，而是涉及人脑、符号、世界三者之间的三元关系，在客观世界和语言之间存在认知这一中间层次。

确定“词义范畴”作为界定认知域之间的界限和衡量词义演变的坐标，是符合认知语言学的认知语义观的，认知语义学认为意义就是概念化、范畴化，这是对词义本质的全新认识，也是对意义的动态考量。目前，词义范畴问题已经是认知研究的一个中心议题，如拉波夫（Labov，1973：341）说的“如果语言学所做的可用一句话来概括，那它就是范畴。词义范畴是词义范畴化的结果”。迪尔文和韦斯普尔（Dirven & Verspoor，1998：108）认为范畴化是从不同事物中发现相同范畴样本的能力。王寅（2006：57）认为范畴化是一种基于体验，以主客体互动为出发点，对外界事体（事物、事件、现象等）进行主观概括和类属划分的心智过程，是一种赋予世界以一定结构，并使其从无序转向有序的理性活动。人在认知中将千差万别的事物归类，进行范畴化，形成词义范畴，并以语言的形式固定和呈现出来。

本书以“词义范畴”为词义演变和词义范畴化的衡量坐标，在一步步细节描写、逐步分析、深入解释中，不仅考察身体词词义范畴化的结果，而且注重身体词词义范畴化的整个过程，从而将词义范畴化的静态结果和动态过程统一起来，避免研究结论的片面性。

二、词义范畴坐标确定的原理

确定词义范畴为衡量词义演变的坐标并不是任意的，而是符合认识论原理和运动学原理的，具有科学性、规范性，从而保证了研究结论的可靠性。

（一）词义范畴衡量坐标确定的认识论原理

认识论是哲学的一个组成部分，是认识在哲学层面的反思。人类的认识是在认识世界、改造世界的过程中不断发展进步的，更是通过实践不断得以完善的。认识可以说是一个永无止境的动态的过程，任何认识都只能说是对某个方面、某个层次、某个阶段的认识。因此我们要坚持认识的动态观，任何凝固、僵化的认识论观点都是不科学的，也是不可取的。

传统认识论认为主体和客体是认识的两极，认识就是主体正确认识客体的客观理性过程，中间应彻底排除人为的因素影响。毫无疑问，这种认识论对科学发展具有重要的意义，但也存在忽视了人主观能动作用的缺陷。事实上，人是认识的主体，客观世界只是人的认识对象。认识不是一个纯客观的过程，是人在实践基础上对客体的认识，是主观和客观的辩证统一。

传统认识论的基本观点在认知语义学中也是难以成立的。认知语义学认为语言是体验的、意义是体验的，从身体体验的角度认为词义的形成是客观、生理、心理和文化的共同构建，是主客观的辩证统一，由此开辟了词义研究的一个新方向。认知语义学认为词义的发展变化与人的思想认识的发展变化是密切相关的。词义最初只是相对比较笼统、混沌的意义表达，但随着人类整体认识能力和思维水平的提高，在原有词义范畴基础上细化出若干个更为精确缜密的子范畴，词义才得以不断地丰富和细化。具体来说，如果将人的认识水平细分为不同的范畴或子范畴的话，就可以从词义范畴一步步引申变化中看出认知能力如何为词义细化提供了基础，也可以考察到词义范畴的不断细化如何为人类认知能力的深化提供路径。此外，词义范畴和子范畴的划分也构建了词义范畴的不同层级，以“词义范畴”为词义演变的衡量坐标，就可以从宏观层面和微观层面对词义深层结构和内部系统特征考察得更加深入，从而分析各个词义范畴之间的亲疏远近关系，研究词义范畴彼此之间是如何跨越和相通的，从而系统地归纳出词义范畴化的规律及方向。需要注意的是，词义范畴并不以系统的形式存在，需要我们一步步地梳理才能把它的系统性整理和再现出来。

（二）词义范畴衡量坐标确定的运动学原理

词义从来不是静止不动的，而是在一直运动变化着。要确定词义发生什么样的变化，在发展变化过程中彼此之间又有什么样的关联，就要求我们采用动态的词义观。运动学原理要求我们动态地看待词义及词义范畴演变，本书为了科学考察词义范畴化的运动过程，将词义范畴划分为原词义范畴、跨词义范畴和新词义范畴三个阶段（图 3-1）。这样就可以看到词义在范畴化的过程中经历了哪些具体的运动变化，以及运动变化的轨迹、方向、顺序，从而量化出词义范畴化的顺序及规律。

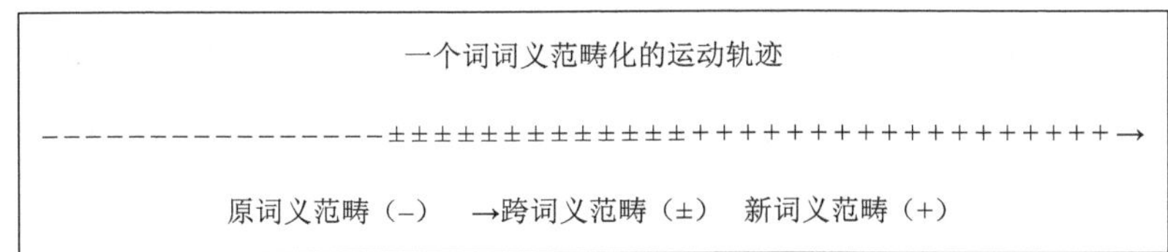

图 3-1　词义范畴连续体

从图 3-1 可以看出一个词是如何以词义范畴为坐标来发展演变的，可以观测到整个词义运动变化的轨迹。首先原词义范畴要经历从原型词义范畴到边缘词义范畴的过渡；之后有的词义范畴要经历两个词义范畴之间的质的跨越，例如从空间词义范畴跨越到时间词义范畴，从身体词义范畴跨越到情感词义范畴；有的词义经过发展变化最终可能还会演变为新的词义范畴或语法范畴，例如演变为量词范畴。因此，一个词词义范畴的运动轨迹是经历了从原词义范畴到跨词义范畴，再到新词义范畴建立的范畴化过程。词义范畴的原型性随着词义范畴化的动态过程也逐渐依次减弱，渐渐演化为边缘词义范畴，这也是词汇多义性的形成过程。词与词的词义范畴化能力也是不同的，有的词具有很强的跨范畴能力，有可能演变为一个新的词义范畴，例如形成具有语法标志和语法意义的语法范畴。

以词义范畴为词义演变的衡量坐标，整个词义演变也就可以看成是词义范畴化的运动过程和运动结果。需要注意的是，我们对三种词义范畴过程的划分，是为了有效地观察到整个词义范畴化的过程，但原词义范畴、跨词义范畴、新词义范畴彼此之间并不是有着非常清晰的界限，它们是一个连续统，各自是词义范畴运动发展的不同阶段而已。因为客观世界就是连续的，词义范畴是人类语言的人为切分，“客观实体的相似性和连续性并不因为人类的范畴化或类属划分而消失，它们将继续保持在概念或语义范畴中”（吴世雄和陈维振，1996：18）。

三、身体词词义范畴的划分方法

身体词词义范畴的划分采用词典释义法与认知分析法相结合的方法。

（一）词典释义法

词典是人类对语词研究的智力结晶，词典释义为词义描写提供了模式化的标准，为身体词的词义范畴划分提供了历时依据。符淮青（1996）在《词义的分析与描写》中将词典释义法分为三类：表动作行为的词、表名物的词、表性状的词。本书主要以表名物的词的词典释义模式为依据。符淮青（1996：108-115）认为表名物的词的词典释义模式绝大多数都是归类、限定型，即利用词语表示的概念的上下位系统关系，将被解释的词放入适当的上位概念中，再加以各种修饰、限制。他将名物词的词典释义模式归纳为 m=tL，m 代表被解释的词，L 代表类词语，t 代表种差。例如："头"被解释为人体的最上部分，其中"头"是被解释的词 m，"最上部分"是种差 t，"人体的"是类词语 L。在此基础上有以下最常用的 12 类种差。

（1）种差表领属；

（2）种差表种类（领域、范围归入此类）；

（3）种差表形态（包括形貌、情状、方式、症状等）；

（4）种差表结构；

（5）种差表功用；

（6）种差表产生（包括来源、成因、制法等）；

（7）种差表时间；

（8）种差表空间；

（9）种差表数量（包括程度）；

（10）种差表评价；

（11）种差表内容；

（12）其他。

（二）认知分析法

采用认知分析法来考察词义范畴化是一种新的研究方法，主要理论根据是认知范畴理论和认知原型理论。

词义范畴这个概念从亚里士多德到维特根斯坦的《哲学研究》出版之前，一直是截然二分的，范畴之间有着一条清晰明确的界限，事物要么在范畴内，要么在范畴之外；词义范畴成员彼此的地位是完全平等的，这些观点属于经典范畴理论。

维特根斯坦认为词义范畴的家族成员具有"家族象似性"，他认为家族象似性是刻画词义大家族各个成员之间关系的最好表达方式，因为在一个家族中，每个成员之间都存在着各种各样的象似关系，如体态、容貌、眼睛颜色、步姿、性格等，并以不同的方式相互重叠和交叉（Wittgenstein，1953：47-48）（图 3-2）。

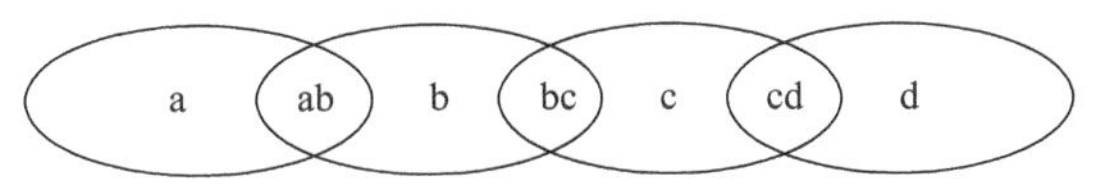

图 3-2　词义范畴的家族象似性

词义范畴的各个成员 a、b、c、d 是一个动态形成的意义链，形成了一个从中心到边缘的连续体，分别代表着不同程度的原型效应。随着词义的拓展，词义范畴原型特征的典型性依次降低。a 是最具有词义范畴家族代表性的典型成员，是词义的本义和词义演变的出发点。从 a 开始向外扩展的 b、c、d 则是边缘成员，是词义的引申义，代表着词义范畴化的方向，具有不同程度的原型特征。也就是说，词义范畴中至少有一个家族成员，或是其中有几个特征和另外一个成员存在着一致性，但几乎没有一项特征是所有成员都共有的。随着 a、b、c、d 的词义范畴家族意义链的延长，词义范畴的抽象程度也在不断提高。在这一过程中词义范畴化的方向遵循着从具体到抽象的认知规律，所以词义范畴从 a 到 d 的嬗变总是从较为具体向较为抽象的方向演化。

历史上结构语义学的词素分析法为词义描写提供了非常精细准确的研究方法，但由于只对词义做了简单的二元切分，注重词义客观性的同时失去了词义的模糊性。认知分析法在弥补和批判词素分析法缺点的同时，过于强调了词义的模糊性，导致词义似乎是无法确定的，忽略了词义理性和确定性的一面。本书为避免这两种研究方法的局限性，采用了词典释义法和认知分析法相结合的方法，即利用词典释义中种差和类词语的区别性特征，结合具体身体词词义的范畴化过程进行细节分析的方法，考察身体词词义范畴化的整个过程及运动轨迹，梳理词义范畴化的认知顺序及认知规律。

四、身体词词义范畴的划分和统计

本章身体词的词义范畴划分遵循詹卫东（2001：5）提出的语义范畴设置原则："语义范畴的设置应该是目标驱动的，遵循实用主义的原则，即在明确的目标下，所确立的语义范畴如果做到够用就可以了。”

（一）身体词词义范畴的两次划分

关于词义范畴的划分，历史上一直以来都没有一个明确统一的标准。国内外的学者因为研究对象的不同，对词义范畴有着各自不同的划分方法和划分标准。例如亚里士多德将范畴划分为十类，分别为“本质、数量、性质、关系、地点、时间、姿态、状况、活动、遭受”。康德（2009）认为“范畴”的概念是天生的，将范畴分为“量，质，关系，样式”四类。黑格尔把“范畴”视为绝对理念发展过程中的环节，包括“形式”和“内容”两种（黑格尔，2009）。

各类词典也对词义范畴进行了详略不等的词义范畴划分。世界上最早的词典《尔雅》，划分了 19 类词义范畴。1982 年出版的《罗杰类典》划分了 6 个大类词义范畴。巴利的《法语修辞学》将词义范畴分为 10 个大类，297 个小类。梅家驹等的《同义词词林》将词义范畴分为 12 个大类，分别为：①人；②物；③时间与空间；④抽象事物；⑤特征；⑥动作；⑦心理活动；⑧活动；⑨现象与状态；⑩关联；⑪助语；⑫敬语。在 12 个大类下面又有小类，其中“物”类又细分为 94 个中类，1428 个小类，3925 个词群，对词义范畴的分类较为详尽。

本章在借鉴前人范畴分类标准的基础上，主要根据身体词本义和引申义对词义范畴做了宏观和微观的两次划分。宏观词义范畴分为感知范畴和心智范畴两类。微观词义范畴划分是将 572 个身体词词义划分为 10 个具体的词义范畴。

（1）身体器官（如“头”，指人体的最上部分）；

（2）具体事物（如“脚”，指植物的微根）；

（3）行动（如“指”，用手指指着；对着）；

（4）人（如“手”，打手，棋手）；

（5）抽象事物，尤指情感（如“心”，表挂怀，关心）；

（6）空间（如“背”，指后面或反面）；

（7）时间（如“头”，表示时间在先的）；

（8）性质（如“骨”，指本性、性格）；

（9）量词（如“脚”，踢了几脚）；

（10）语法范畴（如“头”，一头，另一头）。

这 10 个微观词义范畴分别归属于两类宏观词义范畴，见图 3-3。

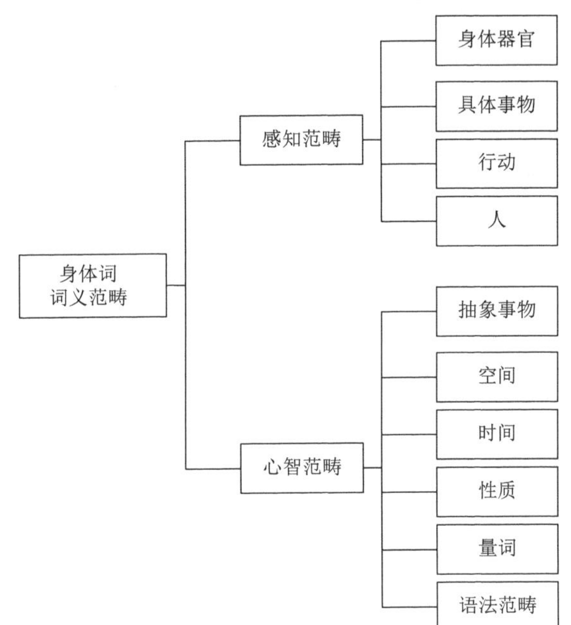

图 3-3　身体词词义范畴分类

根据词典释义法和认知分析法将“词义范畴”确定为词义演变的衡量坐标，并对其进行了两次划分，这具有宏观和微观的双重意义。从宏观来看，词义范畴隶属于高级的意义范畴，数量要比词义引申义的数量有限得多。赵倩（2007：79）认为人们在认知世界对客观世界进行分类中，必须把难以穷尽的具体概念范畴统摄到有限的认知范畴之下，这样才能建构起关于世界的知识体系。所以我们将身体词分为感知和心智两类宏观范畴，旨在通过量化分析从语言层面验证哲学上的身心观，即心智是体验的（mind is embodied）。微观层面上，我们对感知范畴和心智范畴又进行了第二次划分，细化为 10 个具体的词义范畴类别，目的是从微观层面梳理出 54 个身体词词义范畴化的具体认知顺序，看身体是如何成为人类的思维方式并在语言层面从有形世界拓展到无形世界的。

（二）身体词词义范畴的数量统计

根据词典释义法和认知分析法统计了如表 3-3 所示的汉语身体词的词义范畴

数量。以“头”为例，《汉语大词典》APP 中“头”的 30 个词义，分别为：①人体的最上部分或动物的最前部分。②指物体最前面的部分。③指头发。④指所留头发的样式。⑤最先的；最前的。⑥前，表示时间在先的。⑦为首的人。⑧指出面的人。⑨磕头。⑩端，顶端。⑪物品的残余部分。⑫部分，某些整体中的局部。⑬指赌博或买卖中抽头所得的钱。⑭方面。⑮边，畔。⑯表示约数，兼表数目不大。⑰指每旬除了“十”“二十”“三十”外的日子。⑱开始；开始阶段。⑲末了；尽头。⑳引申为限度。㉑从；临。㉒所在，处所。㉓势头。好的形势。㉔指锐气。㉕量词。用于人。㉖量词。用于牲畜、鱼类或昆虫。㉗量词。用于某些水果或植物的鳞茎。㉘量词。用于酒食。㉙量词。用于事情。㉚量词。动量词。表示走动的次数。这 30 个词义分别归属于 10 个词义范畴，如表 3-3、表 3-4、表 3-5 所示。

表 3-3 “头”的词典释义及词义范畴归属表

身体词	身体词词典释义义项	词义范畴归属
头	①人体的最上部分或动物的最前部分。	1. 身体器官
	②指物体最前面的部分。③指头发。④指所留头发的样式。⑩端，顶端。⑪物品的残余部分。⑫部分，某些整体中的局部。	2. 具体事物
	⑨磕头。	3. 行动
	⑦为首的人。⑧指出面的人。	4. 人
	⑬指赌博或买卖中抽头所得的钱。⑭方面。⑯表示约数，兼表数目不大。⑰指每旬除了“十”“二十”“三十”外的日子。⑳引申为限度。㉓势头。好的形势。	5. 抽象事物
	⑮边，畔。㉒所在，处所。	6. 空间
	⑥前，表示时间在先的。⑱开始；开始阶段。⑲末了；尽头。	7. 时间
	⑤最先的；最前的。㉔指锐气。	8. 性质
	㉕量词。用于人。㉖量词。用于牲畜、鱼类或昆虫。㉗量词。用于某些水果或植物的鳞茎。㉘量词。用于酒食。㉙量词。用于事情。㉚量词。动量词。表示走动的次数。	9. 量词
	㉑从；临。	10. 语法范畴

表 3-4 外部身体词词义范畴数量表 （单位：个）

身体词	体	头	口	背	顶	面	足	齿	骨	首	手	指
数量	6	10	6	6	5	7	4	5	7	10	8	4

续表

身体词	身	眼	目	牙	皮	脚	股	耳	趾	鼻	眉	掌
数量	7	6	5	5	5	6	5	3	4	4	6	4
身体词	肩	腰	腹	肤	项	额	舌	脑	脸	颈	臂	腿
数量	5	4	6	4	3	4	3	4	4	3	3	2
身体词	胸	嘴	腕	肘	咽	唇	肚	脖	膝	喉	平均数	总数
数量	3	3	3	3	2	2	3	3	2	1	4.5	208

表 3-5　内部身体词词义范畴数量表　　（单位：个）

身体词	心	肺	胆	肝	肠	肾	胃	脾	平均数	总计
数量	7	4	4	3	3	2	1	1	3.1	25

以平均数为参照点，具有高词义范畴的身体词有“体、头、口、背、顶、面、齿、骨、首、手、身、眼、目、牙、皮、脚、股、眉、肩、腹；心、肺、胆”。可以看出引申力弱的身体词所涉及的词义范畴量也相对较少，高词义范畴量的身体词一般来说也是具有强引申力的身体词。强引申力与高词义范畴量，弱引申力与低词义范畴量，密切关联。也就是说，随着引申义数量的增加，词义范畴的数量大体上也有所增加，但词义范畴数量的增加不像引申义那样可以无限扩展。如赵倩（2007：79）所说，引申义“始于词语使用中产生的复杂多样的具体意义，为了适应不同的语言使用需要和环境变化，量的约束性较低；同时语言的经济原则也要求语言符号意义的多样化。引申义数量理论上可以无限发展，词义范畴数量却不能无限扩张，无限的引申义总要归属到有限的意义范畴之下。两者适应不同的意义需求”。此外，我们注意到不具有认知显著性的内部身体词词义范畴的平均数（3.1）同样低于外部身体词词义范畴的平均数（4.5），所以说影响词义引申义数量的认知因素同样也影响着词义范畴的数量。

第三节　身体词的词义取象

本书将身体词分布在某个词义范畴最集中区域的词义特征称为“词义取象”，词义取象是人的经验在词义中的集中体现，是一个词的词义走向或词义倾向。通过对词义取象的量化分析，可以看出人类的体验或经验是如何编织在词义的形成和发展中的。

一、身体词词义范畴集中区的词义取象

前文统计了身体词的词义范畴数量，本节统计了 54 个身体词 572 个词义在 10 个词义范畴的具体分布情况，如表 3-6 所示。

表 3-6　身体词词义范畴分布表

词义范畴	具体事物	行动	抽象事物	量词	身体器官	人	性质	空间	时间	语法范畴	词义数量
数量/个	155	136	115	40	34	23	23	18	18	10	572
比重	27%	24%	20%	7%	6%	4%	4%	3%	3%	2%	100%

可以看出，572 个身体词词义在 10 个具体词义范畴类别中的分布是不均衡的。有的区域分布密集，涉及的词义多达上百个，如具体事物词义范畴、行动词义范畴、抽象事物词义范畴；有的区域只涉及几个，如语法范畴只有 10 个。词义的范畴分布为什么如此不平衡呢？具有较多词义范畴的单词又有什么特殊含义呢？

以身体词“头”为例，因为头位于身体的最顶端，这一顶端位置特征最为凸显，所以 30 个词义中有 26 个引申义为位置取象，占“头”词义总数的 87%，是身体位置取象的典型范例，所以“头”的词义取象为位置取象。很多身体词的词义取象都是不同的。例如经过量化统计，“手”的“持物”的做事功能义是最多的，占总词义的 61%，词义取象为功能取象。“牙”的“齿状”排列的形貌是最为凸显的，不论是纵聚合引申还是横组合衍生都以此为依据的，所以“牙”的词义取象为形貌取象。

无论是位置取象、功能取象，还是形貌取象，实际上都是建立在人的感官经验基础之上的。词义取象是人的经验在词义中的凝练，是词义引申的理据。统计身体词中的词义取象，可以观察身体词中的词义走向和经验性特征。采用量化分析法考察身体词的词义取象，将人的认知经验通过词义特征提取出来，从而对复杂的词义范畴演变进行描写和解释，这是对认知语言学原来主要是内省研究法的改进，也是本书的一大创新。

二、身体词词义取象的类型分析

认知语言学和功能语言学认为语言是人类经验的外显。本书采用“词义取象”来量化词义中的经验信息，因为词义取象的过程就是认知主体通过词义原型在人心目中形成的某种形象或意象，选取认知凸显的经验性特征进行词义延伸和拓展的过程。通过量化分析发现，某种意象越突出，根据该意象引申出来的词义范畴数量也就越多。身体词取象最多的意象特征，经过量化统计可以归为三类：形貌取象、位置取象、功能取象。具体数据分布如表 3-7 所示。

表 3-7　词义取象类型和词义范畴对应表　（单位：个）

词义取象	身体器官	人	具体事物	行动	抽象事物	空间	时间	性质	量词	语法范畴	总计
形貌取象			56	12	8			2	12		90
位置取象	2	15	67	8	30	18	18	14	5	10	187
功能取象	2	3	15	94	65			7	11		197
其他	30	5	17	22	12				12		98
数量	34	23	155	136	115	18	18	23	40	10	572

身体位置取象是根据位置关系之间的象似性形成的身体词特性。以“头”为例：《汉语大词典》APP 中“头”共有 30 个词义，其本义为“人体的最上部分或动物的最前部分”。根据“头”的位置引申出来的词义有以下内容。②指物体最前面的部分。⑤最先的；最前的。⑥前，表示时间在先的。⑦为首的人。⑧指出面的人。⑨磕头。⑩端，顶端。⑪物体的残余部分。⑫部分，某些整体中的局部。⑬指赌博或买卖中抽头所得的钱。⑭方面。⑮边，畔。⑯表示约数，兼表数目不大。⑰指每旬除了“十”“二十”“三十”外的日子。⑱开始；开始阶段。⑲末了；尽头。⑳引申为限度。㉑从；临。㉒所在，处所。㉓势头。好的形势。㉔指锐气。㉕量词。用于人。㉖量词。用于牲畜、鱼类或昆虫。㉗量词。用于某些水果或植物的鳞茎。㉘量词。用于酒食。㉙量词。用于事情。㉚量词。动量词。表示走动的次数。30 个词义中有 26 个和位置有关，占该词词义总数的 87%，是身体位置取象的典型。一般来讲，利用身体词的位置取象规律是这样的：“头”和“首”用来隐喻上部或前部的位置，“腰”、“心”和“腹”用来隐喻中部；“脚”

和“足”用来隐喻末端或尾部。

身体形貌取象指的是根据某一事物和另一事物存在形状或外貌上的象似性进行的隐喻取象。以“齿”为例，“齿”根据形貌取象引申出来的词义有以下几种。④排比如齿状者。竹木所刻之齿。用以记数。⑤排比如齿状者。木屐齿钉。⑥排比如齿状者。轮齿。⑦排比如齿状者。阶石的一级，称一齿。⑧排比如齿状者。其他物体上似齿形的部分。⑬类别；同辈。⑭并列；在一起。“齿”的形貌取象占总词义的32%，是词义引申的强势特征，这是由“齿”的齿状物形状在我们心目中形成了突出的心理意象所致。此外，许多身体词都采用了形貌取象来拓展词义，如利用“鼻”突出或隆起的形貌构成“壶鼻”；利用“口”的通道形貌形成了“山口”“路口”；利用“眼”的孔和窟窿的形貌形成“针眼”等表达。

身体功能特征取象是指用身体器官的功能来指称具有象似功能的新认识的事物。以“手”为例，《汉语大词典》APP中“手”共有18个词义，其本义为“人体上肢腕以下持物的部分”。根据“手”持物功能引申出来的词义有12个，分别为以下内容。④表示手的动作，执持。⑤表示手的动作，击杀。⑥表示手的动作，取。由“手”的做事功能进一步引申出的义项有：⑦亲手。⑧手迹。⑩手艺；本领。⑪手中，手里。指控制、掌握的范围。⑭指在某种技术或工作中居某种地位的人。⑮指从事某种行业、活动或作出某种行动的人。由于很多技能要用手才能完成，所以又引申出量词：⑯量词。西南少数民族地区货币计算单位。⑰量词。犹个、只。⑱量词，用于技能、技巧，如“写一手好字”“露一手绝招”。功能取象是“手”的主要意象，也是“手”词义演变的主要方向。“脚”词义中功能义也占很大比例。虽然功能取象一般不能从视觉上获得感知，但由于身体是我们与外界交流和互动的工具，所以如“目、眼、鼻、口、牙、齿、心”都具有功能取象的特点。身体词的身体形貌取象、身体位置取象和身体功能取象这三种取象类型构成了身体词词义范畴化的主要经验基础和扩展理据。

三、身体词的词义取象与汉语言的“象思维”

“词义取象”实际上是人凭借感官直接捕捉到的客观事物的外在形象或现象，由此在人心目中形成的某种心理意象。实际上，词义取“象”是汉语言“象”基因的外显。以“象”为根基的汉字与完全符号化的西方拼音文字不同，至今还保留着语言结构中重要的中介“象”，弱化了语言符号能指和所指之间的任意性，从而保留了特有的“象”似性。从“象”出发、“观物取象”、“立象以尽意”的“象”是汉语言的特质，可以说汉字的形成和发展，都遵循着中国思想传统中“近取诸身，远取诸物”的“象思维”的思维方式。

“象”不仅是汉字取象构形的基础，也是汉字词义演变发展的理据。首先，汉字的构成是以象形为根基的。最初的汉字就是人以身体感官的自然感知，捕捉外界的自然呈象，汉语言以象形文字把这一原始的关系记录下来，构成了语言进一步发展的基础（范爱贤，2005：4）。许慎（2013）在《说文解字》中说“象形者，画成其物，随体诘诎，日月是也”。通过对日月等外部世界实物的观察，然后根据物象的不同特征画成其物，虚实结合，以具体之象来表达抽象并创造出文字。所以说象形字是观“象”的结果，我们祖先创造文字就是在对事物的“象”的观察和体验中完成的。汉字的根本就在于象，这种以观物取象为标志的思维就是由象出发，立象以尽意，意从象出的直观性、体验性的思维，是一种经验之象、体验之象。“口”“头”“耳”“目”“齿”“心”等多数身体词都是这种基于人们身体体验感知，具有视觉取象的象形文字。这些视觉取象形成了这些身体词进一步引申演变的主要理据。视觉象形根基在拼音文字中已经荡然无存，认知心理学实验证明，拼音文字在人大脑中呈现左脑优势；与以往汉字实验结果不同，最新实验表明，汉字在人大脑中呈现左右脑均势。这一汉字呈现左右脑均势之实验结果，正好说明汉字经过符号化仍然保留着视觉象形性根基（王树人，2007：23）。

其次，词义取“象”的“象思维”方式也一直贯穿于从本义到引申义的词义扩展中，是词义扩展的理据。词义本义是词义运动的起点，通常在人心目中有着某种具象的心理图示，这一具象特征通常也构成词义引申的源头和理据。如“头”本义为身体器官“人体的最上部分或动物的最前部分”，基于象似性进一步在语言使用中拓展为“物体最前面的部分”，如“火车头”；还可以进一步引申为更为抽象的“为首的人”；而后是“表示时间在先的”如“头一晚”；随着“头”在我们心中意象的不断强化，渐渐形成了抽象的空间方位的“最高头”；最后“头”被量词化如“一头”等，成为一个具有语法意义的虚词。所以人在给新事物命名时，往往以原有的概念范畴为基点，着眼于新旧范畴之间相似或相关的特性来创造，而非完全从无到有地创新。总体来说，汉语词汇系统是以词义的原有意象为基点，从表示原型意象的词义范畴引申到边缘词义范畴，或从已有范畴派生出其他合成范畴，从而形成了具有象似性的词义范畴家族。所以说“象”，无论是基于物理象似性的象，还是心理象似性的象，构成了词义形成和发展的脉络。

第四节　身体词词义范畴化的认知顺序

过去很多语言学家指出词义范畴化的认知方向是从具体到抽象、从简单到复杂，但这样的总结太过笼统。有的语言学家提出的词义范畴化规律细致些。如兰盖克（Langacker，1987：221）提出的“人体认知优先于非人体的认知；整体认知优先于部分；具体优先于抽象；可见优先于不可见”等。有的还增加了“互动性优先于非互动性；功能性优先于非功能性”两条认知原则。海因等（Heine et al.，1991：157）更将人类认识世界的认知顺序排列成一个由具体到抽象的等级序列，人＞物＞事＞空间＞时间＞性质。

本书在上面的研究基础上进一步进行了细化和深化，量化分析了 54 个身体词 572 个词义 10 个词义范畴的认知顺序。我们认为分布在哪个词义范畴的词义数量越多，说明向该词义范畴跨越引申也就越容易、越便利。可以说，词义范畴的数目代表着认知域之间彼此跨越的难易程度。书中具体统计了身体词 572 个词义在 10 个词义范畴的分布情况：具体事物的词义范畴数量为 155 个，占总词义数量的 27%；行动的词义范畴数量为 136 个，占总词义数量的 24%；抽象事物的词义范畴数量为 115 个，占总词义数量的 20%；量词的词义范畴数量为 40 个，占总词义数量的 7%；身体器官的词义范畴数量为 34 个，占总词义数量的 6%；性质的词义范畴数量为 23 个，占总词义数量的 4%；人的词义范畴数量为 23 个，占总词义数量的 4%；空间的词义范畴数量为 18 个，占总词义数量的 3%；时间的词义范畴数量为 18 个，占总词义数量的 3%；语法范畴的词义范畴数量为 10 个，占总词义数量的 2%。根据上面统计的数据，身体词 572 个词义 10 个词义范畴跨越难易程度的排序为 1 具体事物＞2 行动＞3 抽象事物＞4 量词＞5 身体器官＞6 人=7 性质＞8 空间=9 时间＞10 语法范畴。

首先，根据人类的认知规律，人类能够直接感知的事物更具有认知显著性和优先权，所以利用身体的形貌特征来指称自然界存在的实体几乎比比皆是，“具体事物”的词义范畴也就理所应当地排在了第一位。其次，由于人体是人与世界互动的中介，身体表“行动”的词义范畴排在了第二位。再次，随着人类认知能力的深化，词义范畴也进一步抽象化，逐渐引申到“抽象事物”，尤指利用身体的生理特点转指人类抽象的情感和情绪。最后，后半段的词义范畴如“性质”“空间”“时间”“语法范畴”属于“心智范畴”，一般很难直接引申出来，需要通过间接引申才能实现词义范畴的跨越。一般来说，能引申到“性质”“空间”“时间”“语法范畴”等心智范畴的身体词也是具有强引申力的词。例如“头”“面”“手”的词义能引申到语法范畴，它们词义数量都高于身体词的平均数 11.7，是具有强引申力的身体词。抽象事物在词义范畴化的认知顺序中位于第三位，具有特殊性，这是源于汉语言量词范畴的特殊性。从身体词的词义范畴化的认知顺序可以看出，总体来讲词义演变顺序还是受到人类认知能力的限制的，从本义跨越到某些词义范畴要比向另一些词义范畴跨越容易。

从上面统计还可以看出心智范畴包括的性质、空间、时间、语法范畴的词义范畴，其引申顺序或者说是认知顺序在感知范畴之后（抽象事物和量词除外），这说明心智范畴中的词义是从身体感知范畴的词义发展演变而来的，在语言层面验证了身体的第一性和基础性。因为心智范畴的意义表达是通过表示感知范畴的词引申来实现的，实现的主要方式是通过视、听、触、味、嗅在相貌、状态、位置、功能方面感知到象似性，产生相似的心理联想，完成了抽象心智范畴的具身化表达。心智范畴所造的新词也都与感知范畴的词义具有相关性，如斯威策（Sweetser，1990：30）认为身体和身体的体验或经验是表示心理状态词汇的源泉。汉语中表示人类情感、情绪的词大都是借助我们人体的生理反应来表达的。进一步讲，感知范畴和心智范畴两者实际上是相通的，两者之间的词义是一脉相承的，是感知范畴向心智范畴的引申和演变，这也是源于人类视、听、触、味、嗅感觉与心智感觉的直接相连性，五官的感知直接作用于我们的心智，例如听觉的静会产生心理的静。

感知范畴和心智范畴的相通和跨越也符合人类的认识论原理。感知范畴是心智范畴的认识起点和认知基础，当然，对感知范畴的认识和表达也需要通过心智来实现。因为人是先认识相对具体的感知范畴，再认识相对抽象的心智范畴的，心智范畴属于更高的层次。从中国传统哲学的身体观来看，身体感知范畴和心智范畴也是密不可分的，是身心合一的。首先，心智结构取决于人的身体结构，是人的身体结构决定了人的大脑和整个视、听、触、味、嗅的感觉系统。如张之沧（2010：104）所说，正是人的直立行走使头颅免受地球引力的妨害，为大脑发育提供广阔空间，使其因在各个方向上的自由扩展而较任何其他动物的头颅都更加接近球形，使得头的面积和脑的体积达到最大比例，使人的大脑具有最智慧的认知结构和思维潜质。正是直立的身体，使人的感官产生最大效用，使眼睛能够“高瞻远瞩”，耳朵能够“聆听八方”，而触觉则能够感受到最细微的刺激、触摸、暗示和各种难以表达的情感或爱意。人身体结构的这种特殊性使人具备了发达的大脑，从而形成了特有的思维能力及语言表达方式。人是以自身身体的感觉、感知与世界接触互动的，身体首先是感知的存在，可以说身体感知范畴和心智范畴在始源义上是共通的。那么两者又是如何在终极义上合一的呢？正是基于身体，人类才产生以其身体结构、身体行为、身体感受为标尺和立意的诸多解释和界定世界万事万物的名词、概念和范畴，诸如高矮胖瘦、轻重强弱、大小远近以及美丑善恶等概念，都是以人自身的结构、行为和心理做标准的。换句话说，由于人的身体具有大自然所创造的各种物质形态和运动形式，因此它不仅能够反映各种有形的存在，构造极为复杂的认知对象，反映着高低长短、前后左右、内外大小、生熟干湿、虚空充实、新鲜腐烂等物质属性和空间形式，也能够反映从机械运动到思维和情感运动等各种运动形式的基本特征（张之沧，2010：105）。所以说，身体不是完全生理意义上的身体，人的情感、心理等精神层面的活动都可以从身体结构、身体智能中找到意义展现的源头。身体具象着心智，心智提升了身体。从语言词源学角度也可以这样表述，身体为语言符号的产生和演变提供了身体知觉、身体体验的基础，身体外感的知觉和内在的心灵是同一事物的两面，是相通的。如同认知语言学的哲学基础体验哲学说所言，意义是基于感知的，感知的基础源于身体和身体结构，之后才形成了范畴，确立了概念，完成了语言构建。

从中可以看出，身体不仅是语言构建的基础，不知不觉间身体已经成了我们的一种思维方式。所谓“身体是一种思维方式”，是指人不仅通过身体而思考，而且身体本身就在进行思维活动。可以说，在语言创立之初，人类的取象源头之一就是自己的身体，通过观物—取象—比类，人将自己最为熟悉的身体及身体部位与自然界的各种物象并置起来，通过体认或体验的认知方式在语言中留下了印迹。例如我们把身体位置、身体形貌、身体功能等特征投射到客观物质世界，形成了“针眼”“河口”“圆心”等表达，实现了所谓的自然的人化。语言中抽象概念的表达也体现了“身体是一种思维方式”，如“胆战心寒”“面红耳赤”“眼高手低”等词语借助对身体及身体现象的描述来转指人抽象的情感和情绪。如果仔细考察语言中的身体之维，就会发现无意识中身体已成为我们思考有形世界及无形世界的思维范式，人以身体为参照对世界进行概念化，从而实现了现实之身到概念之身的转换。身体作为一种思维方式是以体验的方式在进行，因为世界是体验的世界，体验在人与世界之间创建了一种意义和关联。人通过体验与天地合一，万物同构，并进一步通过隐喻从感官所及的有形世界去触知思维所不及的形上世界。两千多年来被看作人类本质的理性思维，绝不是纯粹基于逻辑形式的抽象思维，而是基于身体的。

第四章　身体词词义范畴化的横组合辨析

一个词的词义范畴化不仅应该包括单个词不断聚合引申的词义范畴化过程，也包括以该词为标志的符号组合不断衍生的词义范畴化过程，两者交织在一起，共同演绎了词义范畴化及词义演变的丰富性、创造性。

本章考察身体词词义范畴化的横组合层面，这也是源于汉语双音化的特点。虽然在语言形成发展最初阶段的古汉语中，一个词由一个音节构成，但社会生活复杂化、人类认知精细化，越来越需要更丰富的语言和词汇与之相对应。汉语言采用的方法不再只是单纯地依赖词义引申，而是不断将单音节变为复合音节来构成新词。正如赵倩（2007：67）所说："上古汉语中，词汇以单语素词为主，词义发展的基本途径是词义引申，很多常用词都成为了多义词；很多词的多数引申义也都是在这一时期发展出来的。不过汉语词汇系统发展的总体趋势是双音化，进入双音化阶段以后，表达新义主要通过语素构词的手段，不再主要依赖词义引申了。"这样的构词法及词义发展与客观世界的发展过程，在原则上是一致的。事实上，任何新事物的产生都不是凭空的，必然是对旧事物的继承和发展，汉语的新词正是体现了这种时间的连续性。新词的新义会与构成音节的本义保持着一定的联系，构成音节的本义会在新词中发挥一定的作用。可见汉语新词新义不是靠纯粹约定，更不是全新的赋予，其中至少有一部分是由组词的音节所带来的，受构词音节的本义制约。因此汉语新词的意指关系不是任意的。

第一节　词义范畴纵聚合和词义范畴横组合的关系

聚合关系和组合关系是词义学的研究重点。到目前为止，针对词义范畴的纵聚合已经开展了多层次、多维度、立体系统的研究，但词义范畴的横组合分析目前还没有形成一整套的系统操作程序和相对一致的研究思路，将词义范畴纵聚合和词义范畴横组合结合的研究成果也不多见。

一、词义范畴纵聚合和横组合的关系

本章通过“词义范畴”这一衡量坐标将身体词的纵聚合和横组合结合起来。那么词义范畴的纵聚合和横组合到底是什么样的关系呢？张如奎（2006：25）认为，相对于词义聚合，词义范畴的组合关系出现在语言系统中是第一性的，是在现场的，一切语言单位都必须经过组合在语言中出现；聚合关系出现在语言体系中，是第二性的，是不在现场的。两者是实在项和潜在项的关系对立轴，组合关系是过程层面，聚合关系是系统层面。这也符合维特根斯坦的“一个词的意义在于它在语言中的使用”的用法说（Wittgenstein，1953：43）。语言在组合层面的具体使用让很多似乎“死”的东西都“活”了过来，纵聚合中的意义潜势在各种具体语境中得以确定和实现。身体词的纵聚合为其横组合提供了大量的具体范畴选项，身体词横组合形成的结构是身体词纵聚合中 10 个词义范畴系统的具体体现。词义范畴横纵层面的开展也是将词义意义潜势和词义意义使用结合起来。

希望身体词范畴的横组合研究可以开拓出一个新的视角，帮助身体词的词义范畴化研究走向深入和细致，也进一步帮助解决词义范畴聚合中还没有解决，或解决得不是很好的问题。聚合和组合的结合是词汇学的研究趋势，如李如龙和苏新春（2001：95）提出，如果只强调聚合，就不能全面地认识词汇单位，将一个个结构组，特别是组合性的结构组排斥在词汇单位的范围外，这就会忽视词汇的层次性，最终不能认识词汇的体系性及词汇体系的特点，同时也会忽视词汇单位在词汇系统中所受的词汇结构关系的制约。这对词汇学进一步发展不利。

二、以“手”为例看词义范畴纵聚合和词义范畴横组合的关系

接下来以身体词“手”为例来探讨词义范畴纵聚合和词义范畴横组合之间的实现关系。以“手”为词素的词义范畴组合情况主要通过北京大学现代汉语语料库和《汉语大词典》APP 进行分析。

“手”在《汉语大词典》APP 中有 18 个词义聚合义项，分别为以下内容。①人体上肢腕以下持物的部分。②指动物前肢或动物前部伸出的感触器官。如：触手。③指某些代替手工作的机械。如：扳手；机械手。④表示手的动作。执持。⑤表示

手的动作。击杀。⑥表示手的动作。取。⑦亲手。⑧手迹。⑨中医指寸口。⑩手艺；本领。⑪手中，手里。指控制、掌握的范围。⑫指边，面。⑬指次序。⑭指在某种技术或工作中居某种地位的人。⑮指从事某种行业、活动或作出某种行动的人。⑯量词。西南少数民族地区货币计算单位。⑰量词。犹个、只。⑱量词。用于技能、技巧。如：露一手绝招。“手”的 18 个词义可以被归类为 7 个词义范畴，分别为：“人”的词义范畴包括 2 个义项；“具体事物”的词义范畴包括 4 个义项；“行动”的词义范畴包括 3 个义项；“抽象事物”的词义范畴包括 4 个义项；“量词”的词义范畴有 3 个义项；“空间”的词义范畴有 1 个义项；“语法范畴”的词义范畴有 1 个义项。

根据北京大学现代汉语语料库和《汉语大词典》APP，统计身体词“手”的组合词（以合成词为主），主要有“高手、低手、硬手、好手、能手、妙手、鼓手、歌手、新手、打手、选手、杀手、老手、对手、骑手、球手、机械手、水手、射手、平手、助手、帮手、副手、左右手、黑手、扒手、棋手、触手、猎手、铁手、国手、圣手、刽子手、乐手、敌手、毒手、里手、出手、还手、手段、手法、手腕、手笔、手头、手上、手下、手心、手里、手中、手间、手面、手背、手痒、手黏、手长、手短、手软、手黑、手辣、手松、手紧、动手、着手、入手、上手、开手、插手、沾手、搭手、住手、歇手、罢手、丢手、撂手、甩手、撒手、抖手、收手、伸手、缩手、反手、放手、拿手、得手、顺手、束手、碍手、空手、赤手、撒手、白手、联手、经手、过手、到手、牵手、转手、脱手、抢手、携手、联手、合手、分手、缠手、绕手、烫手、棘手、扎手、咬手、手工、手续、手术、手枪、手机、手表、手令、手本、手稿、手册、手谕、洗手、垂手、举手、后手、炮手、人手、用手、随手、顺手、招手、伸手、手握、亲手、握手、手持、一手、二手、笨手、身手、手势、手腕、假手、在手、双手、手指、交手、手边、手臂、大手、左手、右手、手足、两手、手提、手掌、手巾、手巧、刀手、凶手、扶手、佛手、手镯、脏手、巧手、手脚、手杖、手帕、手掐、湿手、手动、手套、抄手、手式、徒手、手握、手拿、手持、手执、手捧、手摇、手软、手硬、把手、手铐、玉手、挥手、拍手、伸手、手淫、手印、手写、舵手、砍手、断手、援手、车手、巨手、手雷、拉手、手拿、手推、枪手、勾手、拱手、随手、手艺、空手、手续、手鼓、第一手、一把手、留一手、二手烟、二把手”等。

“手”的 18 个词义分属的 7 个词义范畴和上述组合义是有关联的。我们可以看到《汉语大词典》APP 中“手”的第一个义项为“人体上肢腕以下持物的部分”，这是“手”的本义。因为“手”是以人作为动作主体的，由此可以用来转指“人”，如高手、低手、能手、好手、妙手、里手、对手、敌手、硬手、助手、帮手、副手、下手、左右手、打手、扒手、旗手、舵手。利用“手”转指其他“具体事物”的构词包括扳手、机械手等。利用“手”“持物”的做事功能形成“行动”词义范畴的有入手、下手、手笔、插手、搭手、累手、动手、罢手、撒手、甩手、着手、歇手、上手、易手、脱手、到手、出手、住手、抖手、洗手、收手、接手、经手、过手、倒手、转手等。由“手”合成的量词词组有第一手资料、一手绝活、二传手、二把手等。“手”形成的空间词有手心、手背、手上、手下等。利用“手”的特点表达抽象概念的有手痒、手黏、手长、手短、手软、手黑、手辣、手松、手紧、手大等。“手”的语法范畴有一手、另一手。

从以上内容可以看出，“手”的自身认知域并不是一成不变的，在组合的过程中，从最初的身体器官认知域逐步过渡到其他认知域，遵循着从具体到抽象的认知规律。“手”原型词义范畴中的“上肢”“持物”以及由“手”联想到的特点，这些都成为核心义素留存在身体词词义范畴的组合过程中。这些原型义素一开始表现得非常明显，后来越来越淡化，越来越抽象，最后甚至看不出和身体词本义有什么词义关联。所以“手”纵聚合中的 7 个词义范畴潜势，在搭配中，也就是在横组合中得到了具体的实现。如德·波诺所说：“纵向思维是做选择，横向思维是促生成。在纵向思维中，重要的是正确性，而在横向思维中，重要的是丰富性。纵向思维通过排除其他途径来选择出一条路途；横向思维不是选择途径而是试图开辟其他途径。使用纵向思维，旨在寻找最佳方法，使用横向思维则是为生成不同方法而生成不同方法。”（De Bono，1973：18-19）语言就是这样横纵合奏、互相渗透的统一体。

第二节　身体词横组合中跨词义范畴的隐喻意义

身体词横组合的词义可以分为三类，一类是身体词的原词义范畴，如“心脏、大腿”等表示身体器官的本义；一类是身体词跨词义范畴的隐喻意义，如“头头、手下”等身体词组合引申的意义；还有一类是身体词的语法意义，如“一头……，一头……”“一面……，一面……”等已具备语法功能的语法范畴。

接下来利用两个小节，分别分析身体词跨词义范畴的隐喻意义和语法意义，并透析隐喻意义和语法意义背后的认知机制。在具体操作中，身体词跨词义范畴的隐喻意义采用了以点带面的研究方法，选取了从身体词义范畴到情感词义范畴、空间词义范畴的隐喻意义，语法意义则是以身体词的量词化和语法化为例。

一、从身体词义范畴跨越到情感词义范畴

情感是人类最普遍、最核心的经验之一。最典型的情感有喜悦、愤怒、恐惧、哀伤四种，是人在不同情境刺激下的认知活动和主观体验。无论是喜悦、愤怒，还是恐惧、哀伤，这些情感都是抽象的、模糊的。那么，我们是如何表达这些抽象的情感的呢？人类抽象的情感和具体存在的可看可触的身体和身体词之间又有什么样的关联呢？

（一）身体与情感

喜悦时我们会“眉飞色舞”，愤怒时会“气炸肺”，恐惧时则说“吓破胆”，哀伤时说“泪流成河”。仔细观察表达情感的语词，会发现情感是身体的隐喻化表达模式。虽然很多人认为情感不过是心里的感觉，属于精神层面，与身体无关，但事实证明，人类身体本能的生理反应已经融入语言当中，成为情感隐喻模式的主要来源。各个民族的人们都常常利用可见的人体器官来表达抽象的情感，从而赋予情感以具体生动的形象，也更容易理解。

身体是情感的发源地，也是情感表达的生理基础。有人曾对情感和身体的关系进行过临床试验，要求被试改变他们的面部表情，直到他们的面部表情与“怒”这种感情的原型一致，这时，将他们的心率、左手指和右手指的温度记录下来，其结果基本是一致的。在愤怒时，心率加快：+8.00+/–1.8 跳分（标准差+标准误差）；左手指温度升高：0.10+0.09；右手指温度升高：+0.08+0.08（赵艳芳，2001：46）。各种情感意念产生的基础是人的身体，情感的表达也需要借助对身体器官

反应和动作的描述来展开。接下来通过观察语言这一窗口，分析身体词中的四种典型情感的身体取象，验证“情感是身体”的隐喻模式，从而验证“情感表达在很大程度上是源于身体感知、身体动作和身体反应”（Sweetser，1990：28）。

（二）情感的身体取象

心理学家高玉祥等（1990：123）测定，人们在表达思想感情时，55%的感情成分需要借助身体各部位做出的姿态和动作来表达。情感产生时，通常会伴随着一系列身体动作和生理变化，同时在长期实践中，情感逐渐与某些身体反应形成了某种对应的关系。例如，我们悲伤时会流眼泪，愤怒时身体会发热，恐惧时呼吸会加快，高兴时会手舞足蹈等。人类身体本能反应的这些共性特征随着概念的丰富，惯性地融入到语言当中，成为情感隐喻取象的第一来源和取样对象。我们通过北京大学现代汉语语料库量化了 20 个身体词在四种典型的情感“喜、怒、哀、惧”中的取象频率。统计数据如表 4-1 所示。

表 4-1　20 个身体词表达“喜、怒、哀、惧”情感隐喻意义的统计表

身体词	喜	怒	哀	惧	总计
脸	79	68	36	66	249
眼	39	66	31	25	161
嘴	38	15	89	9	151
胸	3	12	78	3	96
腿	44	17	5	18	84
身	11	6	14	48	79
手	15	36	6	14	71
头	36	13	9	7	65
牙	4	35	0	1	40
眉	15	11	7	1	34
鼻	0	5	8	0	13
额	0	5	0	7	12
喉	0	4	3	3	10
脖	1	4	0	5	10
背	0	0	0	8	8
腹	5	2	0	0	7

续表

身体词	喜	怒	哀	惧	总计
骨	1	0	0	6	7
肩	0	1	1	2	4
脑	0	1	1	0	2
心	29	28	82	57	196
总计	320	329	370	280	1299

情感的身体取象主要是通过身体器官来表达的。“喜、怒、哀、惧”四种情感的身体取象排列顺序为：喜，脸＞腿＞眼＞嘴＞头＞心；怒，脸＞眼＞手＞牙＞心＞腿；哀，嘴＞心＞胸＞脸＞眼＞身；惧，脸＞心＞身＞眼＞腿＞手。具体来说，情感隐喻意义的身体取象主要是通过身体特征、身体知觉和根据身体部位产生的心理意象来表达的。首先，我们的情感最容易通过生理反应表现出的身体特征表达出来。例如，生气时我们身体中的血液会加速流动；高兴时身体会发热，眼睛也会发亮；恐惧时瞳孔会放大，呼吸会加速；悲伤时会皱眉头，或耷拉着头。人类的这些生理反应被广泛地用来指代抽象的情感。莱考夫和约翰逊（Lakoff & Johnson，1980：289）总结了这个基本隐喻“一种情感的生理反应被用来代表该情感”。其次，身体知觉通过身体温度来表达抽象的情感，如“热心、冷面”等表达就是基于这一原理。最后，根据身体器官在心里产生某种意象是形成“情感是身体”根隐喻的表达方式。如“撕心裂肺”“目光高远”“肝胆相照”等，就需要借助人主观创造出的相似和身体器官在人心目中形成的意象才能更好地理解。因为“心”不可能会被撕碎，“肺”也不可能裂开，但通过意象思维的构建和转移，伤心的抽象情绪和情感就会油然而生。这一量化结果也验证了韦日比茨卡（Wierzbicka，1995：276）的用于表达情感的身体取象可被分成身体特征、身体知觉、身体意象三类的结论。

不只汉语言的情感表达要通过“情感是身体”的隐喻模式进行，这种表达方式具有跨文化的普遍性，各民族的情感具有相似的认知规律。如心理学家舍雷尔和瓦尔伯特统计了分布在 37 个国家的 3000 名被试的情绪，得出了具有跨语言跨文化意义的情感表达模式和身体取象规律，两者之间存在着密切的相关性，如表 4-2 所示（转引自彭聃龄，2004：380-381）。

表 4-2　跨文化情感体验调查表

情感	身体症状	报告的百分比/%
快乐	感到暖和	63
	心跳加速	40
	肌肉放松	29
恐惧	心跳加快	65
	肌肉紧张	52
	呼吸急速	47
	流汗	37
	感到冷	36
	喉咙堵	29
	胃不舒服	22
发怒	心跳加快	50
	肌肉紧张	43
	呼吸加快	37
	感到热	32
	喉咙堵	25
悲伤	喉咙堵	56
	哭	55
	肌肉紧张	27
	心跳加快	27
	感到冷	22

情感隐喻意义的这种跨文化、跨语言所体现出的身体取象的一致性可以通过认知语义学的体验哲学来解释。体验哲学认为，意义是体验的、隐喻是体验的、认知是体验的、思维是体验的（王寅，2007b）。没有体验，人类根本无从了解这个世界，更别提对世界进行概念化的切分和定义。没有体验，语言就失去了表达的根基，情感就失去了表达的基础。体验是情绪和情感的基本特征，离开了体验根本谈不上人所谓的情绪和情感。情感隐喻意义身体取象模式的表达和选择不是任意的，而是基于身体产生的身体体验和生活经验，是客观现实、身体经验、人类认知、生理基础等多种因素综合的选择结果。至于情感隐喻意义身体取象的不

同点则是源于各民族深层文化所导致的跨文化差异性，各民族的文化取象的不同会导致认知取象的差异。

二、从身体词义范畴跨越到空间词义范畴

国内外学者都认为身体和空间是两个最基本的范畴，但两者谁是第一位目前还存在争议。里昂（Lyons，1977）认为空间词义范畴是派生其他语词的基础。海因等（Heine et al.，1991）则认为，空间词义范畴不是最原始的，而是以身体为参照点形成的，如“砖面、桌脚、门脸、中心”等词语就是空间词义范畴从身体部位一步步引申出来的佐证。我们认为，身体是空间概念形成的参照物，是更为基础和原始的概念，具有第一性。

（一）身体与空间

接下来从两个方面分析身体比空间更为基础的特点。首先，是身体概念和身体结构决定了空间概念和空间结构。“上”“下”“前”“后”“左”“右”这些空间方位本质上都不是绝对的概念，而是针对参照物而言的相对概念，究其根源则都是源于身体的生理结构。里昂（Lyons，1977：690）将空间分成表示“上下”的垂直方向和表示“前后”的水平方向的两个层面。吉布森（Gibson，1969：37）认为“根植于地球引力的空间上下方位是最基本的”。因地球的万有引力，人类渐渐形成了直立的姿势，直立行走使我们首先获得了“上下”垂直方向而非“前后”水平方向的感知。身体的站立使“上下”的空间具有了心理的显著性，在空间维度中是第一位的、基本的。“前后”属于空间方位的第二层面，是从属的。“前后”方位还具有不对称性，这也是源于身体认知的不对称性。因为“前后”的识别主要靠眼睛，而通常我们只关注前面，而不是后面，“前”更有认知的凸显性，所以就具有了不对称性。“左右”的原理也是如此。总之，人类对空间的认识和理解都是源于对自己身体和身体结构的认识和理解。

其次，空间词义范畴的延伸和拓展也是建立在身体和身体经验基础上的。空间方位的拓展是由近及远，从身体方位引申到外部空间，再到时间、性质等。例如，“上”和“前”的空间方位被我们赋予了积极的含义，是正极，如“前途无

量”“上坐”“上上策”；而“下”和“后”则有了相对消极的内涵，是负极，如“甘拜下风”“打下手”“拖后腿”等。这是源于人的身体结构有“上下”“前后”之分。“上下”“前后”“里外”“远近”等空间词义范畴都是人类身体特有的生理结构与外部客观世界互动的认知产物。

（二）空间表达不对称性的身体根源

身体是我们认识世界的起点，也是空间方位表达的基点。因为有着“上下、前后、左右、里外”这些空间关系的人体本身就是一个占据三维空间的实体，从而形成了空间范畴的认知参照点。一般来讲，身体部位不表达具体的处所，需要和方位词连在一起才能表达具体位置，构成了“身体词+空间词”的基本格式，产生了诸如“面前、头上、背后、肩上、心中、心头、腰里、身上、身后、掌上、手下”等表达空间概念的身体组合词。

本书通过北京大学现代汉语语料库考察了 11 个身体词“面、眼、嘴、掌、头、背、肩、心、骨、手、身”和 8 类空间方位词“上、下、前、后、左、右、里、外”的组合情况，主要统计了两者结合是否产生隐喻意义，如表 4-3 所示。

表 4-3　11 个身体词与 8 类空间方位词的组合表

空间方位词	身体词											总计
	面	眼	嘴	头	背	肩	心	骨	手	掌	身	
上			1	1		1	1	1	1	1	1	8
下		1	1						1		1	4
前	1	1	1	1					1			5
后					1						1	2
左									1			1
右									1			1
里		1					1	1	1			4
外		1					1					2
总计	1	4	3	2	1	1	3	2	6	1	3	27

从表 4-3 可以看出，“手”与空间方位词组合的词最多，结合率最高。这是因为“手”是人和外界互动的主要身体器官。“手上”是最容易抓取的，可以表

示正在处理的概念；“手”还是人用来持物的身体部位，从而“手下、手里”表示掌控的概念。实际上，为了精确地表达，人们还进一步细分了“手”和“掌”的区别，从而可以表达得更加形象、到位。和方位词组合第二多的是“眼”，形成“眼下、眼前、眼里”等表达。“眼下”是在我们视力所及范围，是最容易看到的，由此产生“突出、显眼”的隐喻意义；“眼里”则表示“看见”的意思，表达抽象的“了解、理解”含义；而且空间概念还可以进一步表示时间，“眼前、眼下”就表示“目前、现在”的隐喻意义。“心”与方位词结合形成“心上、心里”等表达，因为“心脏”为人体中最关键、最核心的部位，所以这些方位词产生了“重要”之义。“身”的组合方式有三个，“身上、身下、身后”。“骨”有两个，“节骨眼上、骨子里”。从上可以看出空间方位表达已经形成了“人体部位模式”的表达形式，即“身体词+空间词”。

从空间方位词使用频率来看空间表达的不对称性。“上”的使用频率为 8 次，使用频率最高，“下”的使用频率为 4 次；“前”的使用频率为 5 次，而“后”的使用频率只有 2 次。“左、右”的使用频率各为 1 次。空间方位词为什么会出现这种使用的不对称呢？追根溯源，我们认为这是人身体结构的不平衡性和不对称性所致。因为虽然空间的三维性“上下、左右、前后”与身体的“上下、左右、前后”基本上是一一吻合的，但由于地上和前面的东西在我们的视力所及范围之内，我们能看见并能与之互动，所以“上”与“前”就比不能看见的“下”和“后”更具有认知显著性，因此我们偏爱使用“上”与“前”，而不是“下”与“后”。“左右”的使用频率一致则是源于身体的左右对称。归根结底，空间方位使用频率的不一致性是人类身体结构所致。身体和身体结构就这样隐性地影响着语言的表达和语言结构。所以虽然说语言是一个相对独立的系统，但却是建立在身体对外部世界的感知基础之上的。人体的眼睛、耳朵、心脏等身体结构和由此产生的感官经验无时无刻不在影响着语言的形成和演变，语言表达受制于人类的身体结构、身体功能和身体经验。

总之，身体词和空间词结合表达的空间词义范畴是建立在身体基础之上的。通过隐喻认知机制，身体词从纯身体器官的认知域被投射到时间、情感、社会地位等更加抽象的认知域。如“眼前”演变为时间域的词义范畴，“心上”演变为情感域的词义范畴，“手下”演变为社会域的词义范畴等。所以抽象词义范畴的形成不是无中生有的，而是建立在身体和身体经验的基础之上的，心智是体验的。如莱考夫和约翰逊（Lakoff & Johnson，1999：497）指出：“概念是通过身体、大脑和对世界的体验而形成的，并只有通过它们才能被理解。”

第三节　跨词义范畴隐喻意义的隐喻取象

从身体词义范畴跨越到情感词义范畴，或从身体词义范畴跨越到空间词义范畴，身体词 10 个词义范畴之间的跨越和转移是隐喻化的结果。在认知语言学的研究背景下，隐喻已经成为词义范畴化的认知工具。国内很多学者也将这一建立在西方印欧语系基础上的隐喻理论完全移植到汉语中，某种程度上忽视了汉语特有的语言特点和认知个性。经过考察分析，本书认为汉语言词义范畴化的过程是以“象”为基础的，主要通过隐喻象似实现了从一个词义范畴到另外一个词义范畴的跨越，隐喻象似性是汉语言文字形成和演变的认知机制。

具体来讲，隐喻象似性是如何实现了汉语言词义范畴之间的跨越的呢？本书首先从符号学视角提出汉语言是一个多层级的符号系统，隐喻象似性不仅是语言符号第一层级的认知动力，如实现了象形文字中人与自然的隐喻象似，而且也是语言符号第二层级以上词义范畴之间跨越的认知机制，是词义范畴从低层级到高层级，从具体到抽象的认知桥梁。

一、汉语言的符号学视角

符号学的奠基人索绪尔（1999：45）认为语言符号（sign）是能指（signifier）和所指（signified）的结合体。法国符号学家巴尔特（2008：11）认为语言符号具有层级性，是一个二级符号系统，一级符号的能指和所指在二级符号中被重新赋予新的所指含义。如图 4-1 所示，我们可以看出，能指 I 和所指 I 构成了语言符号系统的第一层级，两者的结合体成为第二级的符号中的能指Ⅱ，并有了新的所指含义Ⅱ，表达了新的意义。

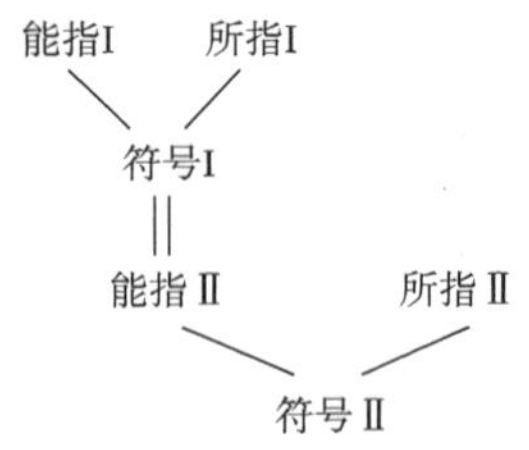

图 4-1　语言的二级符号系统图

本书认为语言符号不仅是二级符号系统，更是一个多层级符号系统。因为语言符号的意义是开放的，具有不断延伸的潜力。二级符号Ⅱ接着又可以成为新的能指Ⅲ，代表新的所指含义Ⅲ，构成更下一级的符号。三级符号Ⅲ接着又形成新的能指，指代新的所指，形成了更下一级，符号可以这样不断延伸拓展，语言也就成了一个多层级的符号系统（孙影和成晓光，2012a：26）。

以“心”为例，《汉语大词典》APP 中有 15 个义项，分别为：①心脏。人和脊椎动物体内推动血液循环的肌性器官。②心脏所在的部位。泛指胸部。③指胃部。④古人以心为思维器官，故后沿用为脑的代称。⑤思想、意念、感情的通称。⑥挂怀，关心。⑦本性；性情。⑧思虑；谋划。⑨中心，中央。⑩指木上的尖刺、花蕊或草木的芽尖等。⑪指某些点心的馅子。⑫我国古代哲学名词。指人的主观意识。与“物”相对。⑬唯物主义哲学家则认为“心”离不开“物”，有“物”才有“心”，无“物”即无“心”。⑭佛教语。与“色”相对。⑮星名。二十八宿之一，东方苍龙七宿的第五宿，有星三颗。“心”的 15 个义项归类后构成了 5 个符号层级，具体如图 4-2 所示。

从图 4-2 可以看出，人体器官“心脏”是“心”之本义，由于“心脏”的中心性位置，“心”又可以指代“物体的中心”或“核心的位置”；古人将“心”看成是人类的“思维器官”，沿用为脑的代称；很多关于“心”的词也被用来描述人“抽象的情感”，最后成了一个与“物”相对的“哲学词语”。所以语言的下一级符号并不是一个全新的概念，而是基于上一级符号的能指和所指产生的，两者有一定的关联性。理论上语言符号可以是一个无限延伸拓展的过程，一个符号的所指构成更下一层符号的能指，最终的所指和能指是很难确定的。但由于人类认知能力的局限，语言符号不可能无限制地引申下去。吴国华（1996：22）也曾提出，“语言是一个多层级的符号系统”，并指出如果说在一级符号系统中符

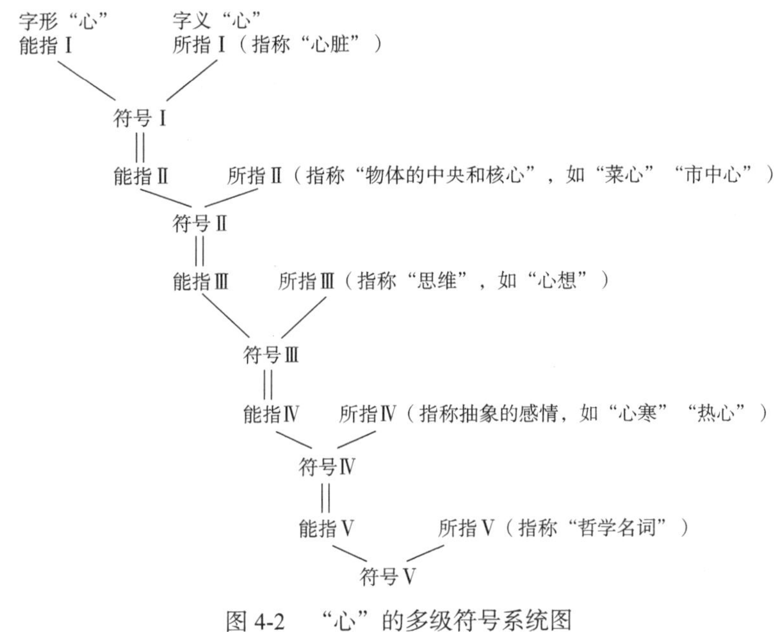

图 4-2　“心”的多级符号系统图

号的能指和所指是任意的、无理据的话，那么在二级符号以上新生成的能指和所指之间就是约定的和有理据的，其中民族文化因素在能指和所指的延伸和生成过程中起着重要的制约作用。文化对词义的引申具有导向的作用。

二、汉语言多层级符号系统中的隐喻象似性

认知语言学作为语言学研究的新范式，为我们研究语言本质及语言现象提供了崭新的视角。隐喻和象似性作为认知语言学的两个重要研究课题，都获得了全新的认识和解释。隐喻象似性既涉及隐喻又涉及象似性，但少有人将两者结合起来分析具有不同类型学特征的汉语言。

隐喻在传统修辞学中只是一种修辞手段，是正常语言使用的偏离，仅仅局限于文学、修辞学和艺术领域。认知语言学认为隐喻不仅仅是语言现象，更是一种认知现象，是人类的一种基本认知工具和认知方式，普遍存在于我们的日常生活、思维、行动中。据理查德（Richard，1936）统计，我们日常会话中几乎平均每三句话中就可能出现一个隐喻。莱考夫和约翰逊（Lakoff & Johnson，1980）认为我们语言的 70%都是隐喻。相对于传统隐喻学，认知隐喻学提出了一系列

与之不同的观点：①隐喻基于经验，不具有任意性；②隐喻不属于词的层次，而是思维层次的活动，语言中的隐喻是从人类隐喻化的思维派生而来的；③隐喻是一种普遍现象，普遍存在于我们的语言和文化之中，不是传统修辞学认为的是对正常语言使用的一种偏离；④象似性是隐喻产生和理解的基础（孙影和成晓光，2010：95）。

象似性概念则是针对任意性，由同被誉为符号学创始人的皮尔斯提出来的，但在当时并没有受到学界的重视。隐喻象似性最早也是由皮尔斯提出的。基于人类思维是由原始的具象思维到抽象思维的发展，皮尔斯（Pierce，1931）将符号分为象似符、指示符与象征符。皮尔斯进一步将象似符分为映像象似、拟象象似和隐喻象似。映像象似和图解象似在认知语言学的开展中都得到了深入研究，但隐喻象似性几乎没有人进行深入探讨。隐喻象似性既涉及隐喻又涉及象似性，但却鲜有学者将两者结合起来开展深入的探讨（孙影和成晓光，2012b：117）。隐喻象似性是通过隐喻取象实现了始源域到目标域之间的跨越，从而完成了人类从具体到抽象的认知。所谓“隐喻取象”就是基于始源域和目标域的某种象似，如具象、形象、意象、抽象。因为汉语言是以“象”为思维方式的。在语言多层级符号化的过程中，汉字一直保留了“象”的根基，最终演绎成形意相结合的表意文字。“象”如同汉民族的文化基因贯穿于整个语言的形成和发展过程中，无论是最初形成的象形文字，还是语词词义进一步发展的象义过程，都蕴含着“观物取象”“立象以尽意”的隐喻象似性。

（一）汉语言第一层级符号系统中的隐喻象似性

从汉语言的多层级符号系统可以看出，第一层级的汉字字形和字义之间并不是任意的，而是存在着人对自然和世界模拟的象似性，是有理据的。可以说，一开始的汉语言就是以“象”为基础与世界发生了关联，唯一秉承并延续了象形根基的象形文字就是最好的例证。姜亮夫（1999：89）认为：“象形字是全部汉字的基础。”自然界存在的种种物象为语言符号的最初形成提供了资源，象形字就隐喻了人与自然的这种象似，如“山”“水”“火”“月”“鸟”“马”“禾”“日”“石”“雨”“金”“车”“门”“刀”“田”“风”“云”等一开始就建立了人与自然始源之象。

孟华（2004：68）认为汉字的六书都可归为“象”。庄义友（2000：23）提出“汉字本质上是一套象征性符号系统，汉字的象征性是由汉字寓意于形的造字理据决定的，是汉族人民传统具象思维的结果”。很多象形文字追溯到最初，都可以猜出符号的具体所指，如“人”是人的侧面之象，“大”是人的正面之象。象形字就这样以具体实在、生动可感的自然外象为依托，模拟了大自然中各种事物的形象，并在人们心中形成意象，完成了语言形式和语言意义之间的象似，形成了汉语言最初就更重象似性而非任意性的特点。由此，我们可以看出，语言符号的第一层级不是任意的，而是以“象”为依据形成的。

进一步来讲，象形文字实际上是人类隐喻象似思维的结果。象形字隐喻了人与自然的象似关系，实现了语言符号意义和自然物象之间的象似关联及意义映射。但象形字与自然之物之间并不是完全一致的模拟，范爱贤（2005：22）认为：“象形之为‘象’，根本之处是‘似’，而不是与外部物象的绝对等同，由直接取自外部的实体符号，到间接的实体之象，是符号发展里程的巨大飞跃，也是人类思维的伟大创造，这种创造向外部世界的延伸逻辑就是‘似’，或曰‘象’，这种植根于自然本性的方式也就是隐喻思维。”所以隐喻象似性就这样发生在语言符号最初形成的层级上。

（二）隐喻象似性多发生在语言二级符号系统以上

从图 4-2 多层级的语言符号系统可以看出，隐喻象似多发生在符号系统的第二层级以上。当我们利用第一层符号系统能指 I 和所指 I 的结合体再去指称新的词义时，语言的隐喻意义也随之产生。因为隐喻需涉及两种事物，需要借助已知的、具体的概念去表达和推理未知的、抽象的概念。例如“心”从具体的人体器官本义到人类抽象情感的引申义，就利用已经存在的语言符号实现了从具体到抽象的跨越，扩大了词义的所指。所以，人们遇到新的事物时，并不总是创造全新的概念进行表征，而是利用大量已有的词或词义，通过想象进行加工表述。如胡壮麟（1997：51）所说，“我们要认识和描写以前未知的事物，必须依赖我们已经知道的概念及其语言表达方式，由此及彼，由表及里，有时还要发挥惊人的想象力，这个过程正是隐喻的核心，它把熟悉和不熟悉的事物作不寻常的并列，从而加深了我们对不熟悉的事物的认识”。语言多层级符号系统中每个层级之间都不是任意的、没有关联的，而是通过隐喻象似作为认知桥梁不断引申拓展出来的，从本义跨越到引申义，从已知走向未知，从具体走向抽象，语词也不断获得新的含义。可以说，正是隐喻象似性促进了语言的丰富性和创造性。

所以，汉语言不只字形是隐喻取象，字义更是通过隐喻取象的拓展才能达成。在语言多层级符号系统中，隐喻象似在语言符号第二层级以上体现得最为明显。符号上一层能指和所指的结合体与下一层的所指构成了隐喻的始源域和目标域，两个认知域之间是有联系的，主要通过隐喻取象获得了延伸和拓展，从而形成了语言的多义性和丰富性。里昂（Lyons，1995：18）认为，“几乎可以肯定没有任何一种自然语言只存在一词一义”。词典中很多词都是一词多义的，多义词从词义本义到引申义的跨越是通过隐喻之象的认知桥梁来完成的。所以说，隐喻取象构成了词义扩展的理据，是多层级语言符号系统形成的经脉。

三、隐喻象似性的象思维阐释

无论是语言符号第一层级象形文字的人与自然的隐喻取象，还是第二层级以上的词义引申的隐喻取象，实际上都是一种“象”，是象思维的产物。汉语言也因此成为一种象语言。大千世界中充斥着形形色色的象似现象，这些普遍存在的象似现象在人们头脑中反映出来，就产生了象思维。赵继伦（1996：74）认为，各种各样的“象”存在于象思维中，“从思维静态成果讲，有‘印象’、‘忆象’、‘表象’、‘心象’、‘类象’、‘意象’、‘形象’等；从思维动态过程讲，有‘取象’、‘具象’、‘拟象’、‘想象’、‘抽象’等”，“‘象’字意义的演化，从一个侧面表征了中国古代思维进化的过程”。

20 世纪 80 年代“象思维”作为一个哲学概念被王树人提出来。与西方的概念思维相比，象思维是更具有原创性的思维方式，更注重对认知客体的直觉感知和整体把握。象思维代表了汉民族的普遍精神特质，易、道、儒、禅这些中国经典里面有很多象思维的影子，表达方式都是象思维式的，从“象”出发，“立象以尽意”。具有始源意义的象思维，对于把握中国文化精髓和语言本质是至关重要的。“象思维”概念及其理论，既是对中国传统思想文化基本特征的概括，也为中国思想文化及与之相关的研究开辟出了一个新的方法论和视角，在与西方理性的、逻辑的概念思维比较中，提供了一个被遮蔽和被忽视的原创思维和理论视域。

具体地说，隐喻取象的产生和理解也都是在象思维下进行和完成的。首先，隐喻产生是基于象思维的。客观事物存在的象似性不会因为语言的人为切分而中断，在汉语言中留下了清晰的印迹。我们基于自己感官的自然感知，观察客观外界事物的形象，采用“比类取象”“近取诸身、远取诸物”的象思维方式从万物中提取共象，以“象”为中介完成对自然和世界近身及物的认识，形成了最早的隐喻思维。汉字词义发展更是在本义（始源域）和引申义（目标域）象似性的基础上，不断地触类旁通，从已知走向未知，最终建立起整个汉语词汇系统。

其次，隐喻取象的理解也需要在象思维的帮助之下实现。如“樱桃口”“酒糟鼻”“杏核眼”“元宝耳”等，理解这些隐喻构词都需要建立在可视、可听、可嗅、可触、可被人类直接感知的象似基础之上，这是客观存在的象似。除了这种客观之象外，隐喻理解还可以通过心理象似实现，如“撕心裂肺”“目光高远”“肝胆相照”等，就需要基于人主观创造出的相似才能理解。虽然心不可能会撕裂和破碎，但通过人的主观心理取象可以将这些人体的生理反应转指到人的情绪，从而理解了抽象的情感。象似性是隐喻理解的基石。如果始源域与目标域两者之间无象似性可言，那么隐喻也就成了无源之水。亚里士多德（1996）在两千多年前论及隐喻时就曾指出，善于驾驭隐喻就意味着需要具有敏锐的眼力来洞察事物之间的象似性，他甚至认为识别隐喻象似性的能力是天才的标志。当然，无论是隐喻之象的客观物理取象，还是主观神似的心理取象，都是认知主体感知到的象似。从严格意义上说，世界上没有完全象似的两种事物，总是存在不同程度的差异。如果这两种事物完全象似，隐喻也将无从产生。所以，隐喻之象只是一种直觉的把握，是借助象似使“不可说者”说，使“不可见者”见，而这正是隐喻表达的灵魂。

如果一个汉字就是一个家族的话，那么这个家族的成员可以包括汉字的形和汉字的义（本义和引申义）。我们注意到维系这个家族存在的不是成员之间的共同性，而是彼此之间的象似性。汉字字形是以象形为基础的，扩展到了汉字的六书。字义从本义到各级引申义、从上一层级符号到下一层级符号，也是以象为理据一一引申出来的。维特根斯坦在《哲学研究》中将这种关系比拟为“家族象似性”，当然，随着词义的不断抽象引申，词义家族成员之间的象似之处也越来越少，词义也不断被边缘化，从而实现词义的丰富和创新。总之，象构成了语言多层级符号系统之间字形形成和字义发展的内在动因，并主要通过隐喻之象来实现，象似性是汉语言的根本属性。

从上面的分析可以看出，整个汉语言多层级的符号系统，在象思维的关照下，始终以“象”为中介，维系了人、语言、自然之间的隐喻关联和意义建构。汉民族的象思维和象语言彼此相互作用，实现了人类以有限的语言表达无限思想的超越。

四、隐喻象似性的象似度

从皮尔斯的象似符到象征符，可以看到象似性存在不同象似度的问题。象似符的象似程度最高，我们初次就可以识别出照片和所代表人物之间的象似关系；而隐喻象似则抽象程度最高，表征物与所指物之间并不存在一目了然的象似关系，需要认知主体的识别和解释。经过仔细观察分析，我们发现隐喻象似性也存在着一个从相对具体到抽象的象似度，主要有具象性、意象性的差异。

首先看隐喻象似性的具象性。汉语言的隐喻具象性可以表现在多个方面，象形字是最典型的实例。象形字是通过图画形象的方式对所指事物的“形”进行描摹，描摹的“形”可以是客观事物的形状形态，也可以是形象图形。许慎（2013）在《说文解字》中说“象形者，画成其物，随体诘诎，日月是也”。象形文字所表现的具象思维，其根本特征就是“观物取象”，如“心”是心的正面。汉字的本质是象形，直接从字形上可以猜测出它的具体所指，所以象形就是符号与所指事物的象似关系。中国历来讲求观物取象，即取万物之象，加工成为象征意义的符号来反映、认识客观事物的规律。语言是一种抽象思维，而运用汉语语词固定概念的形式时，中国人习惯用相应的具象使概念生动可感而有所依托，因而汉语的语词对客观事物加以抽象反映的语义也必然有具象性。

其次是隐喻象似性的意象性，相对来说其比具象性的象似度要高。意象性是隐喻象似思维的重要方式之一。“意象”一词相当于英文的 image 或 imagery，后者源于拉丁文的 imago，是“形象”“图像”的意思。所谓的意象思维是以一种感性、直观、形象的方式来储存头脑中的信息，构建起某种“心灵图像”。如听到“扫帚星”会在头脑中建构起拖着长长的尾巴形似一把扫帚的星星的意象。汉语成语中的隐喻象似性的意象性最为明显，这是因为成语最重要的特点是表意的双层性，即拥有字面义和深层义两层含义。成语的字面意义为接受者提供了某种可供联想的形象，以隐喻的形式经过烘托渲染，在接受者的头脑里建构出某种意象，由此探究出隐藏在字面义之下真实的深层含义。如听到“鹤立鸡群”，人们会在头脑中勾勒出仙鹤高高挺立在鸡群中的意象，但深层含义是指某人的仪表或才能非常突出。在大多数成语中，人们会在表层字面义和深层意义中间建构起可以被人感知的意象。成语中的意象是由图像与意念融合而成的，是立体的、动态的、饱含情感意味的，因而可以激起人们许多感受，触发人们许多属于个人情感上的经验，从而引起共鸣，激发想象，耐人寻味。所以基于意象建构的成语是从字面义到深层义，即从一个认知域到另一个认知域映射的隐喻过程。意象并非每个人不同的主观臆测想象，意象思维的客观性已得到了心理学研究的证实。也就是说，隐喻象似性的意象思维具备心理现实性，成晓光（2003：17）通过实验表明，意象是客观存在的，而且意象作为阅读手段，能够更大程度地提高阅读力。心理学家麦克凯拉调查过 500 名成年人，结果发现 97%的人具有视觉意象，93%的人具有听觉意象，74%的人具有运动意象，70%的人具有触觉意象，67%的人具有味觉意象，66%的人具有嗅觉意象（转引自彭聃龄，2004：231）。意象影响着人们对事物的认知、对信息的记忆和对问题的解决，具有非常重要的意义。

在大千世界中充斥着形形色色的象似现象，这些普遍存在的象似现象在头脑中反映出来，就产生了象似思维。隐喻作为人类最早的思维方式的基础就是人与自然的象似性，同时在隐喻的发展过程中，自然的象会以各种形式存在，如形象、意象、抽象。实际上，形象、意象、抽象之间并没有严格的界限，在语言中可以并存，都是以“象”作为语义核心，经过我们头脑进行认知建构留存在语言中。汉语重在感悟和联想的具象思维，与西方重在理念和逻辑的抽象思维有着本质的区别。中国人的观物取象，通过直观体悟的方式从万物中提取共象，在头脑中建构起意象，抽象地通过语言符号表达出来。自古以来，中华民族就擅长直觉思维、意象思维，注重以体认的方式、类比的方式、意会的方式认知和表述新鲜事物，善于发现和把握事物之间的同形关系、同构关系、同功关系、同动关系而开展隐喻活动，善于运用带有感性形象的概念、符号和隐喻方式表述事物及其对人而言的抽象意义（周光庆，2009：114），从而不断地触类旁通，由已知领域走向未知领域来认识世界、改造世界。

第四节　身体词横组合跨词义范畴的语法意义

身体词词义范畴的横组合除了身体词的隐喻意义之外，还有语法意义，包括身体词的量词化和语法化两类。接下来本节以点带面地通过“头”考察身体词的量词化，通过“面”考察身体词的语法化，之后有效推演到整个身体词的语法化现象中，从而得出有说服力、规律性的结论。

一、从身体词词义范畴跨越到量词范畴

有些教材把量词归为实词，但本书将其归类为语法范畴。量词的词义半实半虚，如果仔细观察和追溯量词的根源，会发现很多量词最初只是具有某种具体指称对象的名词或动词。人们测量时首先想到的参照就是人的身体。以身体为测量工具，在表征人体器官之外也衡量外部世界。身体词中有很多被拿来用作临时量词的，例如：

背：“两个人把菜收拾进背篼里，装了满满一背。”克非《春潮急》十二章

股：“他们顺着河沿跑，前边不远，分两股道，一股往北……一股往西。”周立波《暴风骤雨》第一部十六章

口：“只听他打着一口的常州乡谈道：‘底样卧，底样卧。’”《儿女英雄传》第三七回

眉：“梦来双倚，醒时独拥，窗外一眉新月。”《鹊桥仙》词

项：“自选课题‘八五’期间仍保持2万项左右；重点课题拟从优先发展学科领域中选出200至300项。”《瞭望》1991年第20期

眼："只有两眼房，空着一眼，一眼是个山东货郎，扶着一个病汉赁了。"《水浒传》第七四回

指："何小姐……看见那个长姐儿一步挪不了三指，出了东游廊门。"《儿女英雄传》第四十回

身体词除了可以用作名量词之外，有些还可以做动量词。例如：

面："今日天赐，幸得哥哥到此，相见一面，大称平生渴仰之思。"《水浒传》第三三回

脚："杨执中恼了，把老妪打了几个嘴巴，踢了几脚。"《儒林外史》第九回

此外，不只单音节的身体词可以充当量词，一些双音节的身体词也可以构成量词，如"胳膊粗的绳子、手指粗的金链子、碰了一鼻子的灰、一肚子主意"等。由身体词充当衡量单位并不是任意的，而是有着深刻的认知理据的。接下来，我们以点带面，以"头"为例，观察其量词化的整个过程和背后的认知机制。

（一）"头"量词化的历时演变

现代汉语中的量词"头"是由表示身体部位的名词"头"演化来的。

在两汉时期，"头"的量词用法已经开始出现，多用来指称有头的家畜，其中以牛、羊居多。这主要是因为每个动物的头相对长得比较突出，便于识别，可以用来称量动物的数目。在这一时期，还出现了"一量多名"的形式，"头"的词义有一定泛化现象和泛化趋势。由此我们可以将两汉时期看成是"头"由名词引申为量词的开始阶段。

魏晋南北朝时期，"头"的量词化使用得到了很大程度的发展，用法更加丰富、多样。在这一时期"头"的量词化表达已经从"羊、牛、鸡、鸭、马、狗、猪、驴"等家养牲畜，扩展到如"虎、狼、熊、象"等大型动物的计量上。甚至在这一时期连鱼类、昆虫类也可以用"头"来计量。但总体衡量，家畜类还是"头"量词化的核心成员，这不只因为"头"是最先被看到的部位和最凸显的身体器官，还因为"牛、猪、羊"的头通常被割下来用以祭祀神灵，所以具有了汉文化认知

的优先权。在这一阶段，“头”不仅用来称量动物，还用来称量植物，如“一头蒜、一头洋葱”。这是因为“头”具有另一个凸显的意象，即“头”的圆形特征。因为不看单个蒜瓣的话，“蒜”的整体形状也是圆形的。于是根据“头”和“蒜”两者圆形形状的象似性，通过隐喻认知机制，就用“头”来计量如“蒜”等具有鳞茎的某些植物或水果。从有头之物到无头之物，魏晋南北朝时期的“头”在整个量词体系中使用非常广泛，地位也日益重要。很多用法在现代汉语中仍然继续使用着。

唐宋时期，“头”的量词化基本沿用以前的用法，在此不特作说明。

元明清时期，大量专有量词开始出现，量词分类越来越细致，很多动物和植物不再以“头”为称量量词，而是有了自己专属的量词。这导致“头”的使用范围一步一步地缩小，使用频率也不断降低。例如“禽类”“昆虫类”“鱼类”等已经不再采用“头”为计量单位，只有一些体型较大的动物仍以“头”为量词。但在这一时期，“头”的量词化使用也进一步抽象化，延伸到一些如“关系”“亲事”等的用法上。这是因为虽然“头”和“关系”或“亲事”表面看起来似乎没有什么直接的关联，但由于“千里姻缘一线牵”等用法，实际上我们已经把关系隐喻成了一根线，关系的两端看成了线的两头，这样一来可以用“头”来计量抽象的关系。

现代汉语中的量词“头”基本上沿用了明清时期的用法，不再赘述。从“头”的量词化的历时过程来看，我们对其产生和发展历程的描述如图 4-3 所示。

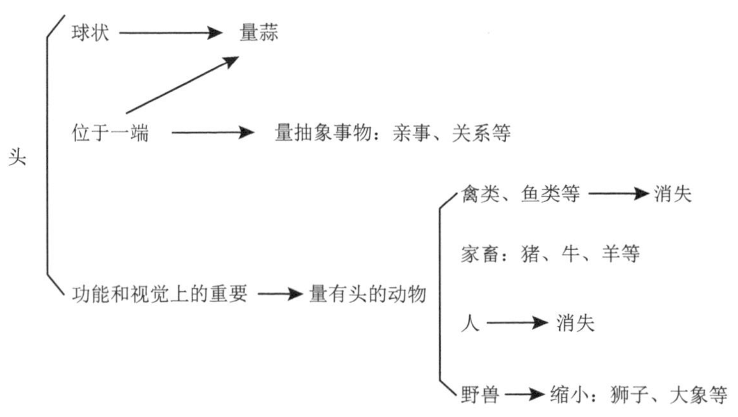

图 4-3 “头”的历时演化

除了“头”可以充当量词外，很多身体词如“手、口、脸、眼、身、顶、面”等都具有量词的语法功能，也大都是在相似的认知机制下完成量词化的。如“口”，根据一人一口的对应关系，先用来称量“人”，如“一家三口人”是最典型的用法，渐渐地由人口引申到动物之口，用来称量动物如“一口猪”，又根据“口”张开时的形状称量“有口之物”，如“一口井、一口缸、一口棺材”等。又如“手”，“手”最重要的功能是做事，很多事情都要通过手才能完成，所以用“手”来计量人的本领、技能等，产生了如“露两手、一手绝活、留几手”等语词表达。这些身体词的量词化和“头”经历了大约相似的过程，在此略过。

（二）量词化与汉民族的象思维

量词是人类认识世界、表达世界的一个重要范畴。西方语言表达量词范畴的方式多用 a(an)、the、many，而汉语却形成了一个数量庞大、种类丰富的量词范畴家族。量词是汉语的一大特色。量词是汉藏语系语言的独有特征（何杰，2001：10），一直受到汉语学界的关注和重视。石毓智（2001：34）认为，汉语量词的类别和数目的设立远非随意，而是深刻反映了汉民族认知上的范畴化（categorization）特征。

从历时层面看，量词范畴的形成和演变是一个非常漫长和复杂的过程。单看一个身体词的量词化，似乎找不到什么规律，但如果观察多个身体词的量词化，会发现背后隐藏着相似的认知机制和词义范畴化过程。人类首先都是从认识自身出发，之后触类旁通，将对身体形貌、身体功能、身体性质、身体位置等的认识移植到对动物和植物的认识上，采用“近取诸身、远取诸物”的象思维方式，由己推物，由已知推理未知。这种象思维的方式也在语言中留下了或浅或深的印记。例如在身体词的量词化中还可以清晰地感知这种视觉具象特点。如“口”的通道视觉意象，“头”的最上端位置意象和圆形视觉意象，“手”突出做事的功能意象，这些意象是身体词量词化的主要理据，也是身体词量词化形成的认知动因。整个身体词量词化的过程中，最后的量词和身体词本义在人心目中产生的意象一直是有关联的。词义本义哪个意象越突出，量词化向这个方向就越容易跨越，量词化过程相对来讲就越容易，也越稳定。在我们使用这些量词时，词义本义的原型具象特征也会在人心目中不断出现，量词化的使用在“比类取象”的象思维下也就具有了鲜明的具象特征。

此外，我们也注意到身体词可以充当量词语法功能的多数是象形字，这也是一种汉民族象思维的具象思维的体现。因为象形字可以见形知义，由于汉字以象形为基础，在象物、象事、象意、标示的构型中具有象征性，这种象征一经人为约定，就具有逻辑思维的功能，既能够直接或间接地激发人们的听、视、想象去推断字义，也能使人从符号的构型中去反推先民造字时逻辑思维的认识成果（李建钊，1998：58）。总之，在身体词量词化的词义范畴化过程中，我们可以看到汉民族象思维的具象思维、形象思维在语言中的具体体现。

汉语言中的量词范畴远比印欧语系的量词范畴丰富化、多样化、复杂化，形成了汉藏语系语言的一个独特特点。因为一般来讲，词义演变都遵循着从具体到抽象的过程和认知规律，但在第三章我们发现量词词义范畴却是一个反例。在第三章中我们梳理出身体词 10 个词义范畴引申的难易顺序为：1 具体事物＞2 行动＞3 抽象事物＞4 量词＞5 身体器官＞6 人=7 性质＞8 空间=9 时间＞10 语法范畴。其中，量词作为抽象的语法范畴却排在了第四位，似乎违背了词义从具体到抽象演变的认知规律。但这是因为汉语言中的量词并不需要经历一个从无到有创造命名的过程，而是主要利用名词或动词的突显意象特征，经过转喻机制、隐喻机制、语法化机制将名词动词引申为量词的范畴化过程，是将已经抽象化的概念和范畴进一步形象化的过程，是一种反抽象化。相对于印欧语系，汉语这一现象非常特殊。

二、从身体词义范畴跨越到语法范畴

接下来以“面”为例，以点带面地考察身体词的语法意义，即身体词的语法化。赵艳芳（2000：28）总结目前语法化研究主要有两个方面：一是实词虚化，即有实义的词单位逐渐演变为虚义的语法成分的过程，偏重从人的认知规律来探索语法化的原因；二是词汇化，即短语或句法结构逐渐固化而形成单词的过程。

（一）“面”的语法化

面部集人体五官于一体，是重要的身体部位，面部语义场也是人类交流情感、情绪的主要身体部位。“面”包括“头的前部，人的整个面庞”。“脸”和“面”构成了一对同名词，但“面”主要是古代汉语中用来描述脸部的词语，“脸”是后来形成的，开始只特指人的脸颊部位，后来词义扩大逐渐指称人的整个脸部。现代汉语中，“脸”有了和“面”一样的地位，甚至使用频率高于“面”。

“面”语法化包括三个层面。一是“面”的量词化；二是“面”的词缀化；三是“一面……，一面……”的副词化。

“面”的量词化包括两种形式，一种是“面”的名量词化，一种是“面”的动量词化，如“见面”“面临”等。“面”的名量词化过程、原理和背后的认知机制与“头”是大同小异的，只不过量词化的程度没有“头”高，因此“面”的名量词化的考察从略。“面”的动量词化是身体词中比较活跃，也比较少见的。“面”的整个动量词的形成过程和认知机制主要也是词义本义的迁移和泛化所致。例如，“面”从本义到逐渐指代整个“面庞”，接着引申出动词“见面”的含义；从表示见到某人面容的“见面”之义，后来进一步虚化为强调亲眼所见的“面见”“面议”“面试”含义。这主要是因为面孔上的眼睛是我们能够看见事物的视觉器官。随着同名词“脸”的使用，“面”又引申出“面向、朝向”的含义，如“面朝大海”“面山而居”等。面向的对象也逐渐地抽象化，从面对具体的实体到抽象的困难、困境等，形成了诸如“面临”“面壁”“直面”等面的动量词。在“面”的动量词化过程中，同样可以发现“面”不只具有量词的语法称量功能，还有量词特有的“象”的修饰功能，如“直面人生”“面壁思过”等都给人以非常形象生动的意象。这与汉语是象形表意文字，英语是形态表音文字是有关的。

“面”的词缀化是“面”语法化形式之一。“面”成为方位词词缀最早发生在宋朝，经过语言历时使用，逐渐形成了“前面、后面、左面、右面、东面、西面、南面、北面、里面、外面、上面、下面”等方位词。“面”目前成为方位语的主要词缀之一，这些方位词在现代汉语中仍然使用着。总体来讲，“面”词缀化的能产量并不是很高，主要是与方位词结合，目前也没有表现出扩大化的趋势。从一个具有实质意义的独立实词演变成为一个具有黏着性质的虚词，构成了方位词的后缀，“面”在音系结构上往往也发生了变化，通常不再重读，而是读成轻声。

除了“面”之外，身体词有语法功能的还有“头”，而且“头”是身体词中语法化程度最高的词。因为“面”只能位于方位词之后，构成后缀。“头”既可以位于方位词后，也可以在名词、动词、形容词这三种词后构成后缀。如名词后缀有表示职位的“流氓头、贼头、寡头、工头”等；由“头”位于人体顶端意义衍生出来如“山头、桥头、石头、木头、锄头、镐头、斧头、丫头、骨头、码头、兆头、鱼头、指头、眉头、肩头、脚趾头、舌头”等；由“头”圆形形状衍生出来的“馒头、拳头、奶头、乳头、鼻头”等。作为动词的后缀，如“奔头、吃头、插头、接头、姘头、找头、盼头、想头、念头、来头、跟头、赚头、说头、玩头”等。作为形容词的后缀，如“苦头、甜头、死对头”等。作为方位词的后缀，如“前头、后头、上头、下头、里头、外头、东头、西头、南头、北头”等。通常动词和形容词后加后缀“头”就转化为名词词性。“一头……，一头……”虚化为并列副词和“一面……，一面……”的虚化过程大体是一致的，最终演化为汉语复合句中的并列副词。

身体词“手”也出现了轻度的虚化。如和名词结合的有“歌手、舵手、枪手、水手”等；和动词结合的“打手、扒手、选手、帮手”等；和形容词结合的“快手、慢手、老手、新手、好手、巧手”等。“面”“头”“手”三者之中，“头”的语法化程度最高，“面”的虚化程度居中，两者衍生出“一头……，一头……”“一面……，一面……”的语法标志，“手”的语法化程度较低。身体词“心”也出现了词缀化的趋势和倾向，如“苦心、热心、耐心、同情心”等。所以语法化也是有着程度上的区别的。身体词的语法化还不完全，不像“着”“了”“过”那样彻底转化为了语法词。在身体词的语法化过程中，身体词的本义一直贯穿着，某些本义的词素脱落后又添加了新的词素，这也体现出语法化中的滞留原则。

（二）“一面……，一面……”语法化的历时考察

“面”除了量词化、词缀化的语法化现象之外，还演变成“一面……，一面……”表并列关系的语法标志，这是“面”语法化的最高级。

宋朝时，“一面……，一面……”的语法形式已经出现，表示一个事物或事情的两个方面。这时候，不只可以表示名词并列的含义，也可以表达几个动作同时或紧接着进行。

元朝时，“一面……，一面……”用法进一步稳固和成熟，可用于动词句式

中表示并列关系，使用范围更加广泛。

清朝时期则出现了和“一面……，一面……”表达意义相似的句式，如“一面……，一头……”“一面……，一边……”，但“一面……，一面……”还是表达一种并列动作关系的主格式。

“一面……，一面……”之所以能够副词化，演变成语法化程度较高的身体词主要有两个原因：一是为了适应汉语言双音化的需要，因为汉语言整体词汇体系的发展趋势不再主要依赖词义的不断引申，而是通过增加词素构词形成了双音节；二是“面”本身的词义发展所致，因为动词“见一面”通常在很短时间内就能完成，所以“一面……，一面……”就逐渐成为可以表达两个动作同时或紧接着进行的句法标志。此外，“面”还有表达立方体的平面的意思，这就可以表达平行并列的意思，最终完成了虚化。

第五节　跨词义范畴语法意义的语法化认知机制

从身体词义范畴到量词范畴和语法范畴，词义范畴演变背后的认知机制是语法化。语法化研究最早始于 13 世纪的中国，西方语法化研究则始于 18 世纪的语法化之父梅耶。目前，西方语法化研究最集中时期是 20 世纪七八十年代，是在认知语言学的背景下开展起来的。我国的语法化研究虽然起步很早，但却停留在对实词虚化过程的描写、归纳、总结的微观研究层面。现在在借鉴西方理论之所长后，许多学者也进一步从汉藏语系的特点来解释汉语言语法化的演变路径，从而将语法化研究上升到了理论建构的层面和高度。

一、语法化的概念

语法化作为语言演变的重要内容之一，不仅是美国功能语言学的主要研究课题之一，也是认知语言学目前关注的主要课题。所谓语法化，沈家煊（1994：17）认为“通常指语言中意义实在的词转化为无实在意义，表语法功能的成分这样一种过程或现象，中国传统的语言学称之为‘实词虚化’”。语法化是具有某种实在意义的词或词项具有了语法功能，并形成一种新的固定语法功能的过程（Hopper & Traugott，1993：F36）。本书认为，身体词的语法化过程是词义从实义向虚义转化、虚义向更虚义转化的从具体到抽象的过程，而且语法化也有程度上的差异。如本书身体词的语法化就不如“着”“了”“过”的语法化程度高。

二、语法化的主要特点

在考察身体词的语法化过程中，我们发现语法化呈现出单向性、频率性、范畴化的特点。

（1）单向性特点。语法化过程是从实词转化到相对较虚的词，从较虚的词转化到更虚的词，最后固化为某种语法成分的演变过程。语法化演变排列为实词＞虚词＞附着形式＞屈折形式（词缀）（Hopper & Traugott，1993：7）。海因等（Heine et al.，1991：157）将词义从具体到抽象的认知域的演变顺序排列为人＞物＞事＞空间＞时间＞性质。本书身体词语法化过程中一般都遵循着这种实＞较虚＞更虚的单向有序规律，具体排序为 1 具体事物＞2 行动＞3 抽象事物＞4 量词＞5 身体器官＞6 人=7 性质＞8 空间=9 时间＞10 语法范畴。前一个认知域跨越到后面的认知域的方向几乎都是单向的，遵循着从左到右的顺序，而从右到左向相反方向演变的则极为罕见。但我们注意到，量词是一个反例，是抽象词义形象化，是汉语言特有的现象。

（2）频率性特点。梅耶作为语法化研究的开创者认为语法化的虚化程度和词的使用频率成正比。一个词的使用频率越高，越有可能虚化，虚化的程度也可能越高。如有人作过统计，斯瓦希里语里已经虚化的词全部属于最常用词中使用频率最高的 278 个词（转引自沈家煊，1994：20）。身体词中语法化能力最强的三个词“头”“面”“手”，也是词义范畴跨越能力最强的三个词。“头”的词义范畴跨越能力为 10 个范畴，“手”为 8 个，“面”为 7 个，都远远高于词义范畴分布的平均值。所以语法化程度的高低和语言的使用频率是成正比的。

（3）范畴化特点。语法化从本质上来讲也是一词多义现象，是从原型词义范畴到边缘词义范畴再到语法范畴的范畴化的过程，演变流程可以总结为原型词义范畴＞中间词义范畴＞语法范畴。这与认知语言学的词义观，即词义就是概念化范畴化的研究结论是不谋而合的。身体词语法意义形成的过程是通过范畴化的运动来实现的，身体词词义从实到虚、从较虚到更虚逐渐失去原来的词义特点，身体词从原来的实词到词缀，最终形成了新的语法功能。如“头”“面”都是从原来身体器官的原型词义范畴，发展为“一头……，一头……”“一面……，一面……”表并列关系的语法范畴。

三、语法化理论对认知语言学的贡献

由于建立在真值条件上的结构语义学无法对复杂的词义范畴演变现象做出圆满的解释，20 世纪七八十年代后重新展开研究的语法化突破了原来的研究局限，为认知语言学的理论和观点都提供了自己独特的视角，做出了突出的贡献。

（1）语法化打通了语义和语法的关系，是对原有语法范畴界限的突破。结构语义学对语言系统内语法划分的界限界定得非常清晰，不同层面的语法范畴在充分必要条件的限定下，被一分为二地进行切分，贴上了相应的明确的标签，如实词、量词、语法词等，彼此之间似乎没有什么内在的联系。但语法化的认知机制却打破了这些人为的限定，从不同词义范畴中看到了词义的共性和相通之处。例如，我们从身体词词义范畴的演变中可以看到，一些量词、语法词都是来自传统语法学有着严格界限的实词。实际上，语义和语法之间没有一个严格的界限，二者是动态的范畴化的历时连续体，在词义范畴演变中体现为渐进性和层级性。由此，语法化研究将原来看起来没有联系的语义现象和语法现象联系起来，突破了原来对语法范畴的界定，为看似没有联系的语言现象提供了深层认知理据，找到了更高层面的相通之处，从而为词义范畴演变现象提供了很强的解释力。

（2）语法化验证和补充了原有的范畴化理论。语法化不仅验证了范畴化的正确性，还进一步补充和修正了范畴化理论。语法化研究可以看出语法化是从原型词义范畴到边缘词义范畴再到语法范畴的范畴化过程，演变过程可以总结为原型词义范畴＞中间词义范畴＞语法范畴。这与认知语言学的词义观，词义就是概念化范畴化的研究结论是相符的。词义范畴化的整个走向也是从实到虚、从较虚到更虚，逐渐失去原来词义和句法特点，最终形成了新的语法过程。在范畴化的过程中，各民族的文化基因也会编织在其间，形成各民族词义范畴化的文化倾向。

所以语法化的本质是对词义进行重新范畴化的过程和结构。

（3）语法化突破了历时研究与共时研究的界限。语言研究有共时研究和历时研究两个层面。自从索绪尔开启了现代语言学后，许多语言学家就将目光聚焦在语言的共时层面，这是不全面的。我们认为语言研究需从历时和共时两个角度考察才能得到较为全面的规律。如果只侧重一个方面，就会知其然而不知其所以然。语法化研究就将两者结合了起来。张敏（1998：77）认为，范畴化分析本质上是一种共时分析，反映的是范畴的共时结构，但如果能够得到语言历时发展证据的支持，不仅有助于说明范畴化过程的客观真实性，而且也有助于历史语言学自身研究的发展。马提索夫（Matisoff，1991：383）就认为语法化研究是历时语言学中最重要的内容之一。本书从语法化的角度对“头”和“面”进行了历时分析，描述了“头”和“面”从实词到虚词的整个演变路径，在这一框架中对于“头”和“面”共时存在的语法现象也可以给予很好的解释。总之，语法化研究将语言研究的共时层面和历时层面结合了起来，彼此支撑共同解释了语言的演变规律，得出的结论更具有全面性、权威性。

第六节 身体词跨词义范畴化的认知机制

从上文可以看出身体词词义范畴演变有两种认知机制，一种是隐喻化，另一种是语法化。两者看似是没有关联的，许多学者也将隐喻化、语法化分开来讨论。经过对身体词词义范畴演变的聚类细致分析后，本书认为语法化的本质也是隐喻化，语法化是对隐喻化的进一步深化，隐喻化是语法化的动力。首先，这是因为隐喻化和语法化的本质是相同的。语法化的过程是用一个具体的词义范畴来理解和表达抽象的语法范畴的认知过程，而隐喻化的过程则是从一个具体的始源域到相对抽象目标域的投射过程，两者都是用一种事物来理解和表达另一种事物，其本质是相同的。其次，隐喻化是语法化的实现动力，语法化也可以理解成是隐喻的投射过程。具体来说，语法化的具体词义范畴和语法范畴分别相当于隐喻的始源域和目标域。语法化的具体词义范畴和隐喻的始源域都是相对具体、有所指又被人所熟知的概念和范畴，如人、物体、动作等，是最常用的基本概念，词类通常为具有具体意义的名词、动词、形容词；而语法化的语法范畴和隐喻的目标域都是相对抽象的范畴，如空间方位、时间意义、性质、语法词等，对应的词类通常为表达某种语法关系的功能词，如介词、代词、连词等。如果说隐喻化只是从具体认知域到抽象认知域的投射过程的话，语法化还要经历从抽象认知域到更为抽象认知域的进一步引申，完成具体词义范畴到边缘语法范畴的投射，所以语法化是隐喻化的进一步深化。以“背”为例，“背”引申为空间范畴“后”，表示空间参照点之后；又进一步被引申为时间范畴；接着又有了“违背”“违反”表示某种性质的含义。因此，语法化的早期过程必定是一个隐喻化的过程，是从一个具体始源域到抽象目标域的过程，语法化的后期还要经历一个从抽象到更为抽象的隐喻化过程。只不过在第一阶段，身体词的本义还能被人感知到，但到后期身体词本义已经虚化，只剩下了抽象的语法意义，成为具有某种语法功能和语法标志的语法范畴。

通过对整个身体词词义范畴演变机制的分析发现，无论是身体词词义范畴的纵聚合引申，还是身体词词义范畴的横组合衍生，其词义范畴演变都体现了一个共性，即由身体意义向隐喻意义，然后进一步向语法意义的虚化过程，形成了一个以身体词本义，即身体器官意义为词义范畴核心，隐喻意义位于词义范畴的外围，语法意义位于词义范畴边缘的词义演变顺序。如图 4-4 所示。

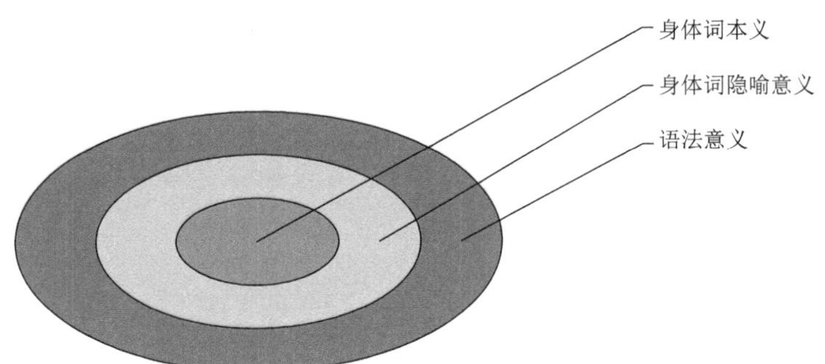

图 4-4　身体词词义范畴化认知机制的顺序

身体词词义范畴演变遵循着从具体到抽象的认知规律，所以词义演变的认知机制也是遵循从具体到抽象、从抽象到更抽象的认知顺序。例如，身体词本义都是有具体所指的，身体词的隐喻意义相对来说较为抽象，语法意义的虚化程度最高，已从词义范畴过渡到语法范畴，抽象程度和复杂性都大大提升，已看不出原来的身体器官本义。从身体词本义到隐喻意义是隐喻化的结果，从身体词隐喻意义到语法意义是语法化的认知机制在起作用，但无论是隐喻化，还是语法化，都建立在语言范畴化的过程之上，是以词义范畴原型为核心的隐喻化和语法化拓展。所以身体词词义演变整体遵循着身体词本义→身体词隐喻意义→语法意义的认知顺序，身体词词义范畴演变认知机制遵循着隐喻化→语法化的认知顺序，不论是词义范畴演变，还是词义范畴演变认知机制都是词义进行范畴化的动态过程。

第五章 身体词词义范畴化的文化阐释

文化对语言的影响是全方位的，既渗透于词义范畴化的历时系统，也渗透于词义范畴化的共时系统。人类利用语言对世界进行范畴化的过程和结果都是基于人的经验和理解，所以存在着各民族、各地区的跨文化差异，词义范畴化的过程和结果中也必然伴随和体现跨文化的渗透和影响。本书认为文化属性是词义的本质属性之一，文化取象决定着各民族词义范畴化的内涵和走向。考察语词中词义和词义范畴化中的文化模式也是了解各民族描述世界、表征世界、理解世界的方式之一。

第一节 语言是人类文化的编码系统

语言和文化之间是一种水乳交融、相互渗透的关系，语言可以说是人类文化编码的符号系统。想寻求语言形成、发展的深层动因，就需要我们从民族文化的角度来观照语言。各个民族文明、文化的积淀都需要通过语言符号来表达、发展和传承。反过来也可以从语言的视角来反观文化，因为文化是语言的深层基座和建构机制，具体可以通过语言的组织形式、词义特点，以及词义范畴形成发展的路径和历程来观察一个民族的文化精神和哲学内涵。我们甚至可以通过观察语言，了解一个民族的历史、社会、文化、哲学及整个世界观。因为每种语言中都包含着一种独特的世界观、哲学思想和思维方式。

从身体词词义范畴化来反观汉民族的文化哲学理念也符合 20 世纪语言学的两个转向，即哲学研究的语言学转向和语言学研究的语义转向。语言研究需要我们不仅研究语言的表层，还需要深入到语言背后研究其文化基因和哲学精神，只有这样才能对语言本质属性做深入的探讨。一个民族的语言反映了该民族的文化取向，而哲学是文化中最为核心的要素。如张岱年（2006：3）先生曾指出文化的范围很广泛，其中包括哲学、宗教、科学、技术、文学、艺术、教育以及生活方式等等，起主导作用的是哲学，哲学可以说是文化总体的指导思想，也可以说是文化发展的思想基础。

哲学精神中最重要的是一个民族的哲学元典精神，所谓哲学元典精神，就是一个民族对世界最根本的看法，是一个民族世界观总的核心和出发点，是一个民族的文化精神的动力源，这个内核决定着一个文明的整体结构。哲学元典精神决定了一个民族如何处理人与自然的关系、人与社会的关系、人与自我的关系，一个民族的价值观念、宗教信仰、审美心理、认知方式和语言形态组织机制等都由这种元典精神生发出来。杨元刚（2005：56）认为中华民族的哲学元典精神是发源于《易经》中的天人合一的思想，西方民族的哲学元典精神是发源于古希腊哲学的主客二分和基督教人神相分的思想，天人合一的哲学元典精神决定了中华文化呈现出一种伦理道德型样态，造成了中华民族的悟性思维和汉语语法意合特征，天人相分的哲学元典精神决定了英美文化呈现出一种科技理性型样态，造成了西方民族的理性思维和英语语法形合特征，这就导致了英汉两个民族运用各自的语言采用不同的方法去观察和认知世界。所以如果说“天人相分”“主客对立”是西方民族的文化传统的话，那么“天人合一”“主客一体”则是汉民族特有的文化理念。

语言单位，尤其是词汇，是记录一个民族文化传统、认识、情感、态度、发展的活化石，各民族的文化差异在词义中体现得最为直接和明显。一个民族的文化哲学理念决定着该民族词义的走向。因为语言词义的背后连接着整个文化，研究词义就必然涉及语言和文化的关系研究。本书选择身体词为研究对象，因为人的思维是基于人的身体的，体现在语言层面就是表示身体器官的身体词。身体词也是词的“概念之首”和产生其他词语的“元概念”。接下来从身体词词义范畴的形成、发展来考察汉民族的“天人合一”“主客一体”等文化哲学思想是如何编织其中，并对词义范畴化产生具体影响的。

第二节　身体词词义范畴化的文化取象

“天人合一”“主客一体”是汉民族非常重要的哲学命题和核心文化观，强调的是人与自然、人道和天道、人性和天性的和谐统一、相类相通。虽然在中国历史上，关于“天”与“人”的关系存在着多种观点和阐释，但一直以来“天人合一”都是汉民族重要的思想和价值观。例如，中国的儒道两家，虽然入世和出世的哲学思想存在着差异，但都赞成“天人合一”的哲学起点。究其根源，中国文化哲学传统强调的是人与自然的和谐，人与自然的关系不是西方哲学中统治与被统治、征服与被征服的对立关系，而是共处共存、和谐统一的互相依赖关系。“天人合一”“主客一体”的文化哲学思想深深根植于汉民族的心理，影响着汉民族语言文字的取象和走向，具体在词义范畴化的过程中又是如何表现出来的呢？

词义范畴化过程也是人对世界概念化、范畴化的心理过程和文化过程。因为每个民族都是在各自历史文化基础上对世界进行分类和范畴化的，各个民族都以自己独特的方式对世界进行着切分，由此词义中也就蕴含着每个民族独特的价值观、文化观、审美观，从而产生了具有差异性的文化词义，是词义范畴化文化取象的主要表现。文化词义属于词义多义范畴中的边缘词义范畴，也是人类认知范畴化的结果，是各民族文化模式影响的范畴化结果。在第三章、第四章中，我们主要谈及了词义范畴化的认知模式，文化模式可以说是一个社会、民族共同享有的认知方式。人的认知模式并不是一成不变的，也不是普遍存在的，最终还是要依赖和取决于各民族的文化模式，两者相互作用、互相影响。确切地说，是各民族的文化模式决定着各民族的认知方式，规定着词义范畴化的演变方向。

原型词义范畴具有人类的认知普遍性，边缘词义范畴则因不同文化有了跨文化的差异性。以身体词为例，身体词的词义范畴化模式如图 5-1 所示。

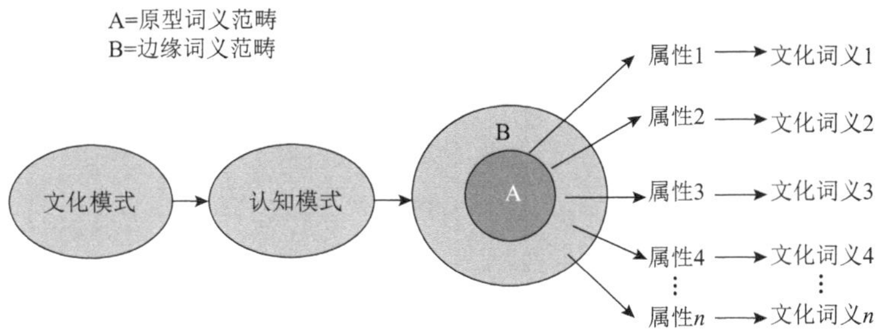

图 5-1　身体词词义范畴化模式

文化模式对人类的经验有着不同的理解和阐释作用，如“人在不同的文化场合将不同的文化意义赋予各种生理过程（如呼吸、生育、脸红、哭泣、笑等），给予身体排泄物（如汗水、泪水、粪便、唾液等）以不同的价值”（王守元和刘振前，2003：49）。“天人合一”“主客一体”作为汉民族核心的文化哲学思想，是如何对身体词的词义范畴化产生系统性的影响的呢？接下来以“心”为例，以点带面地考察文化模式对词义取象的影响。

一、从“心”词义范畴的聚合引申看汉文化的“主客一体”

在汉语言中“心”是一个非常重要的汉字。从“心”词义范畴聚合引申中可以看出汉民族“主客一体”的文化模式是如何起着导向作用的。甲骨文中的“心”模拟了人体心脏的形状，是象形文字。“心”的本义也是“人和脊椎动物体内推动血液循环的肌性器官”，是一个纯表示身体生理器官的身体词。但在“主客一体”的思维方式下，在历时的使用和演变中，“心”一步步引申出很多词义。据《汉语大词典》APP 的统计，共有 15 个词义。经过分析可以看出，“心”的 14 个引申义可以分为三个引申方向。一是“心”思维义：思维器官、内心、思想、性情、思虑、品行。二是“心”的实体义：物体的中心、中央部分、喻事物的核心、要旨。三是“心”的情感义：情感、情谊、珍宝。“心”的词义引申演变有辐射型变化，从本义向四周辐射扩散，词义相对独立；也有连锁型变化，一步步进行引申，从本义引申出第二个词义，从第二个引申义又接着引申出第三个词义。有时这两种引申类型相互交织在一起。“心”词义的引申演变是作为认知主体的人在认识和生产实践中，发现客观事物与人的身体之间有着某种客观或主观的象似，于是将本来只用来指称身体器官的词语用来转指和表达其他事物，形成了“主客一体”思维模式的词义引申。

本章也考察了《牛津英语词典》中 heart 的辞典纵聚合释义。对比发现，实体义和情感义是汉语和英语中“心”共同拥有的词义。在英语中，情感义的比例是最高的，如 heartache、hearten、heartless、hearty、heart sick。英语中有很多用 heart 表示“勇敢、勇气”的词义，但在汉语中“勇敢、勇气”通常和身体词“肝胆”联系在一起，和“心”相联系的情况并不多见。“心”从具体的身体器官“心脏”

引申出“思维器官”是受到汉民族文化的影响而形成的，“心”的思维义是汉语中独有的文化现象。汉语“心”的思维义共有三个独立的义项，能产性非常大，使用也非常频繁。这是源于中国古代认识到“心”是认识客观事物本质与规律的思维器官，从很早开始就有“心之官则思”的表达。英语中“心”也有思维义，但要么将其属于情感义，要么非常零散，并没有形成词典释义中独立的义项。英语中的思维义多用 mind、brain、head 等词语来表达。

二、从身体词词义范畴化的认知机制看汉文化的“以人为本”

如果说从身体词的词义范畴化看“天人合一”“主客一体”“以人为本”的文化哲学思想还是有限的话，那么我们接下来从身体词词义范畴化的认知机制再进行深入分析。无论是身体词词义范畴纵聚合的词义引申，还是身体词词义范畴横组合的词义衍生，基于象似性的隐喻是横纵两个坐标之间进行词义范畴跨越的认知桥梁。隐喻已被莱考夫和约翰逊（Lakoff & Johnson，1980）称为人类赖以生存的思维方式和认知方式。人类的思维是隐喻式的，语言中的隐喻只是隐喻思维在语言层面的体现。如果从隐喻思维机制中也能探究出汉民族的文化哲学精髓的话，词义范畴化的文化取象就更加清晰了。那么，作为人类思维方式和词义范畴化认知机制的隐喻象似是否遵循“天人合一”“以人为本”的原则呢？

身体词词义范畴化的隐喻象似认知机制遵循以下工作原理，如图 5-2 所示。

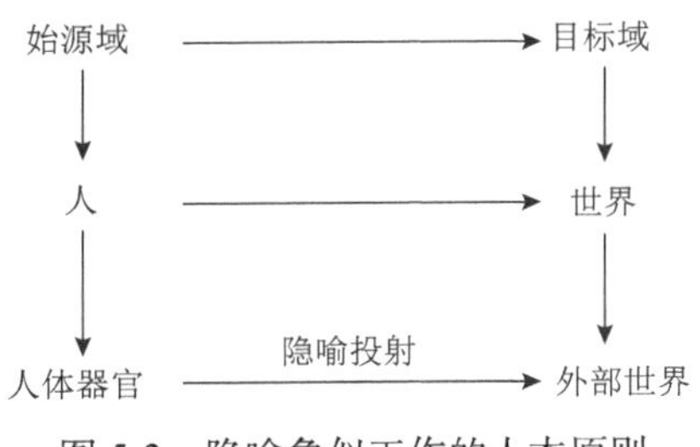

图 5-2　隐喻象似工作的人本原则

从图 5-2 可以看出隐喻象似的工作原理也遵循着“天人合一、以人为本”的原则，这包含着两个层面的含义。第一个层面是语言层面，指的是从身体词本义即身体器官意义出发，经过隐喻投射指向外部世界。身体成为隐喻的始源域，世界成为隐喻的目标域，从而构成了从人体到世界的“以人为本”的隐喻。第二个层面指的是从人体到世界的隐喻投射是以人体经验为基础的，隐喻投射不是任意的，是要受到人类身体结构、身体功能等身体经验的制约。隐喻的产生和理解都受制于人的身体和身体经验。

具体来讲，隐喻象似是体验的，是以人体经验为基础的。孙影和成晓光（2010：97）认为实际上隐喻是一种神经机制，隐喻的神经论模型是目前对隐喻最科学、最合理的解释。以隐喻 more is up 为例，可以从神经元连通论角度解释这一概念隐喻的形成基础。up 表示向上的方向，more 表示数量，分别由不同的神经元回路分管。把东西堆在一起自然就会 up 起来，如把很多书摞起来，它们的高度就要上升；向杯中倒更多的水，水位会 up，这些都是生活中再自然不过的现象。方向上的“上”就与数量上的“多”建立了自然联系，分管方向的神经元和分管数量的神经元同时就被激活了，两者之间就形成了连通，始源域与目标域之间由此建立了联系，从而产生了 more is up 的隐喻。此外，19 世纪 60 年代后的脑科学的突破性进展也说明了隐喻身体体验性的神经学基础。大脑是认知和语言发展的物质基础，隐喻思维作为认知发展的高级阶段和语言的表达形式也是建立在大脑的物质基础之上的。脑科学研究表明如果布罗卡区（在大脑左半球）受损会出现言语产生和语法分析的困难，而韦尼克区（在大脑右半球）受损会导致言语理解和语义组织的困难。科学家将脑科学的发现引进隐喻研究，结果表明损伤了的左右半球对隐喻句的理解反应都比较慢，也不确切，这说明在一个句子环境中对词语隐喻义的理解涉及左半球和右半球的加工机制（林书武，2002：39）。儿童的隐喻习得从另一侧面说明了隐喻能力发展是以神经发展为基础的渐进过程。我们不妨以儿童时间隐喻能力发展为例，周榕和黄希庭（2001：607）对儿童时间隐喻能力的研究表明：时间隐喻能力总体上随年龄的增长而增长，小学三年级是基本形成时间隐喻表征能力的重要时期，到六年级这种能力趋于成熟。这可能与儿童思维发展特点、概念形成特点、类比推理特点等有关。由此我们可以看出，隐喻作为人的高级认知方式，它的发展不是一蹴而就的，是在儿童大脑神经发育的基础上发展而来的。

隐喻在身体体验的基础上，采用了“近取诸身，以己度物”的隐喻人本原则对世界展开描述。我们可以说世界是隐喻的，而隐喻的世界是一个以人为本的世界，以人为本的原则贯穿了整个人类隐喻的全过程。隐喻中的“以人为本”的原则在中国本土是有着深厚的历史文化传统的。“古者包牺氏之王天下也，仰则观象于天，俯则观法于地，观鸟兽之文与地之宜，近取诸身，远取诸物，于是始作八卦，以通神明之德，以类万物之情。”（孔颖达，1987：86）《周易》最早提出“近取诸身、远取诸物”，是隐喻人本原则的最高代表。“言象意”与“赋比兴”的理论也都是一脉相承的隐喻理论。这些中国经典都指明了隐喻的体验认知本质和工作原理。隐喻研究在中国有着悠久的历史，认知体验哲学在中国有着最早的诗学传统和修辞学研究模式。现代西方认知语言学的体验哲学和概念隐喻理论在中国古代都能找到遥相呼应的观点，这是对人与自然这一最基本的隐喻关系的认识和回归。努力研究和发掘这一具有中国特色的文化传统，无疑有着积极意义。

隐喻中“以人为本”的原则与哲学“以人为中心”的思想遥相呼应。“以人为中心”的哲学观将人定位为分析各种现象的出发点和回归点，其核心思想与杜桂枝提出的把人放在科学研究的所有理论前提的顶端，由人决定研究的独特视角和理论前提的取舍比例，人成为分析某种现象时的基准点，人参与分析，决定该分析的前景及最终目的是一致的（杜桂枝，2000：216）。中国人在认知和表述世界时，也表现出强烈的“以人为中心”的主体精神。我们从主体自身出发而又回到主体自身的思维方式，它不是把自然界对象化而是把自然界人化或把人自然化，形成了从人出发，从认知从主体原则出发建构世界的思维模式，从而实现了“天人合一”的精神境界。了解人自身便可能穷尽了天地万物，所以隐喻人本原则不仅揭示了人与自然、世界同质同构同化的关系，反过来也会更加深化对人的研究，两者是辩证统一的关系。

隐喻人本原则和认知语言学提出的人本原则也是一致的。认知语言学的人本原则发现人在认识世界时，总是从人本身出发，再引申到空间、时间、性质等，形成了认知语言学认知世界的人本顺序和认知原则。这一认知人本原则体现在身体词词义范畴化的演变中，呈现出“1 具体事物＞2 行动＞3 抽象事物＞4 量词＞5 身体器官＞6 人=7 性质＞8 空间=9 时间＞10 语法范畴”的认知演变顺序。所以隐喻人本原则和认知语言学的人本原则都确定了人在认知中的主体和中心位置，明确了人具有其他万物没有的精神性和超越性，是万物的灵长。同时也让我们认识到人与世界中的万事万物不存在严格的主客之分，人只是万物中的一物。

隐喻的人本原则、认知语言学的人本原则、人类中心论，实际上都是语言人文属性的体现。语言的属性是多元的，可以从各个角度来研究。历史上语言的属性包括工具性、社会性、文化性、认知性，但我们认为语言的本质属性是它的人文性，其他属性都服务和服从于这一本质属性。因为语言学是一门人文学科，语言是人的语言，人是语言中的人，语言是人区别于动物的本质性特征。语言的人文属性实际上也是某种程度上对人的研究。人与自然的关系在中国文化中一直不是截然对立的，而是通过人类赖以生存的隐喻建立起联系。“天人合一”“主客一体”一直贯穿于中国古代文化哲学的方方面面，通过隐喻人成了自然的人，自然成了人化的自然。这与西方占主流的“天人相分”“主客对立”的文化思维模式是存在跨文化差异的。认知语言学之所以吸引了众多学者，正是因为它所强调的体验性、认知性是语言人文性的表现，契合了当代文化、哲学的发展方向。

第三节　身体思维方式

身体词的词义范畴化实际上体现了一种以身体为参照点的思维方式。意大利哲学家维柯（1997：200）认为，值得注意的是，在一切的语种里大部分涉及无生命的事物的表达方式都是用身体及其各部分以及用人的感觉和情绪的隐喻来形成的，这是对“身体思维方式”的最好阐释。例如，人们用“首（头）”来表达顶或开始，用“额”或“肩”来表达一座山的部位，针和土豆都可以有“眼”，杯和壶都可以有“嘴”，耙、锯或梳都可以有“齿”，任何空隙或洞都可以叫作“口”，麦穗的“须”，鞋的“舌”，河的“咽喉”，地的“颈”，海的“手臂”，钟的“指针”叫作“手”，“心”代表中央，帆船的“腹部”，“脚”代表终点或底，果实的“肉”，岩石或矿的“脉”，“葡萄的血”代表酒，地的“腹部”，天或海的“微笑”，风“吹”，波浪“呜咽”，物体在重压下“呻吟”，农民说田地“干渴”等等，人在不知不觉中就把自己的身体当作权衡世界一切事物的标准，在上述实例中，人把自己变成了整个世界。接下来从三个视角分析为什么身体已经成为一种思维方式。

一、汉字取象构形及命名中的身体思维方式

首先，身体作为一种思维方式体现在身体词的取象构形上。学者通过对汉字的考察发现，身体是汉语言符号取象构形的第一来源，如以身体词“心”为部首构成的字就多达数百个。据申小龙（1994：75）考察，在殷商甲骨文体系中，动物、植物、天象、地理、战争、服饰、居住、行走、典册、音乐、祝祭、数目、性质等类别的字，最多的可占总数的17%，最少的仅占1.4%，可是，关于人自身及周围人的字却多至20%。在整个古汉字的形成和发展过程中，都体现出了对人和人体的重视和关注，并对人体进行了结构化表达。同样，王作新（1999：112）统计了《说文》小篆体系的汉字，其中取象于人和取象于物的单纯结构体汉字的比例为29∶10。表人的单纯结构体汉字除了“人”之外，还具体划分了22种“人”的形态，可分为头部、上体、下体、内部几种；头部15形，如首、耳、目、口等；上体9形，如手、爪等；下体3形，如止、也、足等；内部2形，如心等；总计29个字。上述统计数据表明，来自人身体取象的汉字远远多于对物的取象的汉字，其取象频率最高，取象视角最为丰富，是汉字取象构形的第一来源。如申小龙（2003：455）所说取于身又见其为，以人的自身肌体和行为通于一切事物，是汉字构形的基本方略。

其次，语言是一种命名活动，在语言命名的过程中，人通过身体与世界和世界万物建立起了最初的关联。在对世界万物命名的过程中，人采用“近取诸身”的原则对在形貌、位置、功能等方面与身体相似的事物进行了类推来给自然界的事物命名。不知不觉间，人利用语言对自然进行了人化，将自己的身体演变成衡量自然世界的坐标和客观万物的尺度，由此身体词也演变成了具体的衡量尺度和坐标线。如身体词演变成量词中的“三口人”“一顶帽子”“一身衣服”“一手好字”等表达，就是身体成为衡量其他事物的量具，这实际上就是“主客一体”“以人为本”中以人为度、以身体为度思想在语言中投射的结果。

随着人类抽象思维和联想能力的进一步发展和深化，身体不仅成为衡量有形事物的尺度，也成为衡量无形事物的尺度。如空间本是无形的，但基于身体的三维有了立体的表达；人类丰富多变的情绪、情感更是抽象的，但借助身体特征、身体知觉、身体意象等身体生理反应有了具体生动的表达。所以我们看到身体词

一般都具有非常广泛的引申意义，以及非常活跃的构词能力，在这超乎寻常的能力背后实际上隐藏着“身体思维方式”和“主客一体”“天人合一”“人化自然”的世界图景。

二、原始思维中的身体思维方式

原始思维在人处于混沌状态的原始社会中不能将人与自然截然分开来认识，只能从人的自身出发，通过观物取象来界定世界，反过来又了解自身。无意识间就将身体演变成我们思考世界、描述世界、表征世界的一种思维方式。

如果说世界是一个大宇宙，那么身体就是一个小宇宙，可以根据“主客一体”的认知原理，将对人体的认识推理到对自然世界的认识。身体思维方式也是由人类认知规律决定的。人类认知规律决定了人需要从熟悉的、具体的身体出发去认识生疏的、抽象的大千世界。所以原始思维从自身身体出发，以身体为思维起点是一种诗性思维，是一种“近取诸身、远取诸物”的隐喻思维。人的原始思维在无意识中就把人自己的身体和器官当成了权衡一切事物的参考和标准。

在自然神话中也可以非常明显地发现这种身体思维方式的原型。例如徐整（1984：22）在《五运历年纪》中将自然描述为“气成风云，声为雷霆，左眼为日，右眼为月，四肢五体为四极五岳，血液为江河，筋脉为地理，肌肉为田土，发髭为星辰，皮毛为草木，齿骨为金石，精髓为珠玉，汗流为雨泽，身之诸虫，因风所感，化为黎甿”。古人就是这样通过对身体的自然化来认识和描绘宇宙万物的，因为人类最为熟悉、最为亲密的就是自己的身体。耿占春（2007：16）认为人的身体是一种语言，我们理解世界的唯一媒体或途径就是我们的身体，我们用身体来为世界命名。人将世界拟化为自己的身体，这种最初的符号化行为是人对世界的体验性认知，也是人类最初的原始性思维。

三、发生学中的身体思维方式

人类以身体为思维方式来认知世界、描述世界也可以从发生学中得到解释和支持。皮亚杰认为婴儿就是从自己的身体出发认识外界的，婴儿是将每一件事物与自己的身体建立起关系，好像自己的身体位于宇宙的中心一样，以此建构对世界的理解和表达（转引自朱晓军，2008：115）。他还指出，在主客体尚不分的情况下，它们之间唯一共同的和不变的参照就只能是身体本身，由此婴儿产生了一种朝向身体本身的自动的中心化，虽然这种中心化既不是随意的，也不是有意识的。人类原始初民最早的思维就如同婴儿一样，由于认识的局限性和心理的不确定性，他们在认识世界、判断世界、界定世界时往往以自身作为衡量的标准，以对身体的了解进行推理，在无意识间留下了人类身体思维的印记，通过身体和身体的感知，利用语言的符号化，实现了对世界的同质同构。这一同质同构的同化过程就是人类将外在世界同化为人化世界的过程，从一种以人体式的结构去看待整个自然界的“主客一体”“天人合一”“以人为本”的过程。

四、身体思维方式的隐喻拓展

身体作为一种思维方式是以一种“体验”“体认”的方式进行的。因为世界虽然是一个独立存在的世界，但只有通过我们的体验感知，世界才能被纳入我们理解的范畴，通过身体的体认和体验，人类才与世界建立了某种关联，实现了“天地合一”“万物同构”。身体思维方式是通过隐喻认知机制的拓展和延伸从我们感官所及的有形世界触知了思维所不及的形上世界。

首先，汉语言是具有隐喻特质的语言，这源于汉语言是以象形文字为根基的事实。象形文字如“心”“口”“手”等似乎直接模仿了外界客观存在的事物，但实际上却都只保留了事物某些重要的形象特征，只是“象”，而不是完全等同，这种“象”实际上就是一种隐喻。因为隐喻是始源域到目标域的跨越，象形文字实现的是人与自然物象的语言跨越。所以孔狄亚克指出，汉语这种“带有象形文化特色的方块单字……充满着讽喻、比拟和隐喻”。加拿大文学批评家弗莱也认为，解读汉字需要某种“隐喻性思维飞跃”（转引自张沛，2004：30）。可以说，以象形为根基的汉语言文字一开始就模拟了人与自然的象似性，具备了“近取诸身，远取诸物”的隐喻关系，隐喻是汉民族最早的思维方式。

其次，隐喻还是人类的一种高级思维方式，是我们认识抽象事物的认知工具。因为隐喻是事物之间具有象似性，或以形象，或以意象为中介，将我们熟悉事物的特征迁移到未知的事物。例如，用身体器官的“心”喻指中心、用“手”喻指手段或本领、用“喉舌”喻指代为发表言论的工具或人、用“软骨头”喻指没有气节的人。如果说象形之“象”是一种直接隐喻之象的话，那么这种词义引申拓展之“象”则是一种更为抽象的隐喻之象。

传统的隐喻观认为隐喻只是一种修辞方式，完全抛弃了隐喻的出发点，也就是我们的身体。直到认知语言学成为语言学的研究范式后，身体对隐喻的基础作用才被重新挖掘和重视起来。隐喻之象不是任意的，是以人的身体和身体经验为象似基础的。卡西尔曾指出，“由于我们对身体四肢的熟悉使得它们成为空间中所有拓展的出发点。这一身体的意象，作为严格完整和有结构的有机体，成了我们理解整体世界的一个模型”（转引自束定芳，2008：157）。沃尔夫也认为我们如果不通过与身体有关的隐喻就几乎无法指称哪怕是最简单的非空间情景（转引自束定芳，2008：157）。人类最初认识世界，出发点就是自己最为熟悉的身体。以身体为衡量坐标，人类确定了上下前后、左右里外、中心边缘等空间方位。可以说人类最早的认知方式就是身体图示，之后借助隐喻的认知机制将其扩大化，扩展到对自然外界的认识。古人最初就是利用人类最为熟悉的身体，用身体完成了对未知世界的认识和把握。世界成了身体和身体经验的隐喻。如奥尼尔提出了五种身体的系统设想：①“世界身体”：“人们通常是以自己身体来构想宇宙以及以宇宙来反观其身体，一切科学之基础即是世界身体。”人类是通过其身体来构想自然和社会的。这也就是说，人类首先是将世界和社会构想为一个巨大的身体。以此出发，他们由身体的结构组成推衍出了世界、社会以及动物的种属类别。此“世界身体”显系梅洛-庞蒂意义开显的现象身体的别称。②社会身体：它构成了内在于公共生活的深层交往结构，此身体乃社会秩序与价值的象征，如左手与右手的二元对立在某些社会中就具有社会与宗教的意义。③政治身体：政治的架构与身体的架构是“同构的”，如在古希腊，城邦系统被视为源自一个“最早的城市”，即“一个放大了的身体”，城邦组织系统的和谐如同身体的诸器官之间处于和谐的统一状态一样。④消费身体：这是需求的身体，它是商业美学所利用的资源、时装工业算计的对象。⑤医学身体：身体的医学化是身体全面工业化的一个重要的组成部分。可以看出人正是通过身体的体认、体验，通过对身体的隐喻来认知世界、理解世界和表征世界的（转引自陈立胜，2002：16）。

总之，身体词作为语言符号牢牢锁住了人与自然的最初关联。通过身体词词义范畴化过程中的词义取象、隐喻取象和文化取象，身体已经成了我们的一种思维方式。身体作为一种思维方式使“身体”成了人类思维的逻辑起点和认知世界的出发点，“身体词”概念也成了人类认知世界的概念之首，人类就这样以认识自身身体的方式对世界进行概念化和范畴化。事实上，中国传统哲学和文化中的“天人合一、万物一体”中的“体”指的就是人的身体。身体已经不仅是万物中的一物，而且是衡量万物的尺度；身体不仅是衡量有形事物的尺度，也是衡量无形事物的尺度。当然，这种身体思维范式需要借助隐喻取象的认知机制实现从有形到无形的拓展和延伸，文化取象在这一过程中起着导向的作用。

第六章　结　　语

当代哲学和文化研究在“语言学转向”之后，又发生了“身体转向”，这不但标志着一种文化形态的转变，而且意味着理论范式的一种递变（牛晓亮，2006：38）。身体从历史上被贬损的地位到现在转变成人存在的基础和准绳。身体已成为各项论说中基本的构成元素和不可或缺的重要维度，“从身体的角度看”亦成为现代学术思想言述的主要视角和路向（周与沉，2005：11）。因为人的存在，首先是身体的存在，身体不是一个物体，而是我们认识世界的一般方式。现在身体学的研究成果颇丰，衍生出诸如身体现象学、身体人类学、身体形态学、身体叙事学、身体政治学、身体美学和身体社会学等多门学科。

本书考察了身体词词义范畴化过程中的词义取象、隐喻取象、文化取象，提出身体是一种思维方式。两千多年来被看作人类本质的理性思维，绝不是纯粹基于逻辑形式的抽象思维，而是基于身体和身体体验。梅洛-庞蒂（2001：297）在《知觉现象学》中明确指出，人的一切感觉、知觉、体验、联想力、现象场、对回忆的投射以及客观思维等认知要素，都与人的身体结构、身体要素、身体功能紧密相关。身体，尤其身体结构、身体功能、身体知觉对人类语言的形成和发展具有重要的意义和价值。人类原始初民最初也是通过身体化、拟人化的语言来认识和把握世界的。

经过对身体词词义范畴化的纵聚合和横组合的描写和解释，本书得出以下研究结论。

（1）认为认知语言学更适合于对汉语言的分析和研究。汉语和英语隶属于两种不同的语言体系，具有不同的类型学特点。西方文字放弃了一开始的“象”，对世界进行了简单的二元切分，从而走了一条完全符号化的拼音道路，形成了以任意性为主的语言特点，这也是西方概念理性思维在语言层面的体现。本书没有完全照搬语言任意性的观点，而是基于汉字直接表意的特性，从认知语言学哲学基础“体验哲学”出发，认为无论是汉语言文字形成之初的“观物取象”，还是汉语言文字演变时的“取象比类”，其中的“观”和“取”都是一种身体体验，尤其是视觉体验。可以说汉语言是一种以“象”为根基的“象语言”。

针对汉语言的个性，本书从符号学的视角提出汉语言是一个多层级符号系统，象似性是汉语言的主要特征。汉字主要是通过隐喻象似性，完成了最初的字形构建和最终的词义演变。具体地说，隐喻象似构成了汉字象形文字形成（第一层级）的根基，也是意义发展变化（第二层级之上）的认知动力和桥梁。如果说英语是以任意性为主的话，汉语言则更重视象似性，但两者不是截然对立的，而是共同存在、互相补充的。如石安石（1989：6）所说：“语言符号的任意性普遍存在，可论证性大量存在，都是事实。只是各有各的内容和范围，并行不悖。承认语言符号的任意性和可论证性，并不以牺牲对方为代价。任意性是语言的基本属性，可论证性也是。”所以，我们在强调汉语言象似性的同时，并不排斥任意性的存在。语言是既有任意性又有象似性的符号系统，两者不是非此即彼的关系，只不过不同语言的偏重点不同罢了。

（2）总结了身体词词义范畴化的认知顺序，印证了认知语言学的“心智体验说”和语言哲学上的“身心观”。本书选定了 54 个汉语身体词，根据词典释义统计出了 572 个词义，利用词典释义法和认知分析法，对 572 个词义进行词义范畴的两次划分，第一次划分为宏观层面的划分，分为身体感知范畴和心智范畴两类，第二次划分为微观层面的划分，细分为身体器官、具体事物、行动、人、抽象事物、性质、空间、时间、量词、语法范畴，其中前四种为身体感知范畴，后六种为心智范畴。之后量化身体词的词义取象，认为哪个词义范畴域的词义引申义越多，距离词义的本义越近，向该词义范畴跨越也就越容易。最后梳理出身体词的词义范畴化顺序为：1 具体事物＞2 行动＞3 抽象事物＞4 量词＞5 身体器官＞6 人=7 性质＞8 空间=9 时间＞10 语法范畴，从而验证了人类从具体到抽象的认知顺序和认知规律。

从宏观上来看也验证了心智范畴是在身体感知范畴上引申演变而来的，从语言层面印证了认知语言学的“心智的体验观”和哲学上的“身心观”。抽象的心智是通过对身体和身体经验的隐喻化来实现的，即“以身喻心”，哲学层面的身心分离在语言上实现了统一。人类是以认识自身身体的方式对世界进行概念化和范畴化的。如果我们仔细探询语词中的身体之维，就会发现汉字诞生的本身就是汉民族以身体为中心的一种“近身及物”的文化活动，因此在汉字的取象中，身体活动一直是一个隐含的背景，人的一切活动必须从身体出发，与身体有关的各种取象，也就可能得天独厚地最先成为人与自然之间的隐喻源头，可以说汉语言的生长，其很大一部分直接就是从身体感官的取象出发，始终以象为中介，保持了与自然、文化、生活世界最密切的关系，并由此搭建起与其他意义世界的隐喻关联（范爱贤，2005：67）。如玛克辛指出，“至今传统严格物理意义的身体观仍然主宰着西方文化，但现在正接受着挑战，一个截然不同的身体框架正在形成过程中”（Maxine，1992：2）。身体词从纯粹的身体器官范畴到完全虚化的语法范畴都在体现着这种“万物皆备于我”的身体思维方式和身心统一的哲学观。

在对“心”词义范畴化的梳理中，也验证了“心智的体验观”，即心智是通过“以身喻心”的隐喻模式来实现的。虽然心智、思想是相对抽象的词义范畴，但实际上无时无刻不受制于我们的身体。我们的眼睛、耳朵、大脑等身体结构都影响甚至决定着心智和思想的结构。可以说基于身体结构、身体关系、身体动作的身体经验影响着整个心智的表达。身体成了我们了解世界和表达世界的唯一途径和中介，语言意义是不能独立于我们的身体而存在的。可以说语言最初的基本概念是以身体为参照，之后以身体经验为基础，形成了空间、时间、性质等抽象表达。如王寅（2002：83）所说“空间概念和身体部位是我们形成若干抽象概念的两个主要基础，它们成为人类原始思维的出发点，也是人类最重要的隐喻源”。布莱恩·特纳（2000：99）也说，人类身体是有关社会组成和瓦解的隐喻的重要源泉，身体既是自然环境的一部分，又是自我的中介文化的一部分。通过写作、语言和宗教，身体恰好处于人类劳动作用于自然的结合点上，因此，身体决定性地处于世界的自然秩序和世界的文化安排结果之间的人类结合点上。

（3）身体词词义范畴纵聚合和词义范畴横组合两个层面研究的开展，较为完整地构建了身体词的词义系统，并厘清了两者在身体词词义范畴化中各自的功能和彼此的关系。本书身体词的词义范畴研究既包括单个身体词及其转义的纵聚合系统，也包括由身体词词素组合构成的横组合及其转义系统，即单音词和合成词。每个层面的身体词词义范畴化过程都具有很强的系统性、规律性。身体词词义范畴纵聚合和词义范畴横组合作为一个大家族的成员，两者是词义潜在项和实现项的关系，是词义意义潜势和词义在真实语境中具体使用的关系。词义横组合使用是第一性的，词义纵聚合是第二性的。词义横组合重在表现词义的丰富性，词义纵聚合重在表达词义的正确性。通过身体词词义引申和词义衍生的结合，也就将词义的组合和聚合、动态和静态、历时和共时、丰富和正确结合了起来，从而全面、立体地完成了对身体词词义范畴化的整体考察。

（4）探讨了身体词词义范畴化的认知机制为范畴化、隐喻化、语法化，并厘清了三者之间的动态关系。通过本书研究可以看出，身体词在词义范畴化的过程中形成了一个以“身体器官意义”为词义范畴原型，“身体词隐喻意义”位于词义范畴外围，“语法意义”为词义范畴边缘，即“身体词本义→身体词隐喻意义→语法意义”的多层级格局。在确定“词义范畴”为身体词词义演变的衡量坐标后，整个身体词的演变实际上就是一个词义范畴化的动态过程，隐喻化和语法化分管着词义范畴化的不同阶段。具体来讲，从身体词本义到身体词隐喻意义的认知机制是隐喻化，从身体词隐喻意义到身体词语法意义的认知机制是语法化。也就是说，是隐喻化将词义原型范畴扩展到词义范畴外围，是语法化将词义范畴外围进一步扩展到词义范畴的边缘。

本书还进一步探究了语法化的隐喻本质。语法化过程是用一个相对具体的词义范畴来表达相对抽象的语法范畴，隐喻化过程是从一个具体的始源域到相对抽象目标域的认知投射过程，两者的共同点都是用一种事物来理解和表达另一种事物，本质是相通的。但有的隐喻化在具体认知域投射到抽象认知域时就截止了，而语法化则要经历从抽象认知域到更为抽象认知域的进一步引申，实现从具体的词义范畴到边缘语法范畴的深层演变。例如，身体词的身体器官的本义都是具体的，身体词隐喻意义（空间，情感，时间，性质）则相对抽象，身体词的语法意义则更加抽象，是虚化程度最高的。所以说隐喻化是语法化的动力，语法化是对隐喻化的进一步深化。但不论是隐喻化，还是语法化，二者都建立在人类最基本的认知能力，即用语言对世界范畴化的基础之上，实际上都是范畴化的过程。

（5）提出了文化取象预先规定了身体词词义范畴化的方向和结果。本书没有只停留在对身体词如何范畴化的描述上，还进一步深入考察了身体词为何如此范畴化的问题，进行了认知普遍性和文化差异性的解释。如果说词义本义具有跨语言、跨文化的认知普遍性的话，词义引申义和衍生义则受到了不同语言文化模式的影响，产生了跨文化的差异性。以“脸”为例，在英汉语言中，“脸”的本义都是指头的前部从额到下巴的部分，这没有本质的区别。但由于汉民族特有的“面子”文化，汉语中的“脸”衍生出“丢脸”“赏脸”“争脸”“留脸”等组合。文化就这样赋予了人类身体及身体经验不同的内涵，有形无形地自发地引导着我们对世界的观察、理解和解释。不只“脸”是如此，身体词“心”更是文化差异性的典型代表，汉民族“天人合一”“主客一体”“以人为本”的文化思想就在无形中影响着“心”词语的词义形成、词义引申和词义搭配。本书认为以词义取象为线的词汇纵向引申和以隐喻取象为线的词汇横向衍生都不是一种自发行为，文化取象在背后起着类推的作用，各民族的文化预先决定了词义范畴化的方向和结果。

（6）开拓了汉语词义研究的认知视角，为汉语认知词汇学诞生和发展提供了一定的基础。相对于已经比较成形的认知语义、认知语法，认知词汇学还是一门新兴学科，研究基础相对薄弱，目前还处于起步阶段。本书在开展身体词词义本体研究的基础上，采用了认知语言学的研究方法和理论，不局限于词义范畴化的历史、社会外部因素的考察，还针对词义范畴化进行了内部认知要素的考量。从认知层面观照语言，在词义研究中添加了认知的视角，从而可以达到跨学科的结合和互补，这具有方法论的意义，对国内认知词汇学的开展和研究有着积极的影响和意义。

本书从多层面、多视角动态地揭示了身体词词义范畴化的认知规律和认知动因，努力发掘新的研究视角，但由于时间和个人水平的局限，定还存在诸多的缺陷和不足。例如，对身体词的历时考察还需要进一步充实、对身体词组合和聚合的关系还没有建立起整体化的分析机制和操作流程、对词义范畴化的文化哲学阐释还不够精准，同时还存在主要聚焦了汉语言的身体词，没有展开英汉身体词的对比的问题，这也无疑是一个很大的局限，也是接下来研究开展的方向。

本书身体范畴的研究是认知语言学中一个比较开放的课题，研究视角多样，得出的结论非常丰富，希望本书采用的认知范畴理论、多层级的符号学视角、隐喻象似的认知机制、词义范畴的衡量坐标、纵聚合和横组合线索，以及身体的认知基础性地位，能对今后的身体词研究有所启发和贡献，产生一定的参考价值。

参 考 文 献

奥尼尔. 2000. 身体形态：现代社会中的五种身体. 张旭春译. 沈阳：春风文艺出版社.
巴尔特. 2008. 符号学原理. 李幼蒸译. 北京：中国人民大学出版社.
布莱恩·特纳. 2000. 身体与社会. 马海良，赵国新译. 沈阳：春风文艺出版社.
陈洁. 2007. 从认知角度看英汉语中的"口齿唇舌"转喻. 武汉：华中师范大学硕士学位论文.
陈立胜. 2002. 身体：作为一种思维的范式. 青岛大学学报，(2)：12-20.
成晓光. 2003. 双重代码理论与英文阅读. 外语与外语教学，(3)：15-18.
杜桂枝. 2000. 20 世纪后期的俄语学研究及发展趋势：1975—1995. 北京：首都师范大学出版社.
范爱贤. 2005. 汉语言隐喻特质. 济南：山东大学博士学位论文.
冯凌宇. 2006. 汉语人体词语的演变特点. 武汉大学学报(人文科学版)，(5)：588-592.
冯凌宇. 2007. 汉语"人体+人体"双音转义词语的意义和结构. 湖北大学学报(哲学社会科学版)，(2)：88-90.
符淮青. 1996. 词义的分析和描写. 北京：语文出版社.
高玉祥，王仁欣，刘玉玲. 1990. 人际交往心理学. 北京：中国社会科学出版社.
耿占春. 2007. 隐喻. 开封：河南大学出版社.
何杰. 2001. 现代汉语量词研究. 北京：民族出版社.
赫尔德. 2014. 论语言的起源. 姚小平译. 北京：商务印书馆.
黑格尔. 2009. 小逻辑. 贺麟译. 北京：商务印书馆.
侯玲文. 2001. "心"义文化探索. 汉语学习，(3)：54-60.
胡壮麟. 1997. 语言·认知·隐喻. 现代外语，(4)：51-52, 53-59.
户晓辉. 2000. 论中国人"象思维"的审美心理属性. 山东大学学报(哲学社会科学版)，(4)：53-57.
黄碧蓉. 2009. 人体词语语义研究. 上海：上海外国语大学博士学位论文.
黄俊杰. 2002. 中国思想史中"身体观"研究的新视野. 现代哲学，(3)：55-66.
黄易青. 2007. 上古汉语同源词意义系统研究. 北京：商务印书馆.
姜光辉. 1994. 汉语成语中的表情语言——成语中的人体语言研究之二. 吉林师范学院学报(哲学社会科学版)，(2)：27-30.
姜亮夫. 1999. 古文字学. 昆明：云南人民出版社.
康德. 2009. 纯粹理性批判. 邓晓芒译. 北京：人民出版社.
孔颖达. 1987. 周易正义. 北京：中国书店.
李红. 2008. 从文化角度看人体隐喻的认知研究. 成都：四川大学硕士学位论文.
李建钊. 1998. 汉字符号的逻辑功能//《哲学译丛》编辑部编. 第一届、第二届东亚符号学国际会议论文集：58-60.
李群. 2007. 以"心"为部首汉字的情感隐喻及转喻——认知个案研究. 大连：大连理工大学硕士学位论文.

李如龙, 苏新春. 2001. 词汇学理论与实践. 北京: 商务印书馆.
李树新. 2004. 人体词语的认知模式与语义类推. 汉字文化, (4): 8-12.
林书武. 2002. 隐喻研究的基本现状、焦点及趋势. 外国语(上海外国语大学学报), (1): 38-45.
刘利红. 2008. 英汉人体部位习语的对比研究. 长沙: 湖南师范大学硕士学位论文.
刘志成. 2015. 英汉人体词"hand"和"手"一词多义转义范畴认知对比研究. 重庆第二师范学院学报, 28(2): 96-101, 175.
刘重德. 1998. 英汉语比较与翻译. 青岛: 青岛出版社.
罗素. 1976. 西方哲学史. 何兆武、李约瑟译. 北京: 商务印书馆.
洛克. 1983. 人类理解论. 关文运译. 北京: 商务印书馆.
满欣. 2007. 汉语内脏器官词语意义分析. 桂林: 广西师范大学硕士学位论文.
梅洛-庞蒂. 2001. 知觉现象学. 姜志辉译. 北京: 商务印书馆.
孟华. 2004. 汉字: 汉语和华夏文明的内在形式. 北京: 中国社会科学出版社.
闵娜. 2011. 汉语"足"词群的语义范畴与隐喻认知研究. 昆明: 云南师范大学硕士学位论文.
尼采. 2007. 查拉图斯特拉如是说. 黄明嘉译. 桂林: 漓江出版社.
牛晓亮. 2006. 身体哲学及其当代价值研究. 北京: 首都师范大学出版社.
彭聃龄. 2004. 普通心理学. 北京: 北京师范大学出版社.
彭聃龄, 张必隐. 2004. 认知心理学. 杭州: 浙江教育出版社.
皮亚杰. 1981. 发生认识论原理. 王宪钿等译. 北京: 商务印书馆.
齐振海. 2003. 论"心"的隐喻——基于英、汉语料库的对比研究. 外语研究, (3): 24-27, 49-80.
齐振海, 王义娜. 2007. "心"词语的认知框架. 外语学刊, (1): 61-66.
钱冠连. 1999. 哲学轨道上的语言研究. 外国语(上海外国语大学学报), (6): 9-16, 80.
钱冠连. 2001a. 不当交际工具使用的语言. 外语与外语教学, (2): 2-6.
钱冠连. 2001b. 有理据的范畴化过程——语言理论研究中的原创性. 外语与外语教学, (10): 7-10.
申小龙. 1994. 汉字构形的主体思维及其人文精神. 学术月刊, (11): 74-81.
申小龙. 2003. 汉语与中国文化. 上海: 复旦大学出版社.
沈家煊. 1993. 句法的象似性问题. 外语教学与研究, (1): 2-8, 80.
沈家煊. 1994. "语法化"研究综观. 外语教学与研究, (4): 17-24, 80.
沈家煊. 1999. 转指和转喻. 当代语言学, (1): 3-15, 61.
石安石. 1989. 语言符号的任意性和可论证性. 语文研究, (4): 1-8.
石毓智. 2001. 表物体形状的量词的认知基础. 语言教学与研究, (1): 34-41.
史锡尧. 1994. "口"、"嘴"语义语用分析. 汉语学习, (1): 11-14.
束定芳. 2005. 认知语义学的基本原理、研究目标与方法. 山东外语教学, (5): 3-11.
束定芳. 2008. 认知语义学. 上海: 上海外语教育出版社.
孙毅. 2013. 人体隐喻的多义路向推演——从"头(head)"说起. 东北师大学报(哲学社会科学版), (5): 121-124.
孙影, 成晓光. 2010. 隐喻体验性的多维阐释. 东北师大学报(哲学社会科学版), (3): 94-98.
孙影, 成晓光. 2012a. 身体词词义演变的认知解析. 外语研究, (2): 26-29.
孙影, 成晓光. 2012b. 隐喻象似性的三维阐释. 东北师大学报(哲学社会科学版), (3): 114-117.
孙正聿. 2006. 哲学通论. 上海: 复旦大学出版社.

索绪尔. 1999. 普通语言学教程. 高名凯译. 北京: 商务印书馆.
王德春. 2001. 论语言单位的任意性和理据性——兼评王寅《论语言符号象似性》. 外国语(上海外国语大学学报), (1): 74-77.
王夫之. 1977. 周易外传. 卷六. 北京: 中华书局.
王军. 2005. 汉语词义系统研究. 济南: 山东人民出版社.
王敏. 2008. 人体转喻化的认知特点. 外语艺术教育研究, (4): 17-19.
王守元, 刘振前. 2003. 隐喻与文化教学. 外语教学, (1): 48-53.
王树人. 2007. 中国哲学与文化之根——"象"与"象思维"引论. 河北学刊, 27(5): 21-25.
王婉玲. 2021. 认知隐喻视角下泰汉语"头"族词对比研究. 上海: 上海外国语大学硕士学位论文.
王寅. 2001. 认知语言学. 上海: 上海外语教育出版社.
王寅. 2002. 认知语言学的哲学基础: 体验哲学. 外语教学与研究, (2): 82-89.
王寅. 2006. 解读语言形成的认知过程——七论语言的体验性. 四川外语学院学报, (6): 53-59.
王寅. 2007a. 认知语言学. 上海: 上海外语教育出版社.
王寅. 2007b. 语言世界观多元论——八论语言的体验观. 重庆大学学报(社会科学版), (01): 112-117.
王作新. 1999. 汉字结构系统与传统思维方式. 武汉: 武汉出版社.
维柯. 1997. 新科学. 朱光潜译. 北京: 商务印书馆.
维特根斯坦. 2019a. 逻辑哲学论. 韩林合译. 北京: 商务印书馆.
维特根斯坦. 2019b. 哲学研究. 楼巍译. 上海: 上海人民出版社.
吴国华. 1996. 文化词汇学. 哈尔滨: 黑龙江人民出版社.
吴世雄, 陈维振. 1996. 论语义范畴的家族相似性. 外语教学与研究, (4): 14-19.
项成东, 韩炜. 2003. 语篇象似性及其认知基础. 外语教学, (1): 37-42.
解海江, 张志毅. 1993. 汉语面部语义场历史演变——兼论汉语词汇史研究方法论的转折. 古汉语研究, (4): 85-93.
谢之君, 史婷婷. 2007. 汉语"心"和英语"heart"的语义范畴转移比较. 山东外语教学, (4): 30-35.
徐梵澄译. 1984. 五十奥义书. 北京: 中国社会科学出版社.
徐纪亮. 1996. 现代西方语言哲学比较研究. 北京: 中国社会科学出版社.
许慎. 2013. 说文解字. 北京: 中华书局.
亚里士多德. 1996. 诗学. 陈中梅译. 北京: 商务印书馆.
亚里士多德. 2008. 范畴篇 解释篇. 方书春译. 北京: 商务印书馆.
燕连福. 2007. 中国哲学身体观研究的三个向度. 哲学动态, (11): 49-55.
杨成虎, 赵颖. 2009. 认知语义学中语义变化机制研究中概念转喻取向. 天津大学学报(社会科学版), 11(2): 158-161.
杨永林, 庄元莉. 2005. 了解范畴化现象促进语言学研究. 外语与外语教学, (5): 1-5.
杨元刚. 2005. 英汉词语文化语义对比研究. 上海: 华东师范大学博士学位论文.
叶舒宪. 2002. 身体人类学随想. 民族艺术, (2): 9-15.
詹卫东. 2001. 确立语义范畴的原则及语义范畴的相对性. 世界汉语教学, (2): 3-13.
张博. 2004. 现代汉语同形同音词与多义词的区分原则和方法. 语言教学与研究, (4): 36-45.
张岱年. 2006. 文化与哲学. 北京: 中国人民大学出版社.
张辉. 1999. 认知语义学述评. 外语与外语教学, (12): 4-8, 57.

张建理. 2003. 英汉多义词异同研讨: 以“脸、面”为例. 外国语(上海外国语大学学报), (4): 54-58.
张建理. 2005. 汉语“心”的多义网络: 转喻与隐喻. 修辞学习, (1): 40-43.
张敏. 1997. 从类型学和认知语法的角度看汉语重叠现象. 国外语言学, (2): 37-45.
张敏. 1998. 认知语言学与汉语名词短语. 北京: 中国社会科学出版社.
张楠. 2018. 英汉“脸/面”的认知对比研究. 重庆: 西南大学硕士学位论文.
张沛. 2004. 隐喻的生命. 北京: 北京大学出版社.
张如奎. 2006. 语言符号组合与聚合的哲学再认知分析. 首都师范大学学报(社会科学版), (S3): 22-26.
张瑞华. 2008. 英汉“心”隐喻对比研究——与吴恩锋先生商榷. 北京第二外国语学院学报, (8): 25-31.
张绍杰, 张延飞. 2007. 语言符号任意性和象似性: 相互排斥还是相互依存? ——与王寅先生商榷. 外语与外语教学, (7): 62-64.
张廷芳. 2008. “索绪尔”, 现代语言学的奠基人——论索绪尔语言符号观. 文教资料, (30): 57-59.
张再林. 2007. 作为“身体哲学”的中国哲学的历史. 西北大学学报(哲学社会科学版), (3): 52-63.
张之沧. 2008. 身体思维论. 南京: 南京师范大学博士学位论文.
张之沧. 2010. 论身体认知的逻辑. 自然辩证法研究, (1): 104-105.
张志毅, 张庆云. 2001. 词汇语义学. 北京: 商务印书馆.
章宜华. 2002. 语义学与词典释义. 上海: 上海辞书出版社.
赵继伦. 1996. 论“象”的思维机制. 东北师大学报(哲学社会科学版), (4): 75-77.
赵倩. 2007. 汉语人体名词词义演变规律及认知动因. 北京: 北京语言大学博士学位论文.
赵艳芳. 2000. 认知语言学研究综述. 解放军外国语学院学报, (6): 26-30.
赵艳芳. 2001. 认知语言学概论. 上海: 上海外语教育出版社.
周光庆. 2009. 从认知到哲学: 汉语词汇研究的新思考. 北京: 外语教学与研究出版社.
周榕, 黄希庭. 2001. 儿童时间隐喻表征能力的发展研究. 心理科学, (5): 606-607, 609.
周与沉. 2005. 身体: 思想与修行. 北京: 中国社会科学出版社.
朱晓军. 2008. 空间范畴的认知语义研究. 上海: 华东师范大学博士学位论文.
朱永生. 2002. 论语言符号的任意性与象似性. 外语教学与研究, 34(1): 2-7, 80.
庄义友. 2000. 汉字符号象征性探解. 语文研究, (1): 23-27.
Aitchison, J. 1994. *Words in the Mind: An Introduction to the Mental Lexicon*. Cambridge: Blackwell.
Albertazzi, L. 2000. *Which Semantics? In Meaning and Cognition: A Multidisciplinary Approach*. Amsterdam: J. Benjamins Pub. Co.
Allan, K. 1986. *Linguistic Meaning Volume One*. London: Routledge & Kegan.
Andersen, E. S. 1978. *Lexical universals of body-part terminology*. In J. H. Greenberg, C. A. Ferguson, & E. A. Moravcsik (Eds.), *Universals of Human Language, Vol. 3: Word Structure*. Stanford: Stanford University Press.
Brugmann, K. 1982. *A comparative grammar of the Indo-Germanic languages*. New York: B. Westermann.

Cruse, D. A. *2000. Meaning in Language: An Introduction to Semantics and Pragmatics.* Oxford: Oxford University Press.

Daugherty, P. S. 1997. *Body, Mind and Metaphor: The Worldview of Yoruk Women of the Central Taurus Mountains of Turkey.* PH. D. Dissertation. University of Pennsylvania.

De Bono, E. 1973. *Lateral Thinking Creativity Step by Step.* New York: Harper & Row Publishers.

Dingemanse, M. 2009. The selective advantage of body-part terms. *Journal of Pragmatics,* (41): 2130-2136.

Dirven, R. & Verspoor, M. 1998. *Cognitive Exploration of Language and Linguistics.* Amsterdam: John Benjamins.

Frege, G. 1948. Sense and Reference. *The Philosophical Review,* 57(3): 209-230.

Gibbs Jr, R. W. 1994. *The Poetics of the Mind.* Cambridge: Cambridge University Press.

Gibbs Jr, R. W. 2005. *Embodiment and Cognitive Science.* Cambridge: Cambridge University Press.

Gibson, E. 1969. *Principles of Perceptual Learning and Development.* Helena: Prentice Hall Inc.

Heine, B. 1997. *Cognitive Foundation of Grammar.* New York: Oxford University Press.

Heine, B. , Claudi, U. & Hiinnemeyer, F. 1991. *Grammaticalization: A Conceptual Framework.* Chicago: The University of Chicago Press.

Hopper, P. J. & Traugott, E. C. 1993. *Grammaticalization.* Cambridge: Cambridge University Press.

Hume, D. 1961. *A Treatise of Human Nature.* New York: Dolphin Books.

Johnson, M. 1987. *The Body in the Mind: The Bodily Basis of Meaning, Imagination, and Reason.* Chicago: The University of Chicago Press.

Johnson, M. 2007. *The Meaning of the Body: Aesthetics of Human Understanding.* Chicago: The University of Chicago Press.

Kansa Mette. 2002. *Body-part Related Metaphors in Thai and English.* PH. D Dissertation. Ball State University.

Katz, J. & Fodor, A. 1963. The structure of a semantic theory. *Language,* (39): 170-210.

Labov, W. 1973. The boundaries of words and their meaning. In Charles-James N. & Roger W. Shuy (Eds.), *New Ways of Analyzing Variation in English.* Washington: Georgetown University Press: 340-373.

Lakoff, G. 1987. *Woman, Fire, and Dangerous Things: What Categories Reveal about the Mind.* Chicago: University of Chicago Press.

Lakoff, G. & Johnson, M. 1980. *Metaphors We Live by.* Chicago: The University of Chicago Press.

Lakoff, G. & Johnson, M. 1999. *Philosophy in the Flesh: The Embodied Mind and Its Challenge to Western Thought.* New York: Basic Books.

Landa, A. 1996. *Metaphorical Extension of the Names of Body Parts in English and Spanish.* RLA. Revista de Linguistica Teoricay Aplicada Concepcion (Chile).

Langacker, R. 1987. *Foundations of Cognitive Grammar: Theoretical Prerequisites, Vol. I.* Stanford: Stanford University Press.

Locke, J. 1959. *An Essay Concerning Human Understanding.* Oxford: Oxford University Press.

Lyons, J. 1977. *Semantics, Vol. 2.* Cambridge: Cambridge University Press.

Lyons, J. 1995. *Linguistic Semantics: An Introduction.* Cambridge: Cambridge University Press.

Matisoff, J. A. 1978. *Variational Semantics in Tibeto-Burman*. Philadelphia: Institute for the Study of Human Issues.

Matisoff, J. A. 1991. Areal and universal dimensions of grammatization in Lahu. In E. C. Traugott & B. Heine (Eds.), *Approaches to Grammaticalization, Vol. II* (pp. 383-454). Amsterdam: John Benjamins Publishing Company.

Maxine, S. J. 1992. *Giving the Body Its Due*. Albany: State University of New York Press.

Mill, J. S. 1961. *A System of Logic*. 8th edn. London: Longman.

Oey, M. E. 1990. Psycho-collocations in Malay: A south-east areal feature. *Linguistics of the Tibeto-Burman Area*, 13 (1): 141-158.

Pierce, C. S. 1931/1958. *Collected Papers of Charles Sanders Pierce*. Cambridge: Harvard University Press.

Richards, I. A. 1936. *The Philosophy of Rhetoric*. New York: Oxford University Press.

Rohrer, T. 2008. The body in space: Dimensions of embodiment. In R. Dirven, T. Ziemke Roslyn & M. Frank, *Body, Language, and Mind, Vol. 2: Sociocultural Situatedness* (pp. 339-378). New York: Mouton de Gruyter Berlin.

Rosch, E. 1973. On the Internal Structure of Perceptual and Semantic Categories. In T. E. Moore (Ed.), *Cognitive Development and the Acquisition of Language* (pp. 111-144). New York: Academic Press.

Rubal, E. R. 1994. *Metaphors of the Body*. M. A. Thesis. California State University, Fullerton.

Russell, B. 1905. On Denoting. *Mind*, (14): 479-493.

Sakuragi, T. & Fuller, J. W. 2003. Body-Part metaphors: A cross-cultural survey of the perception of translatability among Americans and Japanese. *Journal of Psycholinguistic Research*, 32 (4): 381-385.

Senft, G. 1998. Body and mind in the Trobriand Islands. *Journal of the Society for Psychological Anthropolog*, 26 (1): 73-104.

Sweetser, E. 1990. *From Etymology to Pragmatics: Metaphorical and Cultural Aspects of Semantic Structure*. Cambridge: Cambridge University Press.

Talmy, L. 2000. *Towards a Cognitive Semantics*. Cambridge: The MIT Press.

Taylor, J. 1989. *Linguistic Categorization: Prototypes in Linguistic Theory*. New York: Oxford University Press.

Thaler, R. H. 1984. Asymmetric games and the endowment effect. *Behavioral and Brain Sciences*, 7 (1): 117.

Traugott, E. C. & Dasher, R. B. 2002. *Regularity in Semantic Change*. Cambridge: Cambridge University Press.

Ullman, S. 1962. *Semantics*. Oxford: Blackwell / New York: Bames & Noble.

Ungerer, F. & Schmid, H. J. 2001. *An Introduction to Cognitive Linguistics*. London: Longman.

Vendryès, J. 1921. *Le langage. Introduction linguistique à l'histoire*. Paris: Albin Michel.

Wierzbicka, A. 1988. *The Semantics of Grammar*. Amsterdam: John Benjamins.

Wierzbicka, A. 1995. *Semantics, Culture, and Cognition*. New York: Oxford University Press.

Wilkins, D. P. 1996. Natural tendencies of semantic change and the search for cognates. In M. Durie

& M. Ross (Eds.), *The Comparative Method Reviewed: Regularity and Irregularity in Language Change* (pp. 264-304). Oxford: Oxford University Press: 264-304.

Wittgenstein, L. 1953. *Philosophical Investigation*. Oxford: Basil Blackwell.

Yu, N. 2009. *From Body to Meaning in Culture*. Amsterdam and Philadelphia: John Benjamin's Publishing Company.

附　　录

附录 1：54 个身体词在《汉语大词典》APP 中的词典释义示例[①]

1. 背

（1）脊背。《京本通俗小说·错斩崔宁》：“背上驮了一个搭膊。”老舍《四世同堂》一：“祁老人的背虽然有点弯，可是全家还属他的身量最高。”

（2）后面或反面。《诗·大雅·荡》：“不明尔德，时无背无侧。”孔颖达 疏：“背后无良臣，傍侧无贤人也。”《晋书·慕容超载记》：“另敕段晖率兖州军缘山东下，腹背击之。”

（3）北面。《诗·卫风·伯兮》：“焉得谖草，言树之背。”郑玄 笺：“背，北堂也。”唐 杜甫《秋日闲居》诗之一：“背堂资僻远，在野兴清深。”

（4）物的上面。《尔雅·释丘》：“丘背有丘为负丘。”明 魏学洢《核舟记》：“其船背稍夷，则题名其上。”

（5）钱币反面的专称。《资治通鉴·陈宣帝太建十三年》：“隋主患之，更铸五铢钱，背、面、肉、好皆有周郭。”胡三省 注：“钱之文为面，其漫为背。”

（6）古天文学称太阳周围云气的一种，或谓即日晕的外围。《汉书·天文志》：“晕、适、背、穴。”颜师古 注引 如淳曰：“凡气……在旁如半环，向日为抱，向外为背。”

（7）背部对着或后面靠着。《周礼·秋官·司仪》：“不正其主面，亦不背客。”宋 王安石《次御河寄城北会上诸友》诗：“背城野色云边尽，隔屋春声树外深。”

（8）朝着相反方向。唐 李益《洛阳河亭奉酬留守群公追送》诗：“还似汀洲

---

① 此部分异体字、非推荐字、错别字，均遵原文，不予修改。

雁，相逢又背飞。”宋 王安石《别孙莘老》诗：“茫然乃分散，独背东南驰。”参见“背道而驰”。

（9）转。碧野《在葱岭下》：“姑娘不好意思背过脸去，用手抚弄着她的乌黑的长辫梢。”张弦《银杏树》：“莲莲放下木盆，背过身，去铺床。”

（10）犹隐瞒。元 郑光祖《倩女离魂》第二折：“王生也，我背着母亲，一径的赶将你来，咱同上京去罢。”曹禺《雷雨》第四幕：“我还用不着你父亲背着我，把我当疯子，要你送我上楼。”

（11）谓背地里，不当面。清 冒襄《影梅庵忆语》卷二：“余母恒背称君奇秀。”巴金《家》十四：“我常常背着人哭，自然在人前我不会哭的。”

（12）违背；违反。《书·太甲中》：“既往背师保之训。”《史记·项羽本记》：“请往谓项伯，言沛公不敢背项王也。”

（13）弃去；离开。《荀子·解蔽》：“明月而宵行，俯见其影，以为伏鬼也，仰视其发，以为立魅也。背而走。”杨倞 注：“背，弃去也。”

（14）死亡的婉辞。《文选·李密〈陈情事表〉》：“生孩六月，慈父见背。”张铣注：“背，死也。”

（15）谓灯尽或烛尽。唐 王涣《惆怅诗》：“梦里分明入汉宫，觉来灯背锦屏空。”后蜀 鹿虔扆《思越人》词：“翠屏欹，银烛背，漏残清夜迢迢。”

（16）经过。王利器 集解：“背春涉冬，犹今言过了春天到了冬天也。”清 冯桂芬《潘顺之〈岱顶看云图〉序》：“既而背秋涉冬，简书葳役。”

（17）背诵。《明实录·太祖实录》：“诸生每三日一背书。”鲁迅《朝花夕拾·五猖会》：“我忽然似乎已经很有把握，便即站了起来，拿书走进父亲的书房，一气背将下去，梦似的就背完了。”

（18）装裱。宋 周密《齐东野语·绍兴御府书画式》：“（古画）花木秾艳，每不许裁剪过多，既失古意，又恐将来不可再背。”宋 陆游 《老学庵笔记》卷三：“其子熺，十九年间无一日不锻酒器，无一日不背书画碑刻之类。”清 俞樾《茶香室三钞·王仲至家镇库书》：“又别写一本，尤精好，以绢素背之，号镇库书。”

（19）昏厥。《儿女英雄传》第六回：“却说那安公子此时已是魂飞魄散，背了过去，昏不知人，只剩得悠悠的一丝气儿，在喉间流连。”《儿女英雄传》第六回：“心一模糊，气血都滞住了，可就背过去了。”

（20）反持两手。《水浒传》第三七回：“但凡新入流配的人，须先打一百杀威棒。左右，与我捉去背起”

（21）装上鞍鞯。《西游记》第二十回：“次日天晓，行者去背马，八戒去整担。”《儿女英雄传》第五回：“便忙忙的收拾行李，背上牲口，带了两个骡夫竟自去了。”

（22）听觉不灵。元 无名氏《争报恩》第一折：“妹子你莫耳朵背错听了。”周立波《暴风骤雨》第二部四：“老太太耳朵有点背。”

（23）倒霉，背晦。老舍《四世同堂》二八：“这两把都没和，他失去了自信，他越打越慌，越背。”

（24）偏僻。元 宫天挺《范张鸡黍》第一折：“既然贤弟要去，其路也不背，同往赴会去便了。”

（25）量词。克非《春潮急》十二：“两个人把菜收拾进背篼里，装了满满一背。”柳青《创业史》第二部第二章：“他还要顺路揪一背茅柴回来。”

2. 鼻

（1）呼吸兼嗅觉的器官。唐 韩愈《刘统军碑》：“公生而异，魁颜巨鼻。”

（2）用鼻子闻。明 刘基《郁离子 • 牧豭》：“鼻粪壤而食腥秽。”

（3）器物的隆起或突出部分。①印纽。《周礼 • 考工记 • 玉人》：“驵琮七寸，鼻寸有半寸，天子以为权。”②鞋面前端向上弓起处。晋 葛洪《抱朴子 • 博喻》：“壶耳不能理音，屩鼻不能识气。”③古铜镜背面的把手。宋 姚宽《西溪丛语》卷上：“近见一镜如钟样，鼻有大环。”④花或瓜果的柄或蒂。缪启愉 校释：“鼻，指瓜蒂。”

（4）壶嘴；勺的口部。孙诒让 正义：“鼻谓勺前锐出之口也。”《礼记 • 少仪》：“尊者，以酌者之左为上尊，尊壶者面其鼻。”

（5）器物上带孔的部分。周立波《暴风骤雨》第二部十八：“针鼻大的事，都给挑出来了。”如：门鼻。

（6）穿兽鼻。《文选 • 张衡〈西京赋〉》：“鼻赤象，圈巨狿。”薛综 注：“谓能戾象鼻。”《正字通 • 鼻部》：“鼻，猎人穿兽鼻曰鼻。”

（7）创始；开端。《方言》第十三：“鼻，始也。兽之初生谓之鼻，人之初生谓之首，梁益之间、谓鼻为初，或谓之祖。”参见“鼻祖”。

（8）方言。称奴隶。清 翟灏《通俗编·称谓》：“《燕北杂记》：‘北界汉儿，多为契丹凌辱，骂作十里鼻。十里鼻，奴婢也。’《全氏辨林》：‘吴俗讳奴为鼻。’”

（9）古邑名。即有庳。《集韵·去至》：“庳，有庳，国名，象 所封……通作鼻。”

3. 臂

（1）胳膊。清 袁枚《祭妹文》：“余捉蟋蟀，汝奋臂出其间。”

（2）动物的前肢。《庄子·人间世》：“汝不知夫螳螂乎，怒其臂以当车辙，不知其不胜任也。”

（3）器械伸长部分，似人之有臂，如弓把、弩柄、梯帮等。《墨子·杂守》：“筑邮亭者圜之，高三丈以上，令侍（倚）杀为辟（臂）梯，梯两臂长三尺。”

（4）谓把猎鹰架于臂上。宋 王谠《唐语林·方正》：“太宗得鹞子俊异，私自臂之。”《二十年目睹之怪现状》第二七回：“他自己手里，不是拿了鹌鹑囊，便是臂了鹰。”

（5）量词，用于行猎时架在臂上的鹰。清 蒲松龄《聊斋志异·小猎犬》：“步者、骑者纷纷来以数百辈，鹰亦数百臂，犬亦数百头。”参见“臂鹰”。

4. 脖

（1）见“脖胦”。

（2）颈项。《儿女英雄传》第三一回：“公子听了，摸了摸，才知装扮了半日，不曾带得领子，还光着脖儿呢！”

5. 齿

（1）门牙。唐 韩愈《落齿》诗：“去年落一牙，今年落一齿。”钱仲联 集释：“《六书故》：‘齿当唇，牙当车。’”

（2）泛指牙齿。《左传·哀公六年》：“女忘君之为孺子牛而折其齿乎。”

（3）特指象牙。参见“齿革”。

（4）排比如齿状者。竹木所刻之齿。用以记数。《管子·轻重甲》：“与之定其券契之齿。”《墨子·公孟》：“是数人之齿，而以为富。”孙诒让 间诂引

俞樾 曰："齿者，契之齿也。古者刻竹木以记数，其刻处如齿，故谓之齿。《易林》所谓'符左契右相与合齿'是也。"

（5）排比如齿状者。木屐齿钉。《晋书·谢安传》："既罢，还内，过户限，心喜甚，不觉屐齿之折。"

（6）排比如齿状者。轮齿。清 沈大成《西洋测时仪记》："牵藏机轮之绳，自下而上，其最下级有齿。"

（7）排比如齿状者。阶石的一级，称一齿。《文选·张衡〈西京赋〉》"右平左墄"三国 吴 薛综 注："墄，限也，谓阶齿也。天子殿高九尺，阶九齿，各有九级。"

（8）排比如齿状者。其他物体上似齿形的部分。晋 葛洪《抱朴子·博喻》："故锯齿不能咀嚼，箕舌不能别味。"如：梳齿、叶齿等。

（9）牛马的岁数。牛马幼小者，岁生一齿，因以齿计其岁数。《谷梁传·僖公二年》："荀息牵马操璧而前曰：璧则犹是也，而马齿加长矣。"

（10）谓计算牛马的岁数。孙希旦集解引 郑玄曰："齿，数年也。"《汉书·贾谊传》："礼不敢齿君之路马，蹴其刍者有罚。"颜师古 注："齿谓审其齿岁也。"

（11）人的年龄。《西厢记诸宫调》卷三："生因问莺齿，夫人曰：'十七岁矣。'"清 沈复《浮生六记·闺房记乐》："芸与余同齿而长余十月，自幼姊弟相呼。"

（12）指人。晋 陆机《门有车马客行》："亲友多零落，旧齿皆雕丧。"

（13）类别；同辈。《管子·弟子职》："同嗛以齿。"尹知章注："齿，类也。谓食者则以其所尽之类而进。"

（14）并列；在一起。《左传·隐公十一年》："寡人若朝于薛，不敢与诸任齿。"杨伯峻 注："齿，列也。不敢与齿，谓不敢与并列。"

（15）录用；收纳。《礼记·王制》："屏之远方，终身不齿。"郑玄 注："齿犹録也。"《新唐书·卢怀慎传》："臣请以赃论废者，削迹不数十年，不赐收齿。"

（16）提到，说及。引申为重视。《陈书·任忠传》："少孤微，不为乡党所齿。"清 邵长蘅《熊经略》诗："抚臣庸愚何足齿，奈何经略也惜死。"

（17）咬啮。清 徐士銮《宋艳·奇异》："始徐氏甚妒，自齿石之后，遂不复妒。”

（18）刻为齿形。《续资治通鉴·元顺帝至正十二年》：“齿木为杷，削竹为枪。”

（19）发音。宋 文天祥《得风难》诗序：“忽有声如人哨，齿其清丽。”

（20）挡；触。李善 注：“齿，犹当也。”《北史·崔宏传》：“如何正当国家休明之世，士马强盛之时，而欲以驹犊齿虎口也。”

（21）表示承受。宋 苏舜钦《诣匦疏》：“世受君禄，身齿国命，涵濡惠泽，以长此躯。”

（22）骰子。

6. 唇

（1）人或某些动物口的周围的肌肉组织。通称嘴唇。晋 左思：“浓朱衍丹唇，黄吻澜漫赤。”

（2）物体的边缘。《中国歌谣资料·可怜的船夫》：“撑船工人真可怜，日日住在河唇边。”

7. 顶

（1）人头的最上端。《飞龙全传》第六回：“此人顶现真龙，日后福气定然不小。”杨朔《月黑夜》：“一张古铜色的脸膛，满顶花白头发。”

（2）物体的最上端或高处。《淮南子·修务训》：“今不称九天之顶，则言黄泉之底，是两末之端议，何可以公论乎！”

（3）指顶棚或顶盖。朱自清《桨声灯影里的秦淮河》：“舱前是甲板上的一部，上面有弧形的顶。”

（4）用头支承；戴。曹禺《原野》第三幕第四景：“仇虎望见一片昏黑的惨阴阴的雾里渐渐显出一个头顶平天冠，两手捧着玉笏的黑脸的阎罗。”

（5）指在头部装饰。宋 洪迈《夷坚支志甲·邓兴诗》：“侍姬十数辈，皆顶特髻，衣红宽袍。”

（6）顶丧。旧俗出殡时主丧者在灵前头顶铭旌，持幡领路。《红楼梦》第二二回：“谁不是你老人家的儿女？难道将来只有宝兄弟顶你老人家上五台山不成？”

（7）指顶子。《儿女英雄传》第三七回：“敢则老年官员都没顶儿吗？”。

（8）支撑；抵住；承担。《红楼梦》第七五回：“我昨日把王善保的老婆打了，我还顶着徒罪呢。”周立波《暴风骤雨》第一部二：“来一回又一回，夜猫子拉小鸡，有去无回。亏他那瘦长脖子还能顶起那副脸。”

（9）从下向上拱。周立波《暴风骤雨》第一部十四：“车后跟着的马驹子……把嘴伸到老骒马的肚子下面，用嘴巴使劲顶奶。”

（10）撑。引申为抵挡；撞击。黄谷柳《虾球传·春风秋雨》：“他跳上小艇去，船家女用手上钩竹向码头一顶，小艇就荡出去了。”

（11）顶撞；以言行相逆。《西游记》第八三回：“我也是个大丈夫！‘一言既出，驷马难追。’岂又有污言顶你？”

（12）围棋手法的术语。宋 徐铉《围棋义例·诠释》：“顶，撞也。我彼之子，同路而直撞之之谓顶。”

（13）接连；延续。清 李渔《闲情偶寄·词曲上·词采》：“非止一出接一出，一人顶一人，务使承上接下，血脉相连。”

（14）谓紧跟不舍。《官场现形记》第三一回：“独有田小辫子又顶住问‘贵姓、台甫’。”

（15）对着；迎着。中国近代史资料丛刊《太平天国·太平天日》：“左来左顶，右来右顶，随便来，随便顶，尔何惧焉！”

（16）抵；相当；配得上。丁玲《太阳照在桑干河上》一：“听别人说今年是个大年，一亩地顶十亩地呢。”

（17）指转让或取得企业经营权或房屋租赁权。茅盾《子夜》十七：“上海有一种会打算盘的精明鬼，顶了一所旧房子来，加本钱粉刷装修，再用好价钱顶出去。”

（18）泛指转让。叶圣陶《线下·金耳环》：“一身军服据说是前任的兵的，现在顶用，须扣还三块钱。”

（19）谓顶名代替。茅盾《手的故事》二：“张府上不便改变祖宗的旧规，还是由黄二姐的儿媳顶着小黄二姐的名义承当了去。”

（20）到；达到。《西游记》第五三回：“那船儿须臾顶岸。那梢子叫云：‘过河的，这里去。’”

（21）拜，顶礼。老舍《柳屯的》：“从前村里有个看香的妇人，顶着白狐大仙。”

（22）同“鼎”。《敦煌变文集·破魔变文》：“假使有拔山举顶之士，终埋在三尺土中。”

（23）量词。多用作有顶器物的计量单位。《清平山堂话本·西湖三塔记》：“宣赞见门前一顶四人轿，抬着一个婆婆。”鲁迅《彷徨·高老夫子》：“这屋子的左边早放好一顶斜摆的方桌。”

（24）副词。表示程度。犹最，极。《二十年目睹之怪现状》第三回：“家里有要紧事，要请个假回去一趟，顶多两三个月就来的。”曹禺《北京人》第一幕：“我这个人就是心软，顶不会当婆婆了。”

8. 肚

（1）腹部。《儒林外史》第二三回：“众人没奈何，只得拢了岸，买些绿豆来煮了一碗汤，与他吃过。肚里响了一阵，痢出一抛大屎，登时就好了。”

（2）指物体中间鼓出的部分。五代 伊用昌《望江南·咏鼓》词：“江南鼓，梭肚两头栾。”

9. 额

（1）额头。眉上发下部位。

（2）物体上首接近顶端的部分。唐 姚合《酬任畤协律夏中苦雨见寄》诗：“湿烟凝灶额，荒草覆墙头。”

（3）引申喻高。

（4）匾额。清 阮葵生《茶馀客话》卷八：“礼部堂‘夙夜匪懈’额，工部节镇库‘捧日亭’额，皆严分宜所书。”

（5）指题写匾额。明 徐弘祖《徐霞客游记·滇游日记九》：“洞内架庐三层，皆五楹，额其上曰‘云岩寺’。”

（6）规定的数目。清 魏源《圣武记》卷五：“西藏额设马步兵六万四千。”

（7）查名斥责。唐 封演《封氏闻见记·查谈》：“会有中使至州，管（房管）使昌藻（宋昌藻）郊外接候，须臾却还，‘被额’。房公淡雅之士，顾问左右：‘何名为额？’有参军亦名家子，敛笏而对曰：‘查名诋诃为额。’”

10. 耳

（1）耳朵。人与哺乳动物的听觉和平衡器官。

（2）像两耳分列两旁之物。

（3）指位置在两旁者。如：耳房；耳门。

（4）指形状如耳的食物。如：木耳；银耳。参见“耳菜”。

（5）谷物经雨所生的芽。唐 张鷟《朝野佥载》卷一：“秋甲子雨，禾头生耳。”

（6）听到；听说。《韩非子·外储说左上》：“君其耳而未之目耶？”鲁迅《坟·人之历史》：“则中国抱残守阙之辈，耳新声而疾走。”

（7）附耳而语。

（8）连词。表示转折，相当于“而”。汉 贾谊《治安策》：“故化成俗定，则为人臣者，主耳忘身，国耳忘家，公耳忘私。”

（9）语气词。表示限止语气，与“而已”“罢了”同义。《论语·阳货》：“子曰：‘二三子！偃之言是也，前言戏之耳。’”唐 柳宗元《三戒·黔之驴》：“虎因喜，计之曰：‘技止此耳！’”

（10）语气词。表示肯定语气或语句的停顿与结束。《荀子·天论》：“君子小人之所以相县者在此耳！”

11. 肤

（1）人或动物体表的一层组织，即皮肤。有时亦包括肌肉。

（2）古代用于祭祀或供食用的肉类。《仪礼·聘礼》：“肤、鲜鱼、鲜腊，设扃鼏。”郑玄 注：“肤，豕肉也。”《礼记·内则》：“麋肤，鱼醢。”郑玄注：“肤，切肉也。”

（3）树木、果实的表皮或表皮下的组织。宋 苏舜钦《依韵和胜之暑饮》：“佳瓜判青肤，熟李吸绛膜。”

（4）指某些像皮层那样的东西，如草皮、纸张等。宋 陈师道《后山谈丛》卷二：“余于丹徒高氏见杨行密度淮南补将校牒，纸光洁如玉，肤如卵膜。”

（5）外表。宋 苏轼《王定国真赞》：“温然而泽者，道人之腴也；凛然而清者，诗人之癯也；雍容委蛇者，贵介之公子；而短小精悍者，游侠之徒也。人何足以知之？此皆其肤也。”

（6）浅薄。明 沈德符《野获编·科场一·考官争席》："是年论刻二篇，俱肤甚；又刻一诏，更寥寥数语，不今不古。"参见"肤见"。

（7）美。马瑞辰 通释："硕肤者，心广体胖之象。"

（8）大。参见"肤公"。

12. 腹

（1）厚。《说文·肉部》："腹，厚也。"参见"腹坚"。

（2）肚子。《易·说卦》："干为首，坤为腹。"沈从文《从文自传·我读一本小书同时又读一本大书》："到认完六百生字时，腹中生了蛔虫，弄得黄瘦异常。"

（3）怀抱。《诗·小雅·蓼莪》："顾我复我，出入腹我。"郑玄 笺："腹，怀抱也。"

（4）包罗；容纳。唐 孟郊《大隐咏·赵记室俶在职无事》："大道母群物，达人腹众才。"唐 柳宗元《天对》："巴蛇腹象，足觌厥大。"

（5）前面。和"背"相对。参见"腹背"。

（6）比喻物体内部或表面的中心部位。《西游记》第二二回："忽见岸上有一通石碑。三众齐来看时，见上有三个篆字，乃'流沙河'；腹上有小小的四行真字。"

（7）比喻内心。明 刘基《赠周宗道》诗："披衣款军门，披腹陈否臧。"巴金《随想录》一："这真是以己之心度人之腹。这是极其可悲的民族虚无主义！"

（8）指怀孕。《大戴礼记·保傅》："《青史氏之记》曰：'古者胎教，王后腹之七月，而就宴室。'"

13. 骨

（1）骨头，人和脊椎动物体内支持身体、保护内脏的坚硬组织。

（2）指尸骨。《左传·僖公三十二年》："必死是间，余收尔骨焉！"南朝 梁 刘孝标《辨命论》："膏涂平原，骨填川谷。"唐 杜甫《自京赴奉先县咏怀五百字》："朱门酒肉臭，路有冻死骨。"朱德《三明新市》诗："青山埋白骨，绿水吊忠魂。"

（3）指躯体。唐 李贺《示弟》诗："病骨独能在，人间底事无。"明 宋濂

《杜环小传》：“时兵后岁饥，民骨不相保。”

（4）特指枯瘦的躯体。《全唐诗》卷七八五载《秋》：“粉蛾恨骨不胜衣，映门楚碧蝉声老。”

（5）指牲体，古代供祭祀、宴飨所用的带骨肉。《礼记·祭统》：“凡为俎者，以骨为主。骨有贵贱。殷人贵髀，周人贵肩。”

（6）物体内起支撑作用的架子。《朱子语类》卷一二五：“惟其中空，故能受轴而运转不穷。犹伞柄上木管子，众骨所会者。”如：钢骨水泥；扇骨。

（7）引申指在总体中起主要作用或基本作用的成分。清 梁绍壬《两般秋雨盦随笔·品酒》：“且近日人家萧索，酿此（指女儿酒）者亦复寥寥，能得其真东浦水作骨而三四年陈者，已是无等等咒矣。”

（8）指树根。《管子·四时》：“风生木与骨。”郭沫若 等集校：“《周礼·疡医》郑 注：‘木根立地中似骨。’故木与骨并举。”

（9）指质地；素质。清 李渔《闲情偶寄·种植·木本》：“具松柏之骨，挟桃李之姿。”

（10）指实质，内里。鲁迅《书信集·致台静农》：“顾此事正亦未可知，我疑必骨奴而肤主，其状与战区同。”

（11）指人的骨相或气质。《汉书·翟方进传》：“小史有封侯骨，当以经术进，努力为诸生学问。”《晋书·桓温传》：“此儿有奇骨，可试使啼。”

（12）指本性，性格。《文选·袁宏〈三国名臣序赞〉》：“邈哉崔生，体正心直，天骨疏朗，墙宇高嶷。”李周翰 注：“天性疏通而明朗，若墙宇高，不可窥见其内也。”

（13）指心神，心意。《文选·江淹〈别赋〉》：“使人意夺神骇，心折骨惊。”李善 注：“亦互文也。”

（14）指字的刚劲雄健的笔力。宋 苏轼《题自作字》：“东坡平时作字，骨撑肉，肉没骨，未尝作此瘦妙也。”

（15）指诗文的理路和气势。南朝 梁 刘勰《文心雕龙·风骨》：“故练于骨者，析辞必精。”唐 李白《宣州谢朓楼饯别校书叔云》诗：“蓬莱文章建安骨，中间小谢又清发。”

（16）比喻内心深处。汉 王充《论衡·自纪》：“以为昔古之事，所言近是，信之入骨，不可自解。”《二刻拍案惊奇》卷十八：“至于甄家家人，平时多是恨这些方士入骨的。”

（17）比喻话里暗含着的不满、讽刺等意思。茅盾《子夜》九：“李玉亭不明白他们的话中有骨。”

（18）犹兀自。尚，还。宋 李莱老《倦寻芳》词：“绣压垂帘，骨有许多寒在。”

（19）古代新罗族按皇室、贵族的血统区分等级的一种制度。即骨品制。不同骨品不通婚姻，骨品世袭不变。

（20）计时的“刻”。quarter 的音译。康有为《大同书》乙部第四章：“欧人于一时之中，分四骨，每骨三字，亦同于时数。”

14. 股

（1）大腿。《诗·小雅·采菽》：“赤芾在股，邪幅在下。”

（2）车辐近毂之处。《周礼·考工记·轮人》：“参分其股围，去一以为骹围。”贾公彦 疏：“其幅近毂粗处谓之股，若人髀股。”

（3）磬的上端设悬处。《周礼·考工记·磬氏》：“磬氏为磬，倨句一矩有半，其博为一，股为二，鼓为三。”

（4）古代数学名词。称不等腰直角三角形中较长的直角边。短边称句（勾），斜边称弦。《周髀算经》卷上：“故折矩，以为句广三，股修四，径隅五。”

（5）钗脚。唐 白居易《长恨歌》：“钗留一股盒一扇，钗擘黄金盒分钿。”

（6）事物或人群的分支。《汉书·沟洫志》：“其西因山足高地，诸渠皆往往股引取之。”

（7）资本或财物的一份。《初刻拍案惊奇》卷一：“余九百两照现在人数，另外添出两股，派了股数，各得一股。”

（8）量词。用于条形的东西。宋 陈从古《浯溪》诗：“浯溪一股寒流碧，耸起双峰如削壁。”周立波《暴风骤雨》第一部十六：“他们顺着河沿跑，前边不远，分两股道，一股往北……一股往西。”

（9）量词。用于气体、气味等。《水浒传》第九五回：“只见两股黑气，在阵前左旋右转。”《红楼梦》第六十回：“贾环听了，便伸着头瞧了一瞧，又闻得一股清香。”

（10）量词。用于神态、劲头、力量等。《二十年目睹之怪现状》第一〇六回：“还要写伏辩，那股怨气如何消得了。”魏巍《谁是最可爱的人·朝鲜同志》：“不知道从哪里来的一股精神和力量，振动着他的全身。”

（11）量词。用于成批的人。徐怀中《西线轶事》五：“早上我们部队搜索过去，这股敌人化军为民，隐蔽到丛林里去了。”

15. 喉

人和陆栖脊椎动物呼吸道的前端部分，上通咽，下接气管，兼有通气和发音的功能。也叫喉头。《左传·文公十一年》：“冬十月甲午，败狄于咸，获长狄侨如。富父终甥摏其喉以戈，杀之。”《庄子·大宗师》：“真人之息以踵，众人之息以喉。”唐 韩愈《赴江陵途中寄赠翰林三学士》诗：“上陈人疾苦，无令绝其喉。”郭小川《秋歌》之三：“秋天啊，也有千言万语涌上喉。”参见“喉吻”。

16. 肩

（1）肩膀。《儿女英雄传》第三八回：“没男没女，挨肩擦背，拥挤在一起。”

（2）四足动物的前腿根部。《史记·项羽本纪》：“项王曰：‘赐之彘肩！’则与一生彘肩，樊哙 覆其盾于地，加彘肩上，拔剑切而啖之。”

（3）兽三岁曰肩。一说四岁。《诗·齐风·还》：“子之还兮，遭我乎猛之间兮，并驱从两肩兮，揖我谓我儇兮。”

（4）任用。《书·盘庚下》：“朕不肩好货。”孔传：“肩，任也。我不任贪货之人。”

（5）担负。《左传·襄公二年》：“郑成公疾，子驷请息肩于晋。”宋 梅尧臣《回自青龙呈谢师直》诗：“唯髭比旧多且黑，学术久已不可肩。”

（6）背；背在肩上。邹韬奋《抗战以来》一：“我对抗战爆发以前的救国运动，只是肩着一枝秃笔去参加。”

（7）犹言相提并论或等齐。宋 范成大《滟滪堆》诗：“山川丘陵皆地险，惟此险绝余难肩。”

（8）量词。明 张凤翼《红拂记·扶馀换主》：“赏他一斗酒，一肩肉，免他一个月打差。”《初刻拍案惊奇》卷二四：“明日一肩行李，脚踏实地，绝早到了。”

17. 脚

（1）人与动物腿的下端，接触地面、支持身体和行走的部分。《墨子·明鬼下》：“羊起而触之，折其脚。”

（2）脚步；奔走；践踏。宋 苏轼《虎跑泉》诗：“虎移泉眼趁行脚，龙作浪花供抚掌。”李文元《婚事》：“沙土地经过一夜一晌的风刮日晒，下午可经得起脚了。”

（3）担任传递、运输的人及牲口。亦指搬运费。唐 刘禹锡《夔州论利害表》之二：“比及三年，漕运七百万石，省脚三十余万贯。”

（4）谓拖住一脚。《史记·司马相如列传》：“揜兔辚鹿，射麋脚麟。”司马贞 索隐：“脚麟，韦昭云：‘谓持其一脚也。’司马彪 曰：‘脚，掎也。’《说文》云：‘掎，偏引一脚也。’”按，《汉书》“脚”作“格”。王先谦 补注以为格为脚之变文。

（5）器具的支撑；东西的下端。《儿女英雄传》第三四回：“又有乌大爷的兄弟托诚村并两三个少年，都在墙脚下把考篮聚在一处，坐在上面闲谈。”

（6）指植物的微根。北魏 贾思勰《齐民要术·黄衣黄蒸及糵》：“盆中浸小麦，即倾去水，日曝之；一日一度着水，即去之。脚生，布麦于席上，厚二寸许。一日一唐，以水浇之，牙生便止。”

（7）指物象的底部或尾部。唐 杜甫《茅屋为秋风所破歌》：“床头屋漏无干处，雨脚如麻未断绝。”宋 梅尧臣《褐山矶上港中泊》诗：“日脚看看雨，江心渐渐昏。”

（8）指细密丛集的痕迹。宋 徐集孙《智果寺观东坡墨迹参寥泉》诗：“碑断乱云封字脚，亭荒落叶覆泉心。”

（9）残渣；剩尾。宋 陆游《秋夜歌》：“架上故裘破见肘，床头残酒倾到脚。”清 俞樾《咏物·遗箧》：“米欠煤逋贫士籍，针头线脚女儿箱。”如：下脚；泔脚；边脚。

（10）帮手。《水浒传》第四五回：“那妇人专得迎儿做脚，放他出入。”

（11）量词。用于动物的腿。《水浒传》第五七回：“等了半晌，只见酒保提一脚羊肉归来。”

（12）量词。用于脚踢的次数。《儒林外史》第九回：“杨执中恼了，把老妪打了几个嘴巴，踢了几脚。”《二十年目睹之怪现状》第五三回：“舅太爷又狠狠的踢了两脚。”

18. 颈

（1）颈项。头部与躯干连接的部分。又称脖子。《左传·定公十四年》：“使罪人三行，属剑于颈。”

（2）指物体像人体颈部的部位。《周礼·考工记·辀人》：“参分其兔围，去一以为颈围。”清 凤韶《凤氏经说·车制》：“驾马引车者曰辀，辀之前钩衡者曰颈。”

（3）引颈。谓仰慕、期待。唐 南诏 骠信《星回节游避风台与清平官赋》诗：“伊昔颈皇运，艰难仰忠烈。”

（4）径直；直接。《新唐书·奸臣传下·卢杞》：“京兆暴责其期，校吏颈大搜廛里，疑占列不尽，则笞掠之，人不胜冤，自殒沟渎者相望，京师嚣然不阕日。”

（5）星名。《史记·天官书》：“七星，颈，为员官，主急事。”张守节正义：“七星为颈，一名天都，主衣裳文绣，主急事，以明为吉，暗为凶。”

19. 口

（1）人类用来发声和进饮食的器官。《书·秦誓》：“人之彦圣，其心好之，不啻若自其口出，是能容之。”唐 韩愈《归彭城》诗：“到口不敢吐，徐徐俟其巇。”

（2）指其他动物发声和进饮食的器官。《春秋·宣公三年》：“三年春王正月，郊牛之口伤，改卜牛。”《史记·苏秦列传》：“宁为鸡口，无为牛后。”

（3）人；人口。《孟子·梁惠王上》：“百亩之田，勿夺其时，数口之家可以无饥矣。”

（4）特指妇女、少年儿童。《清史稿·食货志一》：“凡民，男曰丁，女曰口。男年十六为成丁，未成丁亦曰口。”

（5）物体内外相通的地方。《墨子·备穴》：“必令明习橐事者，勿令离灶口。”汉 王充《论衡·道虚》：“致生息之物密器之中，覆盖其口。”

（6）出入的通道。亦指口岸。晋 陶潜《桃花源记》：“山有小口，髣髴若有光；便舍船，从口入。”清 王韬《宜索归澳门议》：“请立和约，通商各埠，于诸口设立领事官。”

（7）特指长城的几个重要关口。多用于地名。如：古北口；喜峯口。亦泛指这些关口。《儿女英雄传》第十七回：“走西口外的，在教的马三爸，他使弹弓子。”

（8）状如口形的破裂处；口子。北魏 贾思勰《齐民要术·种椒》：“候实口开，便速收之。”《三国演义》第七五回：“留药一帖，以敷疮口，辞别而去。”

（9）指言语。《书·大禹谟》：“惟口出好兴戎，朕言不再。”唐 韩愈《董府君墓志铭》：“宾接门下，推举人士，侍侧无虚口。”

（10）特指闲言、谗言等。马王堆 汉墓帛书《战国纵横家书·苏秦自齐献书于燕王章》：“臣之行也，固知必将有口，故献御书而行。”

（11）口才。《史记·魏其武安侯列传》：“蚡辩有口，学《盘盂》诸书，王太后 贤之。”《汉书·淮南王刘安传》：“王有女陵，慧有口。”颜师古 注：“性慧了而口辩。”

（12）告诉；说。马王堆 汉 墓帛书《战国纵横家书·苏秦自齐献书于燕王章》：“臣恃之诏，是故无不以口齐王而得用焉。”

（13）指询问；称道。清 周亮工《书影》卷五：“此数人者，名高天下，归而口司直不置，天下益向往之。”

（14）谓用口头形式表达。参见“口信”“口授”“口陈”。

（15）句；一句。元 马致远《耍孩儿·借马》套曲：“有口话你明明的记：饱时休走，饮了休驰。”参见“口口”。

（16）指口腹。《孟子·梁惠王上》：“为肥甘不足于口与？”

（17）谓口之味欲；口味。《史记·老子韩非列传》：“爱我哉，忘其口而念我！”京剧《乌龙院》：“莫不是茶饭不随你的口？莫不是衣衫不合你的身？”参见“可口”。

（18）指牲口的年龄。周立波《暴风骤雨》第二部二四：“拴在老榆树左边的那个青骒马，口小，肚子里还有个崽子。”

（19）寸口。中医指切脉的部位。即两手掌后一寸桡动脉搏动处，包括寸、关、尺三部。《史记·扁鹊仓公列传》："切其脉时，右口气急。"参见"寸口"。

（20）刀、剑的刃。《水浒传》第十二回："杨志道：'第一件，砍铜剁铁，刀口不卷。'"《水浒传》第六五回："原来厨刀不甚快，砍了一个人，刀口早卷了。"

（21）性质相同或相近的单位所构成的整体；系统。《人民日报》1981.8.14："国家农委和农口各部门一些领导干部和有关人员组成17个调查组，分赴15个省、区作农村调查。"

（22）量词。用于人。《红楼梦》第六回："且说荣府中合算起来，从上至下也有三百余口人。"赵树理《三里湾·非他不行》："他家一共十四口人……六十八亩地。"

（23）量词。用于表示口腔的容量或动作。《儒林外史》第三回："适才欢喜的有些引动了痰，方才吐出几口痰来，好了。"赵树理《李家庄的变迁》一："老宋又端着汤来，小喜接过来喝了两口。"

（24）量词。用于语言行为。《儿女英雄传》第三七回："只听他打着一口的常州乡谈道：'底样卧，底样卧。'"

（25）量词。用于牲畜。北齐 高昂《征行诗》："垄种千口牛，泉连百壶酒。"《水浒传》第四九回："顾大嫂分付火家，宰了一口猪。"

（26）量词。用于器物。鲁迅《朝花夕拾·藤野先生》："不幸七年前迁居的时候，中途毁坏了一口书箱。"

20. 脸

（1）面颊，面部。宋 文天祥《珊瑚吟》："毛羽黑如漆，两脸凝璚脂。"《水浒传》第六二回："仰着脸四下里看时，不见动静。"

（2）面子。《红楼梦》第三七回："挑剩下的才给你，你还充有脸呢！"《二十年目睹之怪现状》第三回："那么说，这位候补道，想来也没有脸再住在这里了？"

（3）脸色。指表情。清 吴骞《扶风传信录》："谁知你转背儿着他人也，又另是一样脸。"曹禺《北京人》第一幕："我真是从心里怕看见这些长辈们的脸哪。”

（4）指某些物体的前部。萧乾《一本褪色的相册》十：“我们从北新桥一直走到西直门，在门脸搭上一辆敞篷骡车。”

（5）肉羹。唐 寒山《诗》之二〇六：“去骨鲜鱼脍，兼皮熟肉脸。”

21. 面

（1）脸；头的前部。《墨子·非攻中》：“君子不镜于水而镜于人。镜于水，见面之容；镜于人，则知吉与凶。”

（2）脸色。指面部表情。《易·革》：“君子豹变，小人革面。”唐 韩愈《送殷员外序》：“今子使万里外国，独无几微出于言面，岂不真知轻重大丈夫哉。”

（3）谓神色表现在脸上。《荀子·大略》：“君子之于子，爱之而勿面，使之而勿貌。”杨倞 注：“面、貌，谓以颜色慰悦之，不欲施小惠也。”

（4）容颜；相貌。《左传·僖公三十三年》：“狄人归其元，面如生。”唐 韩愈《送穷文》：“命穷，影与形殊，面丑心妍。”前蜀 韦庄《女冠子》词：“依旧桃花面，频低柳叶眉。”

（5）面具；假面。汉 贾谊《新书·匈奴》：“上使乐府幸假之《但乐》，吹箫鼓鞉，倒挈面者更进，舞者、蹈者时作，少闲击鼓，舞其偶人。”

（6）当面；亲自。《史记·商君列传》：“可与公子面相见，盟，乐饮而罢兵。”唐 韩愈《送侯参谋赴河中幕》诗：“又欲面言事，上书求诏征。”参见“面命”。

（7）前；面前。《书·顾命》：“大辂，在宾阶面，缀辂，在阼阶面。”《仪礼·士相见礼》：“上大夫相见以羔，饰之以布，四维之结于面，左头如麛执之。”郑玄《仪礼》注曰：“‘面，前也。’”

（8）见；会面。《左传·昭公六年》：“固请见之，见，如见王，以其乘马八匹私面。”杜预 注：“私见郑伯。”《礼记·聘义》：“君亲礼宾，宾私面私觌。”

（9）向；对着。《易·说卦》：“圣人南面而听天下，向明而治。”《周礼·夏官·撢人》：“使万民和说而正王面。”郑玄 注：“面，犹乡也。使民之心晓而正乡王。”

（10）平面。几何学称线移动形成的形迹，有长、宽，没有厚。《墨子·大取》："方之一面，非方也。"张纯一 集解："方之一面，如方幂，无厚，非同六面之方体。"

（11）物体的表面。《墨子·备城门》："客冯面而蛾傅之。"孙诒让间诂："面，谓城四面。"《汉书·食货志下》"今半两钱法重四铢，而奸或盗摩钱质而取镕"……

（12）正面。和"背"相对。南朝 梁 陶弘景《古今刀剑录》："（帝启）铸一铜剑，长三尺九寸……上刻二十八宿，文有背面，面文为星辰，背记山川日月。"

（13）表示方位，方向。《墨子·备城门》："疏束树木，令足以为柴抟，毋前面树。"《后汉书·段颎传》："湟中义从羌悉在何面？今日欲决死生。"

（14）方面；范围。《史记·留侯世家》："而汉王之将，独韩信可属大事，当一面。"鲁迅《书信集·致曹靖华》："但我们这面，亦颇有新作家出现。"

（15）指部位。金 董解元《西厢记诸宫调》卷三："何处疼，那面疼，都俺没理会。"

（16）铺；摊。郭沫若《星空·孤竹君之二子》："青草面着这么柔软的寝床，杨柳张着那么轻轻的罗帐。"

（17）砌。明 徐弘祖《题小香山梅花堂》诗序："堂后削石为壁，刓石为池，面石为轩。"

（18）古代秦国法律术语。指陪同秦使的他国仪仗人员。

（19）量词。表示物体的数量。多用于扁平的或能展开的物件。《水浒传》第二二回："且叫取一面枷来钉了，禁在牢里。"

（20）量词。指见面的次数。《水浒传》第三三回："今日天赐，幸得哥哥到此，相见一面，大称平生渴仰之思。"如：见过一面。

22. 眉

（1）眉毛。《谷梁传·文公十一年》："叔孙得臣，最善射者也。射其目，身横九亩，断其首而载之，眉见于轼。"

（2）题额。《穆天子传》卷三："天子遂驱升于弇山，乃纪名迹于弇山之石，而树之槐，眉曰'西王母之山。'"

（3）指上端。参见“眉批”。

（4）旁边；边侧。《汉书·游侠传·陈遵》：“观瓶之居，居井之眉。”颜师古 注：“眉，井边地，若人目上之有眉。”宋 王应麟《困学纪闻·评文二》：“彼刀头之舐蜜，得未锱铢，况井眉之居瓶，恍如梦寐。”

（5）形容隆起。宋 赵令畤《侯鲭录》卷三：“瓦珑矿壳浑沌钱，文如建瓴，外眉而内渠，其名瓦珑。”参见“眉瑑”。

（6）老。明 张萱《疑耀·孔子无须眉辨》：“按《方言》东齐 谓老曰眉。此言无须眉者，犹云未须而老也。若作眉毛之眉，则误矣。”参见“眉寿”“眉耇”。

（7）借指美女。宋 苏轼《苏州闾丘江君二家雨中饮酒》诗之二：“五纪归来鬓未霜，十眉环列坐生光。”

（8）量词。多用于称新月。宋 谢逸《南歌子》词：“画楼朱户玉人家，帘外一眉新月浸梨花。”清 纳兰性德《鹊桥仙》词：“梦来双倚，醒时独拥，窗外一眉新月。”

（9）古代眉州的简称。州治在今四川省眉山县。

23. 目

（1）眼睛。《易·鼎》：“巽而耳目聪明。”

（2）目光；眼力。《孟子·告子上》：“不知子都之姣者，无目者也。”三国 蜀 诸葛亮《便宜十六策·治军》：“工非鲁般之目，无以见其工巧。”

（3）观看；注视。唐 韩愈《送陈秀才彤序》：“吾目其貌，耳其言，因以得其为人。”宋 范仲淹《滕君墓志铭》：“予目此数事，乃知君果非常人才。”

（4）用眼色表态示意。《国语·周语上》：“国人莫敢言，道路以目。”韦昭 注：“不敢发言，以目相眄而已。”

（5）品题；品评。《后汉书·许劭传》：“曹操微时，常卑辞厚礼，求为己目。”李贤 注：“令品藻为题目。”

（6）看法。《北史·李彪传》：“赫赫之威，振于下国；肃肃之称，着自京师。天下改目，贪暴敛手。”明 方孝孺《答王秀才书》：“俾世俗易心改目，以勉其远且大者。”

（7）看待；看作。唐 白居易《不出门》诗：“不知天壤内，目我为何人？”

明 沈德符《野获编·内阁三·言官论人》："言者目为奇货。"

（8）孔眼。《尸子》卷上："上纲苟直，百目皆开。"汉 桓宽《盐铁论·诏圣》："夫少目之罔不可以得鱼，三章之法不可以为治。"

（9）条目；要目。《论语·颜渊》："请问其目。"唐 元稹《批宰臣请上尊号第二表》："百吏虽存，官业多旷；万目虽设，纪律未张。"

（10）标题；题目。沈德符《野获编补遗·著述·献异书》："太祖洪武二十二年，河南开封府封丘县 民刘安寿进禁书，其目曰：《五符太乙书》一十种。"

（11）目录。鲁迅《书信集·致李小峰》："杂感上集已编成……名《三闲集》。希由店友便中来取，草目附呈。"如：编目；有目无书。

（12）名称。《后汉书·酷吏传·王吉》："凡杀人皆磔尸车上，随其罪目，宣示属县。"李贤 注："目，罪名也。"

（13）称。明 陈继儒《珍珠船》卷一："李白每醉为文未尝差，人目为醉圣。"沈从文《一个女剧员的生活》："吃过咖啡，散席了，有两个与萝较好的女子，包围到这个被人目为皇后的人，坐在一个屏风后谈话去了。"

（14）指竹节。唐 高适《咏马鞭》："龙竹养根凡几年，工人截之为长鞭，一节一目皆天然。"

（15）首领；头目。清 魏源《道光洋艘征抚记上》："我守兵炮沉其数小舟，伤其洋目、洋兵数十。"参见"目把""目兵"。

（16）指下围棋时所围的空格。一空格称一目，一目当一子。终局时以目多少判胜负。

（17）生物分类系统上所用的等级之一，在"纲"以下的属类。鲁迅《坟·人之历史》："又集与此相似者，谓之猫科；科进为目，为纲，为门，为界。"如：食肉目；蔷薇目。

24. 脑

（1）高等动物主管全身运动和感觉的器官，是神经系统的主要部分。

（2）人脑还主管思维、记忆等活动。唐 韩愈《潮州刺史谢上表》："圣恩弘大，天地莫量；破脑刳心，岂足为谢。"

（3）头颅。宋 罗大经《鹤林玉露》卷三："谚有云：日出早，雨淋脑。"《二刻拍案惊奇》卷三八："他窥头探脑去看那轿里抬的女眷，恰好轿帘隙处，认得是徐家的莫大姐。"

（4）谓击破头颅，脑浆溢出。引申指打击。汉 扬雄《长杨赋》："脑沙幕，髓余吾。"

（5）物体的顶端、中心或边缘部分。《朱子语类》卷二三："（极星）不是星全不动，是个伞脑上一位子，不离其所。"

（6）指白色如脑状或脑髓之物。明 李时珍《本草纲目·木一·龙脑香》："龙脑香，南番诸国皆有之。"

25. 皮

（1）兽皮。带毛叫皮，去毛叫革。《诗·墉风·相鼠》："相鼠有皮，人而无仪。"

（2）引申指人的皮肤或动植物体表面的一层组织。《汉书·高帝纪上》："高祖为亭长，乃以竹皮为冠。"

（3）皮毛；皮革。《书·禹贡》："岛夷皮服。"《公羊传·宣公十二年》："古者杅不穿，皮不蠹，则不出于四方。"何休 注："皮，裘也。"唐 韩愈《进学解》："牛溲马勃，败鼓之皮。"

（4）指皮侯。古代用兽皮制的射靶。《论语·八佾》："射不主皮。"《仪礼·乡射礼》："礼射不主皮。"郑玄 注："主皮者，无侯张兽皮而射之，主于获也。"

（5）剥去皮。宋 袁文《瓮牖闲评》卷七："《东斋记事》载：吉州有捕猿者，杀其母，皮之，并其子卖于萧氏。"参见"皮面"。

（6）物的表面。唐 韩愈《题于宾客庄》诗："榆荚车前盖地皮，蔷薇蘸水笋穿篱。"

（7）引申为表面的，肤浅的。参见"皮相""皮傅"。

（8）包或围在物体外面的一层东西。北魏 贾思勰《齐民要术·种红蓝花栀子》"然后削去四畔粗白无光润者"原注："粗粉，米皮所成，故无光润。"如：书皮；饺子皮。

（9）指某些薄片状的东西。如：铜皮、铅皮、豆腐皮。

（10）方言。不脆，有韧性。老舍《骆驼祥子》二二："他买了十个煎包儿，里边全是白菜帮子，外边又'皮'又牙碜。"

（11）方言。顽皮；调皮。如：这孩子真皮。

（12）不知羞耻；满不在乎。《金瓶梅词话》第三七回："夜晚些等老身慢慢皮着脸对他说。"如：那孩子已被骂得皮了。

（13）指橡胶或橡胶制的。如：橡皮；胶皮；皮筋。

26. 膝

大腿和小腿相连关节的前部。通称膝盖。《礼记・檀弓下》："今之君子，进人若将加诸膝，退人若将队诸渊。"北齐 颜之推《颜氏家训・勉学》："时又患疥，手不得拳，膝不得屈。"

27. 舌

（1）舌头。俗亦称舌头。《诗・小雅・雨无正》："哀哉不能言，匪舌是出，维躬是瘁。"《素问・阴阳应象大论》："在窍为舌。"王冰 注："舌，所以司辨五味也。"

（2）代指言语。《论语・颜渊》："惜乎，夫子之说君子也！驷不及舌。"何晏 集解引 郑玄 曰："过言一出，驷马追之不及。"

（3）指畚箕外伸的部分。《诗・小雅・大东》："维南有箕，载翕其舌。"

（4）泛称舌状物。如：帽舌；鞋舌；火舌。

（5）指装在铃铎内的锤。亦指管乐器的簧。《书・胤征》"遒人以木铎徇于路"孔传："木铎，金铃木舌。"北周 庾信《道士步虚词》之七："夏簧三舌响，春锺九乳鸣。"

（6）指古代箭靶两旁上下超出躬的部分。《仪礼・乡射礼》："倍中以为躬，倍躬以为左右舌；下舌半上舌。"郑玄 注："居两旁谓之个，左右出谓之舌。"

28. 身

（1）人或动物的躯体。❶指整个身体。《左传・襄公二十四年》："象有齿以焚其身。"《三国演义》第一回："玄德 回视其人：身长八尺，豹头环眼，燕颔虎须。"❷指颈以下大腿以上的部分。《论语・乡党》："必有寝衣，长一身有半。"❸指头以外的部分。《楚辞・九歌・国殇》："首身离兮心不惩。"《山海经·南山经》："其神状皆鸟身而龙首。"

（2）身孕。《诗·大雅·大明》："大任有身，生此文王。"毛传："身，重也。"郑玄 笺："重，谓怀孕也。"

（3）物体的主体或主干部分。《周礼·考工记·桃氏》："为剑……身长五，其茎长。"茅盾《子夜》十七："船身猛烈地往后一挫，就像要平空跳起来似的。"

（4）自身；自己。《楚辞·九章·惜诵》："吾谊先君而后身兮，羌众人之所仇。"洪兴祖 补注："人臣之义，当先君而后己。"

（5）代词。第一人称，相当于"我"。《尔雅·释诂下》："身，我也。"《尔雅·释诂下》："朕、余、躬，身也。"

（6）亲自。《管子·入国》："疾甚者以告，上身问之。"《汉书·项籍传》："（宋义）遣其子襄相齐，身送之无盐，饮酒高会。"明 高攀龙《重刊采运条议序》："事不身历，则无真知。"

（7）身体力行；亲身经历。《孟子·尽心上》："尧舜，性之也；汤武，身之也；五霸，假之也。"

（8）亲自担任或担当。《新唐书·房管传》："李光进将北军，自奉天入。管身中军先锋。"明 李贽《战国论》："此如父母卧病不能事事，群小构争，莫可禁阻，中有贤子自为家督，遂起而身父母之任焉。"

（9）谓佩带；穿着。唐 樊宗师《绛守居园池记》："（胡人）身刀，囊靴揺绦。"《续资治通鉴·元世祖至元二十九年》："（乌克逊泽）身一布袍数年，妻子朴素无华。"

（10）身分；地位。《论语·微子》："子曰：'不降其志，不辱其身，伯夷、叔齐与！'"唐 杜甫《新婚别》诗："妾身未分明，何以拜姑嫜？"

（11）品德；才能。《晏子春秋·问上二十》："称身就位，计能定禄。"《后汉书·逸民传·周党》："自此勑身修志，州里称其高。"鲁迅《南腔北调集·真假堂吉诃德》："意思其实很明白，是要小百姓埋头治心，多读修身教科书。"

（12）功名；事业。宋 王谠《唐语林·企羡》："权文公德舆，身不由科第。"宋 叶适《陈秀伯墓志铭》："君之言不用而身无成，亦岂其命也欤！"

（13）生命。《楚辞·离骚》："鲧 婞直以亡身兮，终然夭乎羽之野。"汉 班昭《东征赋》："唯令德为不朽兮，身既没而名存。"

（14）毕生，一辈子。《公羊传·隐公八年》：“何以不氏？疾始灭也，故终其身不氏。”《史记·李将军列传》：“终广之身，为二千石四十余年，家无余财。”明 陈本立《书〈夏荣传〉后》：“敝衣菲食，以终其身。”

（15）年寿，年纪。《书·无逸》：“文王受命惟中身，厥享国五十年。”郑玄 注：“中身，谓中年。”《逸周书·文传》：“呜呼，我身老矣，吾语汝我所保与我所守，传之子孙。”

（16）佛教身世轮回说的一世。《晋书·羊祜传》：“时人异之，谓李氏子则祜之前身也。”北齐 颜之推《颜氏家训·归心》：“一人修道，济度几许苍生？免脱几身罪累？”

（17）量词。晋 法显《佛国记》：“夹道两边作菩萨五百身。”康濯《腊梅花》：“浑身上下出了好几身汗。”

29. 首

（1）头。《诗·邶风·静女》：“爱而不见，搔首踟蹰。”鲁迅《集外集·〈自嘲〉诗》：“横眉冷对千夫指，俯首甘为孺子牛。”

（2）君长；首领。《书·益稷》：“股肱喜哉，元首起哉，百工熙哉。”孔 传：“元首，君也。”《庄子·盗跖》：“成者为首，不成者为尾。”

（3）指头发。《诗·卫风·伯兮》：“自伯之东，首如飞蓬。”《左传·僖公十五年》：“晋大夫反首拔舍从之。”杜预 注：“反首，乱头发下垂也。”

（4）剑柄上的环。《礼记·曲礼上》：“进剑者左首。”孔颖达 疏：“首，剑拊环也。”

（5）指装在戈戟柄下端的圆锥形的金属套。《周礼·考工记·庐人》：“凡为殳……五分其晋围，去一以为首围。”郑玄 注：“首，殳上鐏也。”

（6）顶端。《后汉书·段颎传》：“追之，且斗且行……四十余日，遂至河首积石山。”南朝 宋 谢灵运《入华子冈是麻源第三谷》诗：“遂登群峰首，邈若升云烟。”

（7）紧要，首要。《书·秦誓》：“公曰；‘嗟！我士！听无哗。予誓告汝羣言之首。’”孔传：“众言之本要。”

（8）第一。《左传·昭公元年》：“令尹享赵孟，赋《大明》之首章。”《明史·戚继光传》："纶上功，继光首，显、大猷次之。"

（9）开端，首先。《老子》："夫礼者，忠信之薄而乱之首。"汉 王褒《四子讲德论》："昔周公咏文王之德而作《清庙》，建为颂首。"

（10）首创；首倡。《汉书·律历志上》："北平侯张苍首律历事。"颜师古注："首，谓始定也。"

（11）顶着。晋 杨泉《五湖赋》："头首无锡，足蹏松江。"

（12）斩首。《新唐书·刘緫传》："元和以来，刘辟、李锜、田季安、卢从史、齐、蔡之强，或首于都市，或身为逐客。"

（13）依据；根据。《礼记·曾子问》："今之祭者不首其义，故诬于祭也。"郑玄 注："首，本也。"

（14）标明；显示。《礼记·间传》："斩衰何以服苴？苴，恶貌也，所以首其内而见诸外也。"陈澔 集说："首者，标表之义，盖显示其内心之哀痛于外也。"

（15）古代绶、组的计数单位。《说文·纟部》："絩，绮丝之数也。《汉律》曰：绮丝数谓之絩，布谓之緫，绶、组谓之首。"《后汉书·舆服志下》："凡先合单纺为一系，四系为一扶，五扶为一首，五首成一文。"

（16）表示方位。相当于面，边。汉 刘向《列女传·京师节女》："因自沐居楼上东首，开户牖而卧。"元 关汉卿《谢天香》楔子："来到门首也。"

（17）量词。篇。《史记·田儋列传论》："蒯通者，善为长短说，论战国之权变，为八十一首。"唐 寒山《诗》之二七一："五言五百篇，七字七十九。三字二十一，都来六百首。"

（18）量词。幅。《陈书·宣帝纪》："陈桃根又表上织成罗又锦被各二百首。"《西游记》第四七回："门外竖一首幢幡。"《儒林外史》第四二回："在南京做了二十首大红缎子绣龙的旗，一首大黄缎子的坐纛。"

（19）量词。副。《新唐书·裴寂传》："铠四十万首。"《新唐书·魏謩传》："大理卿 马曙 有犀铠数十首。"

（20）量词。艘。《新唐书·韦坚传》："坚豫取洛、汴、宋 山东小斛舟三百首贮之潭。"

30. 手

（1）人体上肢腕以下持物的部分。《说文·手部》：“手，拳也。”段玉裁 注：“今人舒之为手，卷之为拳，其实一也。”《诗·邶风·简兮》：“左手执钥，右手秉翟。”

（2）指动物前肢或动物前部伸出的感触器官。《楚辞·天问》“鳌戴山抃”汉 王逸注：“击手”是以鳌的前肢为手。如：触手。

（3）指某些代替手工作的机械。如：扳手；机械手。

（4）表示手的动作。执持。《逸周书·克殷》：“武王乃手大白以麾诸侯，诸侯毕拜，遂揖之。”朱右曾 校释：“手，持也。”如：人手一编。

（5）表示手的动作。击杀。颜师古 注：“手，言手击杀之。”

（6）表示手的动作。取。《诗·小雅·宾之初筵》：“宾载手仇，室人入又。”毛 传：“手，取也。室人，主人也。主人请射于宾，宾许诺，自取其匹而射。”

（7）亲手。《韩非子·难三》：“有间，遣吏执而问之，则手绞其夫者也。”北齐 颜之推《颜氏家训·归心》：“齐有一奉朝请，家甚豪侈，非手杀牛，啖之不美。”

（8）手迹。《汉书·郊祀志上》：“天子识其手，问之，果为书。”颜师古 注：“手，谓所书手迹。”参见“手迹”。

（9）中医指寸口。《素问·阴阳别论》：“三阴在手。”

（10）手艺；本领。唐 张彦远《法书要录》卷一引 汉 赵壹《非草书》：“凡人各殊气血，异筋骨，心有疏密，手有巧拙。”元 汤式《赏花时·送人应聘》套曲：“莫迟留，壮志应酬，不负平生经济手。”

（11）手中，手里。指控制、掌握的范围。《韩非子·难言》：“宓子贱、西门豹不斗而死人手。”唐 殷尧藩《李舍人席上感遇》诗：“一官到手不可避，万事役我徒劳形。”《宋史·苏颂传》：“每发敛，高下皆出吏手。”萧红《生死场》十四：“缝穷婆谁也逃不了他们的手。”

（12）指边，面。《水浒传》第七六回：“上手是铁臂膊 蔡福，下手是一枝花蔡庆。”郭沫若《归去来·鸡之归去来》：“她们从藤下走过，到西手的南缘上用茶去了。”

（13）指次序。清 钱大昕《弈喻》：“甫下数子·客已得先手。”如：第一手资料。

（14）指在某种技术或工作中居某种地位的人。《北齐书·崔季舒传》：“季舒大好医术，天保中，于徙所无事，更锐意研精，遂为名手。”如：国手；能手；助手；多面手；第一把手。

（15）指从事某种行业、活动或作出某种行动的人。《宋书·黄回传》：“明宝启太宗 使回募江西楚人，得快射手八百。”唐 崔橹《过南城县麻姑山》诗之二：“诗手难题画手惭，浅青浓碧叠东南。”如：水手；拖拉机手；吹鼓手；打手。

（16）量词。西南少数民族地区货币计算单位。清 李调元《南琐录》卷一：“按手，乃数目字，犹今言一手、两手也。海贝一枚为庄，四庄为手，四手为苗，见《云南志》。”

（17）量词。犹个、只。清 李斗《扬州画舫录·桥东录》：“客有邀余湖上者，酒一瓮，米五斗……篙二手，客与舟子二十有二人，共一舟，放乎中流。”

（18）量词。用于技能、技巧。鲁迅《且介亭杂文·病后杂谈二》：“瞑想的结果，拟定了两手太极拳。”露一手绝招。

31. 体

（1）身体。《礼记·大学》：“心广体胖。”《孟子·梁惠王上》：“为肥甘不足于口与？轻暖不足于体与？”巴金《〈序跋集〉序》：“不久就有朋友写信来劝我注意身体。”

（2）指身体的一部分。《国语·郑语》：“和六律以聪耳，正七体以役心。”韦昭 注：“七体，七窍也。”《庄子·则阳》：“今指马之百体而不得马，而马系于前者，立其百体而谓之马也。”

（3）肢体。特指手足。《诗·墉风·相鼠》：“相鼠有体，人而无礼。”毛 传：“体，支体也。”《礼记·丧大记》：“废床，彻亵衣，加新衣，体一人。”

（4）指古代用于祭祀或宴飨的牛羊猪的躯体或其切块。《周礼·天官·内饔》：“辨体名肉物。”郑玄 注：“体名，脊、胁、肩、臂、臑之属。”《仪礼·公食大夫礼》：“载体进奏。”郑玄 注：“体，谓牲与腊也。”

（5）指草木的茎干。《诗·邶风·谷风》："采葑采菲，无以下体。"毛 传："下体，根茎也。"汉 王褒《九怀·思忠》："悲皇丘兮积葛，众体错兮交纷。"

（6）形体；物体。《易·系辞下》："阴阳合德，而刚柔有体。"孔颖达 疏："若阴阳不合，则刚柔之体无从而生。以阴阳相合，乃生万物，或刚或柔，各有其体。"

（7）谓生长成形。《诗·大雅·行苇》："方苞方体，维叶泥泥。"郑玄 笺："体，成形也。"马瑞辰 通释："体当读如'无以下体'之体，谓成茎也。"

（8）形势。《三国志·蜀志·诸葛亮传》："众寡不侔，攻守异体。"

（9）指字体；字的形状结构。《文选·沈约〈齐故安陆昭王碑文〉》："惟公……学遍书部，特善玄言，鞶帨之丽，篆籀之则，穷六义于怀抱，究八体于毫端。"李善 注："《汉书》'八体六技。'韦昭 曰：一曰大篆，二曰小篆……八曰隶书。"如：楷体；草体。

（10）指体裁；诗文的风格。三国 魏 曹丕《典论·论文》："夫人善于自见，而文非一体，鲜能备善，是以各以所长相轻所短。"

（11）兆象；卦象。《书·金縢》："公曰：'体，王其罔害。'"孔 传："如此兆体，王其无害。"《诗·卫风·氓》："尔卜尔筮，体无咎言。"

（12）整体；总体。《仪礼·丧服》："父子一体也，夫妻一体也，昆弟一体也。"晋 陆机《文赋》："混妍蚩而成体，累良质而为瑕。"

（13）部分。《墨子·经上》："体，分于兼也。"孙诒让间诂："盖并众体则为兼，分之则为体。"《孟子·公孙丑上》："子夏、子游 皆有圣人之一体。"

（14）谓区分；分别开来。《周礼·天官·序官》："惟王建国，辨方正位，体国经野，设官分职。"郑玄 注："体，分也。"又为分解、支解。

（15）事物的主要部分；主体。《易·坤》："君子黄中通理，正位居体。"孔颖达 疏："居体者，居中得正，是正位也。"《庄子·大宗师》："以刑为体，以礼为翼。"

（16）指内容。《左传·闵公元年》："震为土，车从马，足居之，兄长之，母覆之，众归之，六体不易，合而能固，安而能杀，公侯之卦也。"

（17）心田；心神。《楚辞·天问》："舜服厥弟，终然为害；何肆犬体，而厥身不危败？"王逸 注："言象无道，肆其犬豕之心，烧廪，窴井，欲以杀舜，然终不能危败舜身也。”

（18）指心胸。《文选·杨雄〈长杨赋〉》：“大哉体乎，允非小人之所能及也。”吕向 注：“体者，为国之体也。”

（19）禀性；德性。汉 杨修《答临淄侯笺》：“非夫体通性达，受之自然，其孰能至于此乎？”南朝 宋 苏轼《宸南阁碑》：“巍巍仁皇，体合自然，神耀得道，非有师传。”

（20）承宗继祖的系统；血统。《仪礼·丧服》：“正体于上。”胡培翚正义：“雷氏次宗云：父子一体也，而长嫡独正，故曰体。”

（21）体统；体制。《左传·定公十五年》：“夫礼，死生存亡之体也。”洪亮吉 诂：“《礼器》：‘礼也者，犹体也。’《广雅》：‘礼，体也。’”

（22）泛指言行举措应遵守的规范道理。唐 赵璘《因话录·商上》：“郭汾阳在汾州，尝奏一州县官，而敕不下。”

（23）指身份。宋 程大昌《演繁露续集·摄官奉使》：“本朝遣使而适外国，多越班摄官，加庶官、借从官之类，虑其体轻，而假借使重也。”

（24）指政体；政事。《后汉书·梁统传》：“谨表其尤害于体者，傅奏于左。”李贤 注：“体，政体也。”

（25）格局；规模。金 王若虚《赵州齐参谋新修悟真庵记》：“虽宏丽未及，而体则具矣。”如：体大思精。

（26）准则；法则。《北史·薛辩传》：“为国之体，在于任寄。”宋 叶适《上宁宗皇帝札子（永泰三年一）》：“臣闻治国以和为体，处事以平为极。”

（27）体例。南朝 梁 萧统《〈文选〉序》：“凡次文之体，各以汇聚。”

（28）包含；容纳。汉 祢衡《鹦鹉赋》：“体金精之妙质，含火德之明辉。”《文选·沈约〈齐故安陆昭王碑文〉》：“公含辰象之秀德，体河岳之上灵。”

（29）体现；摹状。孔颖达 疏：“或以刚柔体象天地之数也。”南朝 梁 刘勰《文心雕龙·情采》：“故体情之制曰疏，逐文之篇愈甚。”

（30）取法；效法。宋 孙光宪《北梦琐言》卷一：“德裕出数轴与之，三复乃体而为表。”

（31）依据；根据。《管子·君臣上》：“衣服緷絻，尽有法度，则君体法而立矣。”尹知章 注：“体，犹依也。”

（32）承继；沿袭。晋 陆机《皇太子宴玄圃宣猷堂有令赋诗》：“体辉重光，承规景数。”南朝 陈 徐陵《答诸求官人书》：“主上体成王之风，太傅弘周公之德。”

（33）亲近；贴近。《逸周书·本典》：“古之圣王，乐体其政。”晋 袁宏《三国名臣序赞》：“君臣相体，若合符契。”

（34）亲自。宋 苏轼《奏为法外刺配罪人待罪状》：“臣寻体访得颜章颜益系第一等豪户颜巽 之子。”参见“体行”。

（35）切实。唐 封演《封氏闻见记·露布》：“近代诸露布，大抵皆张皇国威，广谈帝德，动逾数千字，其能体要不烦者，鲜矣。”参见“体要”。

（36）施行；实行。《荀子·修身》：“好法而行，士也；笃志而体，君子也。”《淮南子·泛论训》：“故圣人以身体之。”高诱 注：“体，行。”

（37）治理。《逸周书·程典》：“助余体民，无小不敬。”

（38）体会；体察。《庄子·应帝王》：“体尽无穷，而游无朕。”成玄英 疏：“体悟真源，故能以智境冥会，故曰皆无穷也。”

（39）体念；体贴。《礼记·中庸》：“体群臣则士之报礼重。”明 沈德符《野获编·列朝·捐俸助工》：“阁臣亦议，令百官捐俸，上不许，盖养廉为重，亦体群臣之一也。”

（40）特指几何学上具有长、宽、厚三度的形体。如：立方体；圆锥体。

（41）特指声母。章炳麟《国故论衡》：“收声称势，发声称体，远起齐梁间矣。”

（42）发声，指一个字的开头辅音。

（43）语法范畴，表示动词所指动作进行的情况。如：进行体；完成体。

32. 头

（1）人体的最上部分或动物的最前部分。长着口、鼻、眼等器官。《左传·襄公十九年》：“荀偃瘅疽，生疡于头。”

（2）指物体最前面的部分。宋 梅尧臣《惊凫》诗：“尽背船头去，却从船尾落。”曹禺《原野》序幕：“妈，您听，火车头来了。”

（3）指头发。《红楼梦》第七回：“刚至院门前，只见王夫人的丫鬟金钏儿和那一个才留头的小女孩站在台阶儿上玩呢。”

（4）指所留头发的样式。郁达夫《迷羊》十二：“上海正在流行的那一种匀称不对、梳法奇特的所谓维奴斯爱神头，被她学会了。”

（5）最先的；最前的。《西游记》第十二回：“酒乃僧家头一戒，贫僧自为人，不会饮酒。”《儿女英雄传》第十七回：“等到鸡叫头遍就动身来了。”

（6）前，表示时间在先的。《儒林外史》第七回：“直到第二日要发童生案，头一晚才想起来。”杨朔《乱人坑》：“头些年工人哪有这个穿……想想当时我真要哭。”

（7）为首的人。元 杨暹《西游记》第二本第八出：“老僧今日为头，会十大保官，保 唐僧 西游去。”周立波《暴风骤雨》第一部一：“‘胡子头叫啥？’‘刘作非。’”

（8）指出面的人。张友鸾《秦淮粉墨图》第三回：“话说萧一彪接到无头恐吓信，苟立便主张组织一个保镖队。”

（9）磕头。旧时的一种跪拜礼。《儿女英雄传》第二七回：“我父亲母亲吩咐我叫给舅母行礼，请舅母到厢房里坐下受头。”

（10）端，顶端。晋 刘琨《扶风歌》：“系马长松下，废鞍高岳头。”宋 张世南《游宦纪闻》卷六：“将头与本身，皮对皮，骨对骨，用麻皮紧缠。”

（11）物品的残余部分。北魏 贾思勰《〈齐民要术〉序》：“俗不种桑，无蚕、织、丝、麻之利，类皆以麻枲头贮衣。”如：布头儿、铅笔头儿。

（12）部分，某些整体中的局部。汉 袁康《越绝书·外传记吴王占梦》：“王乃使力士石番 以铁杖击圣（公孙圣），中断之为两头。”

（13）指赌博或买卖中抽头所得的钱。《水浒传》第三八回：“小张乙道：‘计头的，拾钱的，和那把门的，都被他打倒在里面。’”清 蒲松龄《聊斋志异·丁前溪》：“走伻招诸博徒，使杨坐而乞头，终夜得百金。”

（14）方面。《朱子语类》卷七六：“此只说得一头。”毛泽东《论十大关系》四：“为此，就不能只顾一头，必须兼顾国家、集体和个人三个方面。”

（15）边，畔。北魏 贾思勰《〈齐民要术〉序》：“察其强力收多者，辄历载酒肴，从而劳之，便于田头树下，饮食劝勉之。”五代 齐己《题张氏池亭》诗：“蝶到琴棋畔，花过岛屿头。”

（16）表示约数，兼表数目不大。宋 苏舜钦《闻见杂录》：“王德用所进女口，各支钱三百头。”《儿女英雄传》第三回：“向来知道他常放个三头五百的帐。”

（17）指每旬除了“十”“二十”“三十”外的日子。《儒林外史》第三十回：“而今是四月二十头，鲍老爹去传几日，及到传齐了，也得十来天功夫。”

（18）开始；开始阶段。

（19）末了；尽头。五代 齐己《与杨秀才话别》诗：“到头重策蹇，归去旧烟萝。”丁玲《母亲》二：“酒是要敬的，还要敬婶娘呢，真是一年到头辛苦了婶娘，管理这么一个家，好不容易！”

（20）引申为限度。《新华文摘》1982 年第 2 期：“我欣赏女孩的这种勇气，要不是他们勇敢过了头的话，我还要大张旗鼓开会表扬呢。”

（21）从；临。表示时间接近某一点。金 董解元《西厢记诸宫调》卷六：“头西下控着马，东向驭坐车儿。”

（22）所在，处所。唐 白居易《登村东古冢》诗：“独立最高头，悠哉此怀抱。”《水浒传》第五回：“鲁智深因见山水秀丽，贪行了半日，赶不上宿头。”

（23）势头。好的形势。《水浒传》第四回：“鲁达见不是头，拿起凳子，从楼上打将下来。”

（24）指锐气。《水浒传》第六回：“我们趁他新来，寻一场闹，一顿打下头来，教那厮伏我们。”

（25）量词。用于人。犹个。《文选·王延寿〈鲁灵光殿赋〉》：“上纪开辟，遂古之初，五龙比翼，人皇九头。”

（26）量词。用于牲畜、鱼类或昆虫。犹匹，只，尾。《汉书·西域传下·乌孙国》：“马牛羊驴橐驼七十余万头。”

（27）量词。用于某些水果或植物的鳞茎。犹只。金 吴激《岁暮江南四忆》诗之二：“天南家万里，江上橘千头。”《儿女英雄传》第六回：“不敢起动，我就把你这蒜锤子砸你这头蒜！”

（28）量词。用于酒食。犹筵、席。明 谢肇淛《五杂俎·物部三》：“六朝时呼食为头。”《醒世姻缘传》第四回：“只是我不投一投，这一头宿酒，怎么当得？”

（29）量词。用于事情。犹宗，件。唐 李德裕《河东奏请留沙陀马军状》：“向北进军，每头军事须得蕃兵一二百骑引行。”《水浒传》第四五回：“我和你明日饭罢去寺里，只要证明忏疏，也是了当一头事。”《儒林外史》第二一回：“如今倒有一头亲事，不知你可情愿？”茅盾《霜叶红似二月花》七：“儿子的不乐意这头婚姻，固然是由于女儿的多嘴。”

（30）量词。动量词。表示走动的次数。犹趟。《儒林外史》第五一回：“你带好缆，放下二锚，照顾好了客人，我家去一头。”

33. 腿

（1）胫和股的总称。人和动物用来支持身体和行走的部分。俗称胫为小腿，股为大腿。明 冯梦龙《精忠旗·书生扣马》：“伸开腿往南飞跳，这封书定索回报。”

（2）指器物、用品上像腿那样起支撑作用的部分。邓友梅《战友朱彤心》：“戴的那副深度近视镜只有一条腿，另一条腿用纳鞋底的线绳拴着。”如：桌腿；床腿。

（3）特指腌制的猪腿。俗称火腿。如：云腿；南腿。

（4）我国拳术的一种名称。鲁迅《热风·随感录六十四》：“北方人可怜南方人太文弱，便教给他们许多拳脚……什么‘阴截腿’、‘抱桩腿’、‘谭腿’、‘戳脚’。”

（5）俚语。指男性生殖器。元 关汉卿《救风尘》第一折：“这妮子是狐魅人女妖精，缠郎君天魔祟，则他那裤儿里休猜做有腿。”“裤儿里休猜做有腿”，雌儿、女人的隐语。《金瓶梅词话》第七十回：“天下事如牛毛，孔夫子也识得一腿。”

34. 腕

（1）臂下端与手掌相连可以活动的部分。《墨子·大取》：“断指与断腕，利于天下相若，无择也。”《灵枢经·骨度》：“肘至腕长一尺二寸半，腕至中指本节长四寸。”

（2）犹手腕，手段。元 张雨《次韵晋卿翰林赠陈秉彝》：“何功使愿果，尽力输老腕。”

（3）犹串。用于连贯起来可以绕在手腕上的东西。元 武汉臣《玉壶春》第一折："妾身有随身的翠珠囊一枚，更有二十五轮香串一腕，与秀才权为信物。"

35. 项

（1）颈的后部。亦泛指颈。《左传·成公十六年》："王召养由基，与之两矢，使射吕锜，中项，伏弢。"

（2）冠的后部。《仪礼·士冠礼》："宾右手执项，左手执前进容。"贾公彦 疏："冠后为项。"

（3）大；肥大。参见"项领 "。

（4）种类；款目。宋 王明清《挥麈三录》卷三："此项虏寇，人数不多，又是归师，在今日无甚利害。"

（5）特指经费，款子。《儿女英雄传》第三三回："这等一办，又增加了进项，又恢复了旧产。"

（6）量词。多用于分项目的事物。《儿女英雄传》第三三回："这项地原是我家祖上从龙进关的时候占的一块老圈地，当日大的很呢！"《瞭望》1991 年第 20 期："自选课题'八五'斯间仍保持 2 万项左右；重点课题拟从优先发展学科领域中选出 200 至 300 项。"如：三大纪律，八项注意。

（7）数学名词。代数中不用加减号连接的单式。

（8）古国名。在今河南省项城县东北。《春秋·僖公十七年》："夏，灭项。"杜预 注："项国，今汝阴项县。"

36. 胸

（1）躯干的一部分，在颈和腹之间。《周礼·考工记·梓人》："以胸鸣者。"唐 温庭筠《南歌子》词："手里金鹦鹉，胸前绣凤凰。"

（2）心中；胸怀。晋 陆机《赴洛》诗之二："忧苦欲何为，缠绵胸与臆。"唐 韩愈《送文畅师北游》诗："下开迷惑胸，窙豁斸株橛。"

（3）喻指前面。汉 张衡《南都赋》："汤谷涌其后，淯水荡其胸。"晋 左思《魏都赋》："开胸殷卫，跨蹑燕赵。"

（4）喻指内部。《吕氏春秋·先己》："是故百仞之松本伤于下而末槁于上，商周之国谋失于胸令困于彼。"高诱 注："胸，犹内。"

37. 牙

（1）指大牙，臼齿。古时，当唇者称齿，在辅车之后者称牙。《诗·召南·行露》："谁谓鼠无牙？何以穿我墉？"朱熹 集传："牙，牡齿也。"

（2）牙齿的通称。《楚辞·大招》："靥辅奇牙，宜笑嗎只。"蒋骥 注："奇牙，美齿也。"叶圣陶《火灾·云翳》："起身之后，刷一回牙延了二十分钟。"

（3）咬。《战国策·秦策三》："王见大王之狗，卧者卧，起者起，行者行，止者止，毋相与斗者；投之一骨，轻起相牙者，何则？有争意也。"

（4）称形状像牙齿的器物。《礼记·玉藻》："佩玉有冲牙。"孔颖达 疏："所触之玉，其形似牙，故曰冲牙。"《释名·释兵》："钩弦者曰牙，似齿牙也。"

（5）特指象牙。南朝 宋 鲍照《代淮南王》诗："琉璃作碗牙作盘，金鼎玉匕合神丹。"唐 李贺《追赋画江潭苑》诗之三："秋垂妆钿粟，箭箙钉文牙。"

（6）旗名。《文选·潘岳〈关中〉诗》："桓桓梁征，高牙乃建。"李善 注："牙，牙旗也。《兵书》曰：牙旗，将军之旗。"

（7）古称军中长官住所。《晋书·张轨传》："重华大悦，以艾为中坚将军，配步骑五千击秋。引师出振武，夜有二枭鸣于牙中。"

（8）扎营；驻军。《旧唐书·李德裕传》："（乌介可汗）牙于塞上，遣使求助兵粮。"《新唐书·突厥传上》："靖进屯恶阳岭，夜袭颉利，颉利惊，退牙碛口。"

（9）古代官署的称呼。后多作"衙"。《新唐书·泉献诚传》："武后尝出金币，命宰相、南北牙群臣举善射五辈，中者以赐。"

（10）古代对西北少数民族王庭的称呼。《北史·长孙晟传》："及突厥摄图请婚，周以赵王招女妻之。"

（11）指牙人或牙行。《旧唐书·食货志下》："有自贸易不用市牙者，验其私簿，无私簿者，投状自集。"《水浒传》第三八回："等鱼牙主人不来，未曾敢卖动，因此未有好鲜鱼。"

（12）牡，雄性。明 李时珍《本草纲目·兽一·豕》："牡曰豭、曰牙。"

（13）牙板。始为象牙制，后多用檀木制。宋 刘克庄《贺新郎·生日用实之来韵》词："安得春莺雪儿辈，轻拍红牙按舞。"

（14）量词。绺。《水浒传》第五七回：“众人看徐宁时，果是一表好人物：六尺五六长身体，团团的一个白脸，三牙细黑髭髯，十分腰细膀阔。”

38. 眼

（1）视觉器官。通称眼睛。《易·说卦》：“其于人也，为寡发，为广颡，为多白眼。”孔颖达 疏：“为多白眼：取躁人之眼，其色多白也。”

（2）亲见。亦泛指观看。汉 扬雄《法言·重黎》：“（伍子胥）谋越谏齐，不式，不能去，卒眼之。”

（3）以目监视。参见“眼同”“眼看”。

（4）眼光；眼力。《史记·孔子世家》：“丘得其为人，黯然而黑，几然而长，眼如望羊，如王四国，非文王其谁能为此也！”如：慧眼识英雄。

（5）耳目；眼线。《水浒传》第四七回：“这酒店却是梁山泊新添设做眼的酒店。”清 薛福成《陈处置哥老会匪片》：“其案较为难办，惟有广购眼，平心访察。”

（6）见证。《水浒传》第十八回：“当下便差八个做公的，一同何涛、何清连夜来到安乐村，叫了店主人做眼，径奔到白胜家里。”

（7）指孔；洞穴。唐 杜甫《石笋行》：“古来相传是海眼，苔藓蚀尽波涛痕。”《儿女英雄传》第三一回：“里面是五寸来长的一个铁筒儿……那头儿却有五个眼儿。”

（8）指漏洞；缺点。张天翼《畸人手记·新与旧》：“你讲鳌哥挑眼，你就不要拿些眼来让他挑呀，你把这眼填起来罢。”

（9）喻指水沸腾时泛起的气泡。宋 苏轼《试院煎茶》诗：“蟹眼已过鱼眼生，飕飕欲作松风鸣。”明 陆树声《茶寮记·烹点》：“煎用活火，候汤眼鳞鳞起，沫饽鼓泛，投茗器中。”

（10）指砚石的眼状晕纹。宋 苏易简《砚谱》：“端石有眼者最贵，谓之鸜鹆眼。石文精美，如木有节，今不知者乃以为石病。”

（11）指孔雀羽毛末端的圆纹。《清会典事例·礼部·冠服》：“贝子冠服：凡贝子朝冠，顶金龙二层，饰东珠六，上衔红宝石，戴三眼孔雀翎。”《清会典事例·礼部·冠服》：“镇国公冠服……戴双眼孔雀翎。”

（12）指植物枝条上的嫩芽。唐 韩鄂《岁华纪丽·二月》："兰芽吐玉，柳眼挑金。"宋 梅尧臣《依韵和欧阳永叔同游近郊》："洛水桥边春已回，柳条葱蒨眼初开。"

（13）围棋用语。指成片的白子或黑子中间的空格，对手不能下子处。清 李渔《闲情偶寄·词曲上·音律》："曲中有务头，犹棋中有眼，有此则活，无此则死。"

（14）指事物的关键精要处。宋 陈师道《答魏衍黄预勉余作诗》诗："句中有眼黄别驾，洗涤烦热生清凉。"宋 叶适《题郑大惠诗卷》诗："吟中得眼万象通，浪吹狂歌总休歇。"

（15）指乐曲中的节拍。清 方以智《物理小识·天类》："瑟实以配琴，笙实以和管篪，岂有不合止于版眼而可听者哉？"如：一板三眼。

（16）量词。用于泉、井或池等。唐 谷神子《博异志·阴隐客》："每岩中有清泉一眼，色如镜；白泉一眼，白如乳。"《西游记》第三八回："这是一眼井。"

（17）量词。用于房屋、窑洞等。《水浒传》第七四回："只有两眼房，空着一眼，一眼是个山东货郎，扶着一个病汉赁了。"柳青《铜墙铁壁》第十七章："炮火震坍了几眼破柴窑。"

39. 咽

（1）消化和呼吸的通道，位于鼻腔、口腔的后方，喉的上方，相应地分为鼻咽、口咽和喉咽三部分。通称咽喉。《汉书·息夫躬传》："吏就问，云咽已绝，血从鼻耳出。"

（2）指劲项。汉 焦赣《易林·讼之小过》："青牛白咽，呼我俱田。"唐 韩愈《华山女》诗："洗妆拭面着冠帔，白咽红颊长眉青。"

（3）谓处于咽喉要地。唐 刘禹锡《管城新驿记》："臣治所直天下大逵，肘武牢而咽东夏。"

40. 腰

（1）身体胯上胁下的部分。《水浒传》第六回："一个道人，头带皂巾，身穿布衫，腰系杂色绦，脚穿麻鞋，挑着一个担儿。"

（2）肾脏。《素问·金匮真言论》：“北风生于冬，病在肾，俞在腰股。”王冰 注：“腰为肾府。”

（3）裤子、裙子等的围腰部分。唐 白居易《杭州春望》诗：“谁开湖寺西南路，草绿裙腰一道斜。”五代 和凝《柳枝》词：“瑟瑟罗裙金缕腰，黛眉偎破未重描。”

（4）指腰包或衣兜。《儿女英雄传》第五回：“他原想着这是点外财儿，这头儿要了两吊，那头儿说了四百，一吊六百文是稳稳的下腰了。”

（5）佩在腰上。南朝 梁简文帝《七励》：“缘腰白玉，带佩黄金。”

（6）比喻事物的中间部分。北周 庾信《枯树赋》：“横洞口而欹卧，顿山腰而半折。”

（7）特指中间狭小，像腰部的地势。如：土腰；海腰。

（8）量词。用于围在腰上的东西，如裙、裤、带等。《周书·赫连达传》：“太祖依其规画，军以胜还，赏真珠金带一腰，帛二百匹。”

41. 掌

（1）手掌。《礼记·中庸》：“治国其如示诸掌乎！”《孟子·梁惠王上》：“老吾老，以及人之老；幼吾幼，以及人之幼，天下可运于掌。”

（2）指动物的脚掌或掌状物。《孟子·告子上》：“熊掌，亦我所欲也。”《文选·曹植〈七启〉》：“批熊碎掌，拉虎摧斑。”

（3）用手掌打。丁正泉《拣豆》：“大伙儿都动怒了，一条声喊：‘掌她的嘴，掌她的嘴。’”

（4）执持，拿。《西游记》第十四回：“那老儿即令烧汤拿盆，掌上灯火。”《儒林外史》第十回：“众家人掌了花烛，把蘧公孙送进新房。”

（5）掌管。《周礼·天官·冢宰》：“乃立天官冢宰，使帅其属而掌邦治。”唐 杜甫《八哀诗·赠左仆射郑国公严公武》：“四登会府地，三掌华阳兵。”

（6）水泽。《释名·释水》：“水泆出所为泽曰掌。水停处如手掌中也。今兖州人谓泽曰掌也。”

（7）钉在马、驴、骡等蹄子底下的蹄铁。亦指钉在或缝在鞋底前后的皮子或橡胶等。

（8）给马、驴、骡等力畜钉上蹄铁。亦指用皮、车胎等钉补鞋底。参见“掌蹄”“掌鞋”。

42. 指

（1）手指。《孟子·告子上》：“今有无名之指，屈而不信，非疾痛害事也。”晋 潘岳《西征赋》：“伤浮楫之褊小，撮舟中而掬指。”

（2）脚趾。《左传·定公十四年》：“灵姑浮以戈击阖庐，阖庐伤将指，取其一屦。”《西游记》第五四回：“强整欢容，移指近前。”

（3）用手指指着；对着。《诗·墉风·蝃蝀》：“蝃蝀在东，莫之敢指。”

（4）谓物体的尖端对着。南朝 宋 谢灵运《会吟行》：“层台指中天，高墉积崇雉。”宋 王安石《和王微之登高斋》之三：“干戈六代战血埋，双阙尚指山崔嵬。”

（5）意思上所指。《朱子语类》卷四：“故孟子之言性，指性之本而言。”巴金《寒夜》三：“他忽然想：他们会跟在我后面吗？‘他们’指的是他的同事们。”

（6）向，向目标前进。《战国策·楚策一》：“举宋而东指，则泗上十二诸侯，尽王之有已。”毛泽东《如梦令·元旦》词：“今日向何方？直指武夷山下。”

（7）指示，指点。《礼记·仲尼燕居》：“治国其如指诸掌而已乎！”按，《中庸》作“治国其如示诸掌乎！”唐 韩愈《答殷侍御书》：“善诱不倦，斯为多方，敢不喻所指！”

（8）谓指使；指派。《汉书·贡禹传》：“家富势足，目指气使。”《红楼梦》第五八回：“贾母便留下文官自使，将正旦芳官指给了宝玉。”

（9）斥责。《吕氏春秋·尊师》：“高何、县子石，齐国之暴者也，指于乡曲。”《汉书·张汤传》：“自公卿以下至于庶人咸指汤。”鲁迅《且介亭杂文二集·六论“文人相轻”——二卖》：“或者指为落伍，或者说是把持。”

（10）诬指；攀扯。《资治通鉴·唐宪宗元和十二年》：“凡军中劝师道效顺者，文会皆指为高沐之党而囚之。”《水浒传》第五九回：“洒家又不曾杀你，你如何拿住洒家，妄指平人。”

（11）指望；依靠。唐 薛能《晚春》诗：“赖指清和樱笋熟，不然愁杀暮春天。”《醒世姻缘传》第四二回：“腾空了屋，将那新开便门用土坯垒塞坚固，门上贴了帖子，指人赁住。”

（12）直立；竖起。《吕氏春秋·必己》：“孟贲瞋目而视船人，发植，目裂，鬓指。”高诱 注：“指，直。”《史记·项羽本纪》：“头发上指，目眦尽裂。”

（13）量词。用以计算人口。宋 苏轼《与黄师是书》：“又闻子由亦窘用，不忍更以三百指诿之。”清 魏源《圣武记》卷六：“乃伐箐中数百丈老藤，夜往钩其栅，役数千指曳之。”

（14）量词。一个手指的宽度叫一指。《儿女英雄传》第四十回：“何小姐……看见那个长姐儿一步挪不了三指，出了东游廊门。”王统照《刀柄》：“一指地没有，做工上哪里去做？”

（15）用同“黹”。缝纫；刺绣。元 关汉卿《救风尘》第三折：“针指油面，刺绣铺房。”元 杨奂《孙烈妇歌》：“十二巧针指，十四婉步趋。”

（16）我国古代哲学术语。谓事物的共性、概念或指称。《庄子·齐物论》：“以指喻指之非指，不若以非指喻指之非指也。”《公孙龙子·指物论》：“物莫非指，而指非指。”

（17）旨意；意向。《书·盘庚上》：“王播告之修，不匿厥指。”《史记·李斯列传》：“见末而知本，观指而睹归。”

43. 趾

（1）脚指头。汉 焦赣《易林·否之艮》：“兴役不休，与民争时，牛生五趾，行危为忧。”明 刘基《北上感怀》诗：“宁知乖圆方，举足辄伤趾。”

（2）泛指脚。《诗·豳风·七月》：“三之日于耜，四之日举趾。”清 蒲松龄《聊斋志异·蛇人》：“出门数武，闻丛薪错楚中，窸窣作响。停趾愕顾，则二青来也。”

（3）支撑器物的脚。宋 王得臣《麈史·古器》：“忽一日暴雨，村民得小鼎于涧侧。铜为之，色如涂金，两耳三趾，趾皆空中，可受五升，甚轻。”

（4）基础部分；底脚。《左传·宣公十一年》：“议远迩，略基趾。”杜预 注：“趾，城足。”宋 王禹偁《八绝诗·清风亭》：“兹亭废已久，厥趾犹在哉。”

（5）踪迹。晋 皇甫谧《高士传·梁鸿》：“仰颂逸民，庶追芳趾。”唐 王勃《观佛迹寺》诗："莲座神容俨，松崖圣趾余。"

（6）引申为追踪。明 归有光《太学生叶君墓志铭》："自其少时，颇以自负，思一日驰骋于当世，以趾前美。"

（7）践踏。《明史·左良玉传》："良玉兵大乱，下马渡沟，僵仆溪谷中，趾其颠而过。"清 昭梿《啸亭杂录·缅甸归诚本末》："我兵万众突出，枪炮声如雷，贼惶遽不及战，辄反走，趾及顶背，自相蹴踏。"

（8）止，停止。《管子·弟子职》："先生将息，弟子皆起，敬奉枕席，问所何趾。"郭沫若 等集校引 王绍兰 曰："《说文》无趾字，止即是……问足所止何方，非趾之谓。"

（9）终。《庄子·天地》："凡有首有趾，无心无耳者众。"郭象 注："首趾，犹始终也。"

（10）典礼，礼仪。《文选·班固〈幽通赋〉》："嬴取威于百仪兮，姜本支乎三趾。"李善 注："姜，齐姓也。趾，礼也。齐，伯夷之后，伯夷为虞舜典天地人鬼之礼也。"

44. 肘

（1）上下臂相接处可以弯曲的部位。老舍《四世同堂》四三："他把双肘都放在桌子上，好像要先打个盹儿的样子。"

（2）用肘触人示意；拉住肘部。唐 杜甫《遭田父泥饮美严中丞》诗："高声索果栗，欲起时被肘。"

（3）古印度 长度单位。唐 玄奘《大唐西域记·印度总述》："分一弓为四肘，分一肘为二十四指。"

45. 足

（1）脚；腿。《书·说命上》："若跣弗视地，厥足用伤。"孔传："跣必视地，足乃无害。"《楚辞·渔父》："沧浪之水浊兮，可以濯吾足。"

（2）代指整个身体。《楚辞·天问》："何亲揆发足，周之命以咨嗟？"《近十年之怪现状》第二回："姑勿论其丰不丰，暂时且得了一个托足之所。"

（3）植物的根茎。《左传·成公十七年》："仲尼曰：'鲍庄子之知不如葵，葵犹能卫其足。'"杜预 注："葵倾叶向日，以蔽其根。"

（4）器物下部形状像腿的支撑部分。《易 · 鼎》：“九四，鼎折足，覆公餗，其形渥，凶。”宋 德洪《香城英禅师赞》：“木床足折，续之以薪。”

（5）基址；底脚。《〈诗 · 大雅 · 旱麓〉“瞻彼旱麓”毛传》：“麓，山足也。”南朝 齐 谢朓《治宅诗》：“迢递南川阳，迤逦西山足。”

（6）谓用足踢或踏。《文选 · 司马相如〈上林赋〉》：“生貔豹，搏豺狼，手熊罴，足野羊。”李善 注引 郭璞 曰：“足，谓踏也。”

（7）借指坐骑。晋 曹摅《赠韩德真》诗：“尔足既骏，尔御亦殊。顾我驽蹇，能不踟蹰。”南朝 梁 刘勰《文心雕龙 · 铭箴》：“迅足骎骎，后发前至。”

（8）富裕；富足。《书 · 旅獒》：“不作无益害有益，功乃成；不贵异物贱用物，民乃足。”《孟子 · 梁惠王下》：“春省耕而补不足，秋省敛而助不给。”唐 韩愈《南海神庙碑》：“公藏私畜，上下与足。”

（9）指使富足。《荀子 · 赋》：“行义以正，事业以成；可以禁暴足穷，百姓待之而后宁泰。”杨倞 注：“足穷，谓使穷者足也。”

（10）多。北周 庾信《周大将军司马神道碑铭》：“谷寒无日，山空足云。”唐 李白《荆州歌》：“白帝城边足风波，瞿塘五月谁敢过。”

（11）充分；充足；足够。《诗 · 召南 · 行露》：“谁谓雀无角，何以穿我屋。谁谓女无家，何以速我狱。虽速我狱，室家不足！”

（12）完备；完美。《论语 · 八佾》：“文献不足故也。足，则吾能征之矣。”《老子》：“知其荣，守其辱，为天下谷。为天下谷，常德乃足，复归于朴。”

（13）充满。唐 沈亚之《上冢官书》：“亚之伏念杰木之生，大长越伦，足谷肩山。”宋 惠洪《法云同王敦素看东坡枯木》诗：“此翁胸次足江山，万象难逃笔端妙。”

（14）够得上某种程度和数量。宋 陈造《竹米行》：“今岁麦秋旱岁余，得麦仅足偿官租。”清 西清《黑龙江外记》卷五：“布特哈，无问官兵散户，身足五尺者，岁纳貂皮一张，定制也。”

（15）兴盛。《警世通言 · 王娇鸾百年长恨》：“去岁已移居饶州南门，娶妻开店，生意甚足。”

（16）穷尽。唐 杜甫《惠义寺园送辛员外》诗：“万里相逢贪握手，高才仰望足离筵。”仇兆鳌 注：“足，尽也，言仰望无穷之意，尽于离筵顷刻之间。”

（17）很；十分；非常。唐 韩愈《重云李观疾赠之》诗：“此志诚足贵，惧非职所当。”元 萨都剌《题紫薇观冯道士房》诗：“云护烧丹灶，泉香洗药池。道人足高兴，未许俗人知。”

（18）满足；满意。《左传·昭公二十八年》：“或赐二小人酒，不夕食。馈之始至，恐其不足，是以叹。”唐 杜甫《茅屋为秋风所破歌》：“呜呼！何时眼前突兀见此屋，吾庐独破受冻死亦足。”清 顾炎武《与江南诸子别》诗：“诸公莫效王尼叹，随处容身足草庐。”

（19）指身体素质好。明 袁宏道《与陶祭酒书》：“平倩病体已痊，其症非不足，山居寂寞，鳏居冷淡。”如：先天不足。参见“足壮”。

（20）值得；足以。《国语·吴语》：“大夫种乃献谋曰：‘王不如设戎，约辞行成，以喜其民，以广侈吴王之心。吾以卜之于天，天若弃吴，必许吾成而不吾足也。’”

（21）重视。参见“足礼”。

（22）足钱的略称。宋 范仲淹《奏乞差官陕西祈雨》：“今来，关中大旱，永兴同华、陕、虢以来无二三分秋苗，粟米每斗一百五十文足。”参见“足钱”。

46. 嘴

（1）本作“觜”。鸟喙。后泛指人和一切动物、器皿的口。宋 范成大《桂海虞衡志·志器》：“有陶器如杯碗，旁植一小管若瓶嘴。”

（2）指形状突出的部分。唐 皇甫松《天仙子》词：“踯躅花开红照水，鹧鸪飞绕青山嘴。”唐 唐彦谦《游南明山》诗：“白云锁峰腰，红叶暗溪嘴。”

（3）话语。《水浒传》第一一五回：“（李逵）说道：‘我四个，从来做一路厮杀。今日我在先锋哥哥面前，砍了大嘴，明日要捉石宝那厮，你二个不要心懒。’”

47. 肠

（1）消化器官的一部分。状如管子，上端连胃，下通肛门，分小肠和大肠两部分。《素问·灵兰秘典论》：“大肠者，传道之官，变化出焉；小肠者，受盛之官，化物出焉。”

（2）内心；情怀。《史记·万石张叔列传》：“上以为廉，忠实无他肠，乃拜绾为河间王太傅。”《儿女英雄传》第十六回：“只消我如此如此恁般恁般一片说词，管取他一片雄心侠气立地化成婉转柔肠。”

（3）用动物的肠制成的食品。如用猪的小肠装上碎肉和作料等制成者称香肠。

48. 胆

（1）胆囊的通称。《素问·灵兰秘典论》：“胆者，中正之官，决断出焉。”《史记·越王勾践世家》：“越王勾践反国，乃苦身焦思，置胆于坐，坐卧即仰胆，饮食亦尝胆也。”

（2）胆气；胆量。《荀子·修身》：“勇胆猛戾，则辅之以道顺。”杨倞 注：“胆，有胆气。”唐 刘叉《自问》诗：“酒肠宽似海，诗胆大于天。”

（3）犹言肝胆；心曲。《后汉书·光武帝纪上》：“今不同心胆共举功名，反欲守妻子财物耶？”南朝 梁 江淹《为建平王让镇南徐州刺史启》：“吞悲茹号，情胆载绝。”

（4）安装在器物内部，可以容纳水或空气等物的部件。如：热水瓶胆、球胆。

（5）择取；拂拭。《礼记·内则》：“桃曰胆之。”郑玄 注：“皆治择之名也。”孙希旦 集解：“桃多毛，拭去之，令色青滑如胆也。或曰：谓若桃有苦如胆者，择去之。”

49. 肺

（1）人的呼吸器官。五脏之一。《素问·灵兰秘典论》：“肺者，相傅之官，治节出焉。”隋 巢元方《诸病源候论·五脏六腑病诸候四》：“大肠为腑主表，肺为脏主里。”

（2）指用作食物的动物的肺脏。《礼记·曲礼下》：“岁凶，年谷不登，君膳不祭肺。”《儒林外史》第二回：“随即每桌摆上八九个碗，乃是猪头肉、公鸡、鲤鱼、肚、肺、肝、肠之类。”

（3）比喻内心。《新唐书·封伦传》：“然善矫饰，居之自如，人莫能探其膺肺。”参见“肺肝”“肺腑”。

（4）木札，木皮。参见“肺附”。

50. 肝

（1）肝脏。人的消化器官之一。与心、脾、肺、肾合称五脏。《庄子·盗跖》：

“盗跖乃方休卒徒大山之阳，脍人肝而餔之。”《素问·灵兰秘典论》：“肝者，将军之官，谋虑出焉。”

（2）指用作食物的动物的肝脏。《礼记·内则》：“鸡肝、雁肾，鸨奥，鹿胃。”《韩非子·内储说下》：“昭僖侯之时，宰人上食而羹中有生肝焉。”

（3）比喻内心。汉 邹阳《狱中上书自明》：“两主二臣，剖心析肝相信，岂移于浮辞哉！”唐 杜甫《义鹘行》之六：“聊为《义鹘行》，永激壮士肝。”

51. 脾

人或高等动物的内脏之一。在胃的左侧。其功能在制造血球、破坏血球，调节血量，产生淋巴球与抗体等。《灵枢经·顺气一日分为四时》：“脾为牝藏，其色黄。”汉 班固《白虎通·情性》：“脾者，土之精也。”汉 繁钦《与魏文帝笺》：“咏北狄之遐征，奏胡马之长思，凄入肝脾，哀感顽艳。”

52. 肾

（1）人和高等动物体内的造尿器官，俗称腰子，左右各一，位于腹腔后壁脊柱两侧。旧以为五脏之一。

（2）指外肾，即睾丸。清 蒲松龄《聊斋志异·李司鉴》：“又言神责我不当奸淫妇女，使我割肾。遂自阉。”

53. 胃

（1）动物容纳和消化食物的器官。《灵枢经·五味》：“胃者，五藏六府之海也，水谷皆入于胃，五藏六府皆禀气于胃。”

（2）星宿名。二十八宿之一。西方白虎七宿的第三宿。《礼记·月令》：“（季春之月）日在胃。”《史记·天官书》：“胃为天仓。”

54. 心

（1）心脏。人和脊椎动物体内推动血液循环的肌性器官。《素问·痿论》：“心主身之血脉。”《列子·汤问》：“内则肝、胆、心、肺、脾、肾、肠、胃。”参见“心脏”。

（2）心脏所在的部位。泛指胸部。《庄子·天运》：“其里之丑人，见而美之，归亦捧心而矉其里。”旧题 汉 李陵《答苏武书》：“此陵所以仰天椎心而泣血也。”

（3）指胃部。元 朱震亨《丹溪心法·心脾痛》：“心痛，即胃脘痛。”明 陈实功《外科正宗·溃疡主治方》：“补中益气汤……煎一锺，空心热服。”如：心气痛。

（4）古人以心为思维器官，故后沿用为脑的代称。《国语·周语上》：“夫民虑之于心，而宣之于口，成而行之，胡可壅也。”《孟子·告子上》：“心之官则思。”《素问·灵兰秘典论》：“心者，君主之官也，神明出焉。”

（5）思想、意念、感情的通称。《易·系辞上》：“二人同心，其利断金。”《诗·小雅·巧言》：“他人有心，予忖度之。”汉 邹阳《狱中上书自明》：“义不苟取比周于朝，以移主上之心。”

（6）挂怀，关心。三国 魏 曹操《祀故太尉桥玄文》：“奉命东征，屯次乡里，北望贵土，乃心陵墓。”明 唐顺之《与吕沃洲巡按书》：“两公者，一日居乎其位，一日心乎其民者也。”

（7）本性；性情。《易·复》：“复其见天地之心乎？”《韩非子·观行》：“西门豹之性急，故佩韦以自缓；董安于之心缓，故佩弦以自急。”

（8）思虑；谋划。《吕氏春秋·精谕》：“纣虽多心，弗能知矣。”《古今小说·滕大尹鬼断家私》：“在一日，管一日。替你心，替你力。”

（9）中心，中央。《太玄·中》“神战于玄”晋 范望 注：“在中为心。”《南史·孝义传上·江泌》：“菜不食心，以其有生意，唯食老叶而已。”

（10）指木上的尖刺、花蕊或草木的芽尖等。《诗·邶风·凯风》：“凯风自南，吹彼棘心。”前蜀 薛昭蕴《浣溪沙》词：“握手河桥柳似金，蜂须轻惹百花心，蕙风兰思寄清琴。”

（11）指某些点心的馅子。如包子心，饺子心。参见“心子”。

（12）我国古代哲学名词。指人的主观意识。与“物”相对。唯心主义哲学家认为“心”是世界的本体。宋 陆九渊《杂说》：“宇宙便是吾心，吾心即是宇宙。”明 王守仁《传习录》卷下：“天下无心外之物。”

（13）唯物主义哲学家则认为“心”离不开“物”，有“物”才有“心”，无“物”即无“心”。明 王廷相《石龙书院学辩》：“夫心固虚灵，而应者必借视听聪明，会于人事而后灵能长焉。”清 王夫之《读四书大全说·孟子·尽心下》：“言心言性，言天言理，俱必在气上说，若无气处则俱无也。”

（14）佛教语。与“色”相对。佛教把一切精神现象称为“心”，有“三界唯心”之说。《俱舍论》卷四：“心，意、识体一。”

（15）星名。二十八宿之一，东方苍龙七宿的第五宿，有星三颗。《史记·天官书》：“东宫苍龙，房、心。”参见“心宿”。

附录 2：北京大学现代汉语语料库身体词“手”的示例

方的那种言语,啊,在这个这个前门以东这一带,哦,也有资本家,手工业什么的,这一带的人,那个说话呢也不一样,反正他也有阶级性
叫朱棣吧,然后呢,他就带着部队又扫北,又回来。然后呢,在他的手下呢,就有一个,有一个叫国胜公。国胜公,这个国胜公呢,就是N,就是姓冯,叫冯胜。就是还有,大根
凿个眼儿,完了往上凿。私人买完了以后到这装的,买了到这儿装。手续呀,来了上完了交钱就走了,当时可取。
里边,先上那儿有一个洗那什么那,冲洗的地儿,那叫□□□,先洗手,洗耳,反正那一套。你问我,我连礼拜是怎么回事都不知道,他冲完手,完了都冲完了,到礼拜寺上拜
(老伴儿)过去女,女人,一般家庭妇女没工作。这后手这不跟五七,那什么,代营食堂,就五道营儿这儿食堂。这不也退
我没有上那儿去,我就上,那不是五八年招人招的特别多吗?而且还手续很简单,有私人介绍就可以上班。就到工厂,到电线二厂,一直干
泼开水呀,就是你工人N这个罢工,N他就是说这个用百般的这这个手法这个压制你们,不让你们讲话。我这父亲就是,就是后脊梁完全
是练动作,战术课,就是用车给炮给拉出去,搞一些战术动作,各炮手儿的动作,到年底打一回靶,现在部队就是干活儿的多,营建,国防
一世馒头渣子不成,这是普通的生活。你见那个亲戚朋友,那你得垂手直立,这个就跟那个演剧一样儿,前三步后三步,就那个劲头。要严
晚辈,你们是长辈,你跟我说话,我,我起码得欠身,然后这长辈这手这么一指挥,坐下了,欠欠,不然的话就站起来回答,那样儿,就这
里头,藏m个儿玩儿,一块儿什么到什么扯轱辘院儿玩儿藏m个儿丢手绢儿,这我们这几个人玩儿。小蘑菇儿比我小一岁,那白金福比我大
乐儿那那,N那谁也比不了,N不行不行差远了,那一一弄鼻子眼睛手了东了全都表演,绝了绝了没有了。小金牙儿都死了,小金牙儿他徒
吧,他们那些人啊就是都那个给皇上做事儿的,这些人。不是说他亲手做,就是就就好比说吧,
那样。于是，所以你要低头呢又。你要低头捡点儿什么东西，你也得手扶着这个。你要猛这么一低头，这整个儿全zhe1了，连头发也散
是那会儿人都是挽着个大蓉子。他们都挽着个头，披着点儿泥，什么手脏不脏就出来买，就塞在嘴吃。就那么个街上，这叫牛街。穷牛街嘛
去在那个日本时候儿那会儿，我是虚岁十一岁，就是做小买卖儿。后手儿呢，北京这儿是日本，跟张家口还没解放呢。
么去带盐，带电儿白薯什么的。哎，跑张家口儿，再[dai4]后手呢,张家口解放了,这说是我给八路军多少呢,也就是说,按我的思
刚一学的时候儿“人之初，性本善”三字经儿之后那么小学书是“人手足刀马”，我们那时候儿就不懂的，没根本就不给你注音，没有。
啊，我这是连一举手一投足都没有，我们所以这是上嘴唇碰下嘴唇而已吧，这是太小，小
（您原先跟哪儿工作？）解放前我当鼓手，婚丧嫁娶用的乐器，哪那。（解放后呢？）解放后蹬三轮儿3，蹬
有。我父亲哥儿仨，就我一人儿。我还没结婚。在旧社会就指着当鼓手了，挣不了多少钱。只能糊口，糊口就不错，还有糊不上的时候，海
（鼓手都干什么？）鼓手我能、能、我不会吹，我能打家伙儿，拿那板子、
尼,哎,说“你这可别欺负我,我凭尼马尼办事儿”,他们把这,这手指头叫尼马尼,“凭尼马尼办事儿”就是凭良心,他那,那尼马尼是
有经验,他就把这个小学,就说,推荐来各班的不要的,都收拢在他手下。他是特别年轻小伙子,他刚,他是初中毕业就当初中老师,留校
呢,我就说,画一半儿就够了。我就画了一半儿。我想那一半儿我攥手里面,给他看画上的一半儿。我就来了。还拿一凳子,还在同学那儿拿一凳子,因为你拿着凳子就让
行事呢,就是快死的这个人呢,让他,这个,这个,打起这个,这个手指头来,打起这个手指头来。那么,到礼拜寺呢,请一个,那是,那一个阿訇,叫阿訇,
先的那个,这个民俗就是全没有了,全完了,到,一到这现在,说后手,现在,说这改了。现在是中华人民共和国,那会儿刚一改是中华民
拿笔的姿势也是,有这习惯不同,总起来说,反正没有说,这腿,这手朝下,这,这样,你,你看好看吗?是不是,这就跟那什么一样
样,你再看看,八一那时候儿,那个,N八一建军节的时候儿,后手儿,是为省料子,为方便,那咱就不知道了,反正,将解放后,我买
吧,陈商回家以后呢,他也回家了,回家以后呢他就穿着这珍,拿,手拿着珍珠衬,睡着了,正好让他妻子看见了,就把珍珠衬给藏起来了
倾错误统治了中央，军事指挥权掌握在不了解中国国情的德国人李德手中，他排斥朱德等高级将领，胡乱指挥，打输了第五次反“围剿”，
，朱德提出了在晋冀之间建立抗日根据地的意见，坚持深入敌后，放手发动群众，壮大抗日力量的思想。 抗日战争期间，朱德已经五十多
事指挥机关，协助毛泽东统筹指挥全国的军事斗争。 日本人刚刚举手投降，举国欢庆胜利之时，毛泽东、朱德等领袖预计到内战将不可避
1日，彭德怀率师在吴起镇西南山上对准马鸿宾的三十五师骑兵团下手，一举将该团歼灭。随后又打垮了东北军白凤翔的骑兵团。红军乘胜
力量较强的部队一冲就乱，一乱就败。所以，林彪的突袭战术经常得手。他本人也随着胜仗的增多名声渐大并迅速提升。他任军团总指挥时
等战术原则。“一点两面”就是在进攻敌人时集中力量突破一点，得手之后迅速扩大战果，正面进攻与侧面迂回包围、分割、穿插相配合；
林彪在不择手段地迫害异己的同时，把自己的亲信和走卒安插到军队的要害部门。
织武装。二十岁的贺龙在家乡组织了二十多名农民，拉起了队伍，但手里没有武器。当他听说芭茅溪盐局的税警刚刚装备了十多支洋枪时立即高兴起来，他在贩盐时
，把部队打仗的热情全部用于劳动生产上，贯彻了毛泽东的"自己动手，丰衣足食"的方针。打破了经济封锁，渡过了经济难关，迎来了抗
倾错误统治了中央，军事指挥权掌握在不了解中国国情的德国人李德手中，他排斥朱德等高级将领，胡乱指挥，打输了第五次反“围剿”，
，朱德提出了在晋冀之间建立抗日根据地的意见，坚持深入敌后，放手发动群众，壮大抗日力量的思想。 抗日战争期间，朱德已经五十多
事指挥机关，协助毛泽东统筹指挥全国的军事斗争。 日本人刚刚举手投降，举国欢庆胜利之时，毛泽东、朱德等领袖预计到内战将不可避
1日，彭德怀率师在吴起镇西南山上对准马鸿宾的三十五师骑兵团下手，一举将该团歼灭。随后又打垮了东北军白凤翔的骑兵团。红军乘胜
力量较强的部队一冲就乱，一乱就败。所以，林彪的突袭战术经常得手。他本人也随着胜仗的增多名声渐大并迅速提升。他任军团总指挥时
等战术原则。“一点两面”就是在进攻敌人时集中力量突破一点，得手之后迅速扩大战果，正面进攻与侧面迂回包围、分割、穿插相配合；
林彪在不择手段地迫害异己的同时，把自己的亲信和走卒安插到军队的要害部门。
织武装。二十岁的贺龙在家乡组织了二十多名农民，拉起了队伍，但手里没有武器。当他听说芭茅溪盐局的税警刚刚装备了十多支洋枪时立即高兴起来，他在贩盐时
，把部队打仗的热情全部用于劳动生产上，贯彻了毛泽东的"自己动手，丰衣足食"的方针。打破了经济封锁，渡过了经济难关，迎来了抗
中心的艺术梦想，可是残酷的社会现实却迫使她们一个个沦为地铁歌手，乞丐画家，打工模特，群众演员……她们寄人篱下，受尽凌辱，可
我觉得地铁歌手的生活挺浪漫的，既能做自己喜欢的事，又能无拘无束、自由自在，

我，冷冷地说。“暂住证？”我不知暂住证是何物，看着警察戴着白手套伸向我的那只手，我赶紧从口袋里往外掏东西，掏了半天最后掏出了刚刚放进口袋里

它去地铁口唱歌。没了赖以生存的吉他，这彻底打破了我去做地铁歌手的最初设想。就这样，除了身上穿的这身破衣服，我成了一无所有的

过简单的武装后，我抱着吉他来到了地铁口，正式做起了一名地铁歌手。我这样做，并不表示我是一个胸无大志的人，我也想成为一名签约歌手、当红歌星，让歌丿

欢的事，并且努力把它做好，能否得到别人的肯定、能否成为著名歌手并不重要。我有我自己的梦想，我只是喜欢唱我想唱的歌，即使只能

这是我做地铁歌手以来遇到的最慷慨的一位，我有些吃惊，以为自己碰见了个喜欢音乐

临下车时，那个女孩还给了他一个手机号，让他以后常和她联系。可惜，那个手机号很快就让他弄丢了，

起来那个感觉，让人酥到了骨头里，啧啧，可惜呀。我怎么就把她的手机号给弄丢了呢，要是不丢，想她了我不就可以去找她了吗？只听她

色地向我讲述这些“浪漫的事”时，我坐在一边脸红心跳，紧张得把手心都攥出汗来了。讲完自己的事，小五就逼着我，让我把我的艳遇也

听他这样说，我吓得连连摆手。见我被他吓成了这样，他开心地笑了。

一个叫做“上地”的地方，这儿聚集了数百名来自全国各地的摇滚乐手，树村的东北方向是著名的迷笛音乐学校，来自全国各地的有志青年

音，容易招来附近居民的责骂。为了避免与当地居民发生冲突，在乐手们租来的小屋里，练琴时要在窗口、门口捂上被子，以降低音量避免

，以其相对空旷和偏僻的地理位置，迅速地吸引了来此落脚的摇滚乐手，百分之九十的乐手和乐队都汇集于此。

在树村，摇滚乐手的日常生活除了吃饭、睡觉外，就是练琴。偶尔的狂欢聚会是在一处

每天，总有几个，或十几个人在这里懒洋洋地坐着吹牛。在树村，乐手们租得起的房子永远是低矮的棚屋和厢房，五六平米的房子租金在1

即使这么便宜的房租，也有人交不起，于是交不起房租的乐手们就被房东毫不留情地轰了出去，为了不致让自己沦为乞丐，他们只

上贴满了花花绿绿的美女，小五告诉我，原先住这儿的，是个光头乐手，前一段时间他们的乐队出了专辑，有了点名气，他就随乐队搬到市

儿，介绍我们认识后，就坐在他那儿聊了起来。这哥们儿是乐队的鼓手，年纪比我们都小，模样儿长得挺清秀，最讨人喜欢的是那张嘴，甜

下，小五就领着我和其他几个人，其中当然也包括那位讨人喜欢的鼓手，去路边等公共汽车。他说今天乐队要去录音棚为他们的专辑做缩混

了。这是他们乐队第一次录制专辑，作为主唱，小五很认真，他与乐手们一遍一遍不厌其烦地调制着同一首歌，直到后来我发现自己已经会

一个“这妞有点意思”的结论。于是就有人提出，如果谁能把她泡到手，大家就集体出资请他到王府井烤鸭店吃一顿烤鸭。在烤鸭的诱惑下

擦掌，做出一副跃跃欲试、志在必得的样子。仿佛只要他一出手，就可以马上泡到“这妞”，就可以马上吃到王府井的烤鸭。

人嘲笑我，相反在我发言的时候，大家都听得很仔细，尤其是那位鼓手兄弟，一边点着头听我说话，还一边在笔记本上记着什么，仿佛对我

是让小五随队去酒吧演出，只是把他的任务由过去的主唱改成了贝司手。

小五的贝司弹得很不错，刚组建乐队时，他就是个贝司手，现在仍让他去做贝司手，也算是做的老本行。可小五不这样想，他

干了几天，小五就撂了挑子，不愿再干这个贝司手了。大家没办法，只得暂且由他去，想等他心情恢复正常后，再劝他

霹雳，把我们所有的人都吓得傻在了那儿，那个把小五称做五哥的鼓手，甚至还当场哭出了声。

出阵阵恶臭，招来了一群群嗡嗡直叫的苍蝇，让路过的行人不得不一手捂着鼻子，一手将刚刚掏出的一个钢镚或一张纸币扔到他面前的盘子里。还好，人们

地铁口，茫然地望着这个可怜的小孩，茫然地望着来来往往的人群，手机械地弹着吉他，嘴里声嘶力竭地喊着，不知自己的歌已经唱到了哪

在许多外国影片中，我们常常看到在寒风凛冽的街头，某一个自由的手风琴手或长笛手又或是竖琴手旁若无人、无忧无虑地沉浸在音乐的伊甸园中。音乐

。临走时，我听到音像店的经理对老总说：“以后，像这种档次的歌手，最好别往我这儿领！竟然没有一个人愿意买他的唱片，我都替他感

重重的老拳，打得我眼冒金星。他的话也让我明白了，像我这样的歌手，无论歌唱得多好，也没人买我的账，因为我现在还没有一点点名气，而名气对于一个歌手丿

。我很庆幸，当初若不是我坚持了自己的原则，不也就沦为他的“枪手”了吗？

坛混乱、无序到了何种程度。而一个没有任何背景，又不善钻营的歌手，若想在这样的歌坛上获得成功，又是何其难哉！

这位大哥大只不过是一个以词曲作者自居的江湖骗子，像他这样找枪手替自己扬名的事毕竟还不能算普遍。但若一个本身工作便是为歌手扬名开

众所周知，企宣的任务就是为歌手或专辑进行企划和宣传，但圈中很多企宣都是具备作词作曲的本领，

原来，这首歌根本就没到达歌手和唱片公司老板的手中，刚到企宣那里就被判了死刑。后来，田震买

我终于绝望了，就在我想再次重返地铁口，从此安心地做我的地铁歌手，并发誓永远不再

事后，他鼓励我别放弃对音乐的追求，因为在他看来，我这样的好歌手，放弃了实在是太可惜了，他甚至说若如此便是未来歌坛的一大损失

曲而一夜成名，以火箭般的速度，从一个无名小卒迅速蹿红为一线歌手。

容易，运气来了山也挡不住，昨天还是一个蹲在地铁口唱歌的无名歌手，今天就有可能成为一位“著名歌星”！

”那英不假思索地就把运气摆在了第一位。对那英的这句话，我举双手赞成。最成功的艺人不一定是实力最好的人，但一定是运气最好的人

，不过最近有没有空房我不知道。今天几号？”老者停下来，晃着他手里的鸟笼说。

又锯又敲的声响。原以为那儿住了个小木匠，后来才知道对方自己动手做画框。不知道他一天能画多少幅画，但我确定他一天至少能做10

我听了觉得好笑，一笑他手艺不精竟敢出来画像，二笑他的这种谬论。什么艺术呀，你就别糟蹋

他的同学却把手移开边角，露出一个签名给他看——正是这个画家当年的亲笔签名。

可怜的老画家一屁股坐到椅子上，忍不住老泪纵横，颤抖的手任报纸飘了到脚边。这个故事让我记忆犹新。

饭快做好时，又来了个披着长发、手里拎着几瓶啤酒的男孩，一介绍原来他才是女孩的男朋友，刚才他到

怪的是郭静对谁都不感冒，一直到我辍学来到北京，也没人把她追到手。我是个胆小的男生，对郭静除了暗恋，根本就没敢采取过任何行动

们在北京生存下去的了。画像不是我的追求，只是我暂时谋生的一个手段，我的主要心思当然还得放在自己的创作上。劳累了一天，回到画

的奇怪目光，在公园里哈哈大笑了足有3分钟。停住笑后，我举起双手，做了个投降的姿势告饶说：“防火防盗防记者，好好好，我接受你

我一直没有告诉你，我曾经的梦想也是画家。”坐下后，吴琼把玩着手里装橙汁的玻璃杯，望着我说，“那时候，我常穿着一件宽大的麻布

经理王启芳”字样。我给他让了座，他坐下来抽出一枝烟给我，我用手挡住，他便自己吸了起来，边吸边说：“我看到过你的画，也在报上

即从西服口袋里摸出一叠现钞，说：“你点点，２万元。”说着就随手从上面数了１０幅画，卷起来。

真是大款，出手大方。看着他抱着画走到路口，坐进一辆白色的小车的时候，我的心

了，兄弟借我２００块钱怎么样？我的房租该交了，正愁呢！”我随手甩出几百块钱，得意地说：“借什么借，这些钱送你，不用还了。今

我把手搭上了小姐的肩上，这个小姐长得有点像我大学时代的梦中情人郭静

为了和刚认识的女朋友保持联系，便把身上仅有的一件值钱东西——手机给了这个女孩，谁知女孩从此“黄鹤一去不返”，怎么打就是不回

他没读过多少书，但这并不影响他对演艺事业的热爱）后，打了他的手机，按照他给我提供的路线，找到他住的地下室。聊了几句觉得蛮投

分难得的好机会，纷纷赶去应聘。主考官十分认真地面试一番后，顺手取一份协议让我签。协议规定，应聘者成为公司签约演员后，必须向

着膀子、身上纹着狮子、老虎、眼镜蛇的男青年围着两个漂亮女孩动手动脚，其中一个唐山口音、面貌凶恶的大胖子还动不动就喊打喊杀。

“这可是个大好时机呀，该出手时就出手吧哥们儿，晚了恐怕就被别人抢去了。花堪折时直须折，莫

拍摄开始，全场鸦雀无声。正当陈凯歌下令开机时，竟有一个农民举手高声说：“报告陈导，机位错了！”陈凯歌不相信，让人一检查，竟

个曾与她一起在电影制片厂门口被流氓调戏的漂亮女孩——在朝她招手，于是赵雅芝便离开我们往朋友那儿一路小跑了过去。望着她扭动的

雅芝好不容易才见到这位神秘的导演，谁知导演像不认识她似的，让手下的工作人员把她赶走了，并警告她别再来纠缠，否则他们就要报警

”。一次次想找借口打电话问问，可又担心人家反感反而前功尽弃。手机时刻开着待命，每次铃声一响都为之一振。终于从报纸上得知那部

放慢脚步，好让警察抓住我，可是那个警察也是个群众演员，又是新手，心急慌忙，居然摔倒了，于是又只好重拍。第7次时，他总算在导演喊停之前抓住我了，并

还是尽量少用群众演员。为了尽量降低拍摄成本，导演也会使用一些手段。像我们演过一次球迷。几万人的体育场要完全坐满的话，请群众

那天看完《鬼子来了》，我就回到了北太平庄。临走时赵雅芝把她的手机号给了我，又要了我的手机号，一再叮嘱我要“常联系”，没事就到她

些虚弱地跟我说，她有些寂寞，想让我到她那儿陪她聊聊天。我其实手头正有些事在忙，见她邀请，只得推开手头的事，坐上公交车往亚运村赶。

扶她到卧室里休息。我把她扶到卧室里躺下，想抽身出来却发现她的手一直死死地攥着我的衣角，让我无法脱身。

我想掰开她的手，想了想又有些不忍，便坐在床边看着她睡。她睡得安祥而沉静，呼

管很轻，还是把她弄醒了。她睁开眼，一下子抱住了我。然后，她把手插到我的头发里抚摸着，动作轻柔、缓慢，整个过程持续了足有5分

的是满街身背画板的“流浪艺术家”，肩挎吉他在街头弹唱挣钱的歌手。在当地居民区的简陋筒子楼门前，甚至有一些俊男靓女倚在门框上

拿到七八十元的劳务费。最多的一次，是在一个电视剧中扮演主要打手，昏天黑地从下午拍到半夜，直到设计出他被打手打得飞上半空又掉进一个鸭笼，和几只鸭子

一次刚领完薪水，我挤公车回“家”，半道上感觉有个人在我身后动手动脚的乱摸，一开始我以为遇到了性骚扰，我很害怕，也不好意思喊

走过来都要冲他甜蜜地笑一笑、把脸皮笑疼、整整笑了一个月才赚到手的薪水呀，没了它我可怎么交房租、怎么吃饭、怎么把这个月熬过去

常常开不出工资，没下岗就算不错了，我都长大成人了，再向他们伸手，实在是于心不忍呀。

得这么重。后来见我实在可怜，一位导演才决定给吴强８０００元的手术补偿。而剩下的医药费和住院费，我只能四处奔走，请同乡和朋友

而一直等到深夜，我才把喝得满身酒气的吴强盼回来。男友空荡荡的手里没有我企盼的生日蛋糕，原来他是请那些所谓的“导演”喝酒去了

通过半年多的相处，我对你很欣赏……”说着，他边驾车边抽出一只手握住了我的手。就在这时，那排低矮破旧的民房终于出现在眼前，那一刻我像遇见

叛他。不过，他没有为难我，他只是流着泪讲述我们从家乡到北京牵手而来的路上，点点滴滴洒落的所有爱的细节……我知道，我们从相识

物，进美容中心做皮肤护理，或参加各种各样的俱乐部活动。每当将手里的钞票潇洒地抛向柜台，在众人惊羡的目光中，把大包小包的名牌

足。没想到刚呷了几口鸡尾酒，大家还未来得及切蛋糕，黄士明就打手机让我速回和平里。当时因不想扫姐妹们的兴，我就陪她们吃过蛋糕

女和名车的组合也是十分科学的。它成为一种时尚，一种全新的促销手段，是商业社会发展的产物，更是一种进步。

因为展示的是珠宝，所以我们在台上还配合以优美的手动作和体态动作让每个珠宝的魅力更加引人注目。在这次会上，仍有

由于比以前更忙了，我甚至没时间给家里打电话。不过我已配备了手机，妈妈想我了可以给我打电话。一天上午，我的演出刚刚结束手机就

身穿厚大的睡袍，头裹着白色的浴巾。见我进来，兴奋地拉住了我的手，像导盲犬似的将我引进了她的新居。

了我的赞叹，她高兴得站在房间中央转了一圈，“当然了，这是我亲手布置的房间，这些家具都是我亲自去买的，走了很多地方的。”

她的同学说，约她一起去看演出。演出结束后，她和同学一起到了歌手们下榻的宾馆。她认识了歌手们，还认识了一个前来做嘉宾的年轻男演员亚铭。

宾馆外面的歌迷们叫着歌手们的名字，他们忙着签名合影，而她却不想凑热闹，和亚铭一起退到

要在高消费的北京城维持两个人的生活还是不算富裕。更何况亚铭大手大脚惯了，根本不懂得量入为出。

到一丝失落，因为她与亚铭的联系越来越少了，她好想他。由于打他手机不太方便，她只得从报上了解他的行踪。有一天，她在报纸上看到

一张报纸娱乐新闻版上看到了一小块关于亚铭的消息，说是一个女歌手经常到剧组去探亚铭的班，两人亲密无间。问亚铭，他不置可否，只是笑。记者由此认定，那个

酒店。其实，丽娜早就从朋友那里知道亚铭回到了北京，她给他打了手机，没想到接电话的却是一个小女孩的声音，她说：“亚铭现在很忙

其实我才是她们最有力的竞争对手，当然所有女生也都意识到了这一点，我的一举一动早在她们的视线

我的种种优势，高原老师不会视而不见，所以很快我就击败所有对手，走入了高原的视野。很快，我们就陷入了一场天翻地覆的“热恋”

己好坏，根本不像一个情窦初开的少女，倒有些像一个久经情场的老手，有时干脆就像一个荡妇。高原住在学校，又没有女朋友，这为我们

一进他的宿舍，我就会情不自禁地钻进他的怀里，很快他的手就会在我黑发的丛林中穿梭，并把唇印在我的唇上。我们疯狂地吻着

一直以来他认为我是一个非常坚强非常自我的女孩，我的哭泣令他措手不及。我低低地抽泣着，仿佛忍受了多年的委屈。他搂着我，安慰我

怪的是，他仅仅限于抚摸我的身体，一旦接触到敏感的部位，他便把手缩了回去。我能听到他轻微的叹气声。他身上的确有一个男人的温暖

我与赵振南最终还是分手了，说不清为什么，也许是因为他已是个有两个子女的父亲，也许是

明：“不吃可以，但有财务制度，饭费不可能退给个人。”一支由游手好闲之人组成的队伍，还“财务制度”呢，让人笑掉大牙。这时，我

我要先从这些大赛入手，短短一个月中，我就先后参加了服饰大赛、模特大赛、形象使者大

几乎人人都说自己看中的是过程而不是结果，但获得好名次是每个选手的愿望。每个人都想夺冠，每个人都认为自己是最棒的，虽说“文无

慎心理。毕竟，我面对的将是一群无论资历、优势都比我大得多的选手。

赛过程中，我终于知道了什么叫做人外有人天外有天，我所遇到的选手，可以说个个优秀，每个人都有自己的优势，每个人都有自己的杀手锏。与这些顶尖高手同

我能成为歌手，完全是阴差阳错。到北京做一名“北漂”，也可以说是阴差阳错。

到一座住宅小区，当然了，我没忘了带一些礼品。我知道，不能空着手求人办事。处长见我提了礼物上门，一个劲儿怪我太客气了，把他当

阿南已经对我动了心，他假装也像我一样专心致志地看电影，而一只手却慢慢地向我

的肩头滑来。我不动声色地拂开了他的手，他就变得老实多了，直到电影结束，他也再不敢有什么“不轨”行

记了，而男友阿南却把她的话放在了心上。正好那时省里举办一次歌手大赛，本来报名已经结束，阿南动用了他的关系，在我不知情的情况

模拉西”念成“一二三四五六七”，就这种水平，还想去参加什么歌手大赛，那不是出我的洋相吗？

短期音乐辅导班，想用最短的时间接受一些专业训练。不久，这次歌手大赛举行了，我本来就抱着无所谓的态度，所以在比赛过程中很轻松

被埋藏了的天赋。我当然很高兴，但这次比赛仍没有让我产生去做歌手的念头，毕竟我有这么好的工作单位，有这么优秀的男友，没必要非

最终让我决定走上歌手这条道路并去北京发展的，是后面发生的一连串让我无法收拾局面的

我有阿咪的手机号码，到北京租了间地下室安顿下来后，我就给阿咪打了个电话，

吧！”看来，她还不知道我和阿南的事。我告诉她，我和阿南已经分手了，这次来北京也不是出差的，而是准备在这儿待下来长期发展的，

出，吃饭的事只好改天再说了。”说完，她不等我说再见，便挂断了手机。

现在，仅仅听说了我和阿南分手的消息，就不再理我了，还骗我说什么下午要坐飞机去海南演出，这

没反应过来，所以没有及时反击她。现在想清楚了，于是又拨了她的手机，只要她一接电话，我就会把她骂个人仰马翻，也好让她知道我不

拨了几次，她的手机一直占线，我只得暂时忍下了这一口气，去电话亭对面的商场逛了

见她时，就像我今天给她打的第一个电话，在她还不知道我和阿南分手时一样温柔。

一首歌试试。我选了首孙悦的《祝你平安》，经理轻轻地拍了两下手，从她的眼神中我分明感到一丝不屑。她似乎不是在听我唱歌，而是

厅，有时候经理也找不到他，害得我只好和Ｌｉｎａ（另一个女歌手）替他上场。

我和Ｌｉｎａ成了歌厅的主唱歌手，虽然每天都很辛苦，但一想到前程、理想，再苦再累便也都坚持着

老总或文化公司的经纪人看上了，经过包装，这个默默无闻的酒吧歌手，一炮走红，成了大歌星。

我当初决定到歌舞厅做歌手，也常幻想自己有这么好的机遇，但现实告诉我，这种几率简直比中

的这位“哥们”。他给我推荐的这位作曲家叫杨名，是位给很多的歌手作过曲的著名作曲家，我与这首歌的词作者打的去见这位作曲家，然

我坐在沙发上一言不发，他把手搭在我的肩膀上，身体挨得很近。我转头看他，这个男人长得不错，

摆在我面前的，正是这样一个状况。我已经把在歌舞厅辛辛苦苦做歌手所赚的钱，全投入了那首歌上了，眼下的工作就是把它推出去，否则

给了一个副总打理着，而这个副总在许多事上又做不了主，比如与歌手签约或是推一张专辑这样的大事，都必须电话请示毛仁风；三是，因

你是高尚的，还是卑鄙的，拼到最后还是拼的实力。高尚和卑鄙只是手段，而不是目的。

蹦来跳去的给观众抛媚眼。她那叫唱歌吗，简直像夜总会里的下流歌手！这种人，早晚要出事的，国家不会眼睁睁看着她把社会风气搞坏的

无论过去还是现在，我都喜欢对看不顺眼的事指手画脚。有人把这种毛病归咎于年轻气盛，言下之意，是一种幼稚的表

我睡得很晚，所以第二天9点我才醒来。办完退房手续时，我正要离开旅馆，忽然想起了昨天晚上看到的事，于是便问服

我直到现在仍弄不明白，当初爱得要死要活的一对恋人，怎么会说分手就分手了呢？

超音速歼击机在飞碟面前，渺小得像一只只蚊子。面对如此强大的对手，人类开始使用曾经成功地改造了地球的智慧。这是战无不胜的，这是人类的杀手锏。

这个吹嘘曾给成龙做过替手的群众演员，竟真的敲了一下“熟人”的脑壳。“熟人”有些生气，

那些导演很熟。之后，他又以想得到角色得给导演送礼为借口，从她手里要走了３０００元——这是许丽闯荡北京带来的所有的钱。

为了糊弄许丽，他亲手导演了一出好戏：找了几个“群众演员”，告诉许丽要拍一部大戏，

又用同样的伎俩，一直和另外几个女孩同居。既然许丽主动提出“分手”，对已不“新鲜”了的许丽，他也已经无所谓了，于是很潇洒地就与她分了手。

刘小雄叉着腰站在人群前，把我们打量了足有5分钟后，开始用手往人群里指点着。被他点到的人，都兴奋地从人群中挤出来站到他的

种年龄和穿着的都有。刘小雄身后停着一辆中巴，一个戴着墨镜、打手势的男人，正站在车前，一俟人点齐后就招呼我们上车。

辆中巴把我们送回了电影制片厂门口，天已经黑了下来。刘小雄让助手给每人发了１５块钱。有的人觉得钱太少，跟刘小雄的助手大声吵了起来，吵

部所谓的“纪录片”，我觉得那不过是小儿科罢了，哪里好意思在高手如林的电影学院显摆。

优秀的影视剧首先得益于优秀的剧作，优秀的剧作出自优秀的编剧之手，这应该是人所共知的常识。

而浪得虚名的导演，在演员脸上找不到清纯的眼神，实在是件让我束手无策的事。

的名片到处发，以骗色为主。另一种是副导，这类导演只是导演的助手，很多只是跑腿的，一般资格不会很老，没有太多的权力，不过，组

辆夏利，司机们正站在车旁抽烟、跺脚、大声说话。在晨雾中，他们手中的烟头发出若隐若现的红光，像鬼火闪闪。

购物指南》等报纸，上面有大量的生活信息，招聘、购物、征婚、二手车等等，我想看的是房产信息，看了半天都觉得贵得出奇。

呼。他们只会在你成功的时候给你桂冠，而当你失败的时候，他们指 手 画脚把你说得一无是处。”

他还知道笛卡尔赌技高超，陀斯妥耶夫斯基因为戒赌砍掉了自己的 手 指，拉伯雷一生没长门牙，叔本华头枕左轮手枪睡觉……

我曾经追求过我们剧团的女演员“嫦娥”，“嫦娥”最拿 手 的好戏是饰演《奔月》中的嫦娥，由此得了个“嫦娥”的称呼。可惜

大事可不是儿戏，总不能因为我辞职这点“小事”，咱们就真的要分 手 吧。每次，她都冷冷地说：“咱们之间没什么好说的了，当初我就已

谈了一年的女朋友就这样分 手 了，我真是想不明白，那些刻骨铭心的山盟海誓，怎么会禁不起这么

，不是不愿意收留我，就是试用两天后就把我赶走了，原因是我“笨 手 笨脚，不适合干这种工作”。

我当然不会真的去做自杀那样的蠢事，我还活着， 手 还能动，脚还能走路，头脑还能思考。我相信天无绝人之路，在所有

演出开始，舞台上不断突然冒出的升降台、传送带、机械 手 和灯光、音响更是给了观众很大的震撼与惊喜。可以说，羽·泉在两

现在弦乐系列和摇滚系列，在“开往春天的地铁”中，演奏二胡的乐 手 被升降台送了高空，再加上电影片断的剪接搭配，歌曲的意境被表现

能成为他的助 手 ，我非常兴奋，也有些诚惶诚恐，生怕自己由于缺乏工作经验在他面

，正在拍摄一场水战，岸上挤满了围观的群众，我正在岸边与几个助 手 抢修道具，突然听到有人喊我的名字，我抬起头，看见不远处有个穿

信，一个劲地怪我阔了就不认这帮穷兄弟了，真让我哭笑不得。临分 手 时，他给了我一张名片，请我有时间到他的服装店坐坐，他要请我喝

会。此时，电视剧拍摄已近尾声，方平让我回北京，协助他的一位副 手 去做个唱的舞美工作。

，他又会重新振作起来，投入到新一轮的拼杀中，那也将是我大展身 手 的时机。我坚信，所有的

喜欢像我这样有漂亮曲线和优美声线的乖女孩。那些孩子，经过她一 手 细心的调教，后来都进了艺校，也有的考到北京、上海去了，但我似

去吃顿饭也是常事，都是工作上的事，我根本不会为此设防。我去洗 手 间略作打扮，便随他步行着往不远处的一家饭店走去。路过一家音像

本来是喝白酒的，但为了陪我，也喝起了干红。席间，我去了一趟洗 手 间，回来后喝完最后一杯干红，发现头有些昏昏沉沉。后来就随斐亚

前一步揪住我的领口用力往下一拉，我的胸罩露了出来。我本能地用 手 捂住胸口，对方却生气了。他说厂家做的还有丰乳产品广告，这么不

边说一边往前凑，我一阵慌乱竟坐在了地上，穴头顺势压在我身上， 手 不停地乱摸着，嘴里说：“我喜欢你，做我的女朋友吧……”显然，

站在天桥上向我叙说完了自己的经历后，马晓军不禁拉着我的 手 ，激动地说，“晓晴，我终于找到你了，这不是做梦吧！”

军为我对理想的不懈追求而感动，他从怀里掏出一张银行卡塞到我的 手 里，动情地说，“晓晴，这些钱够你上电影学院的了。你就放心地去

棚开张了，先给我来个写真集吧。马晓军乐了，那还用说。与晓军分 手 后，我们有一个多月没联系。我在想，他之所以这么长时间没呼我，

月没见，马晓军比以前瘦了许多。寒暄了几句，他做了一个“请”的 手 势将我让进了摄影棚。棚里除了几台摄影机外一无所有，更加阴湿寒

调试镜头。整个拍摄过程中，他很少说话，我们之间的交流几乎是用 手 势来完成的，包括我在灯下摆造型、试服装这样难度很大的细节，他都可以用手势准确地表达

着想着，我索性将电视关了，一个人躺在床上蒙头大睡。我躺下不久 手 机骤然响起，原来是李先生叫我，他告诉我，那广告决定让我拍了，

渐形成。二十四年，赴汉中,拔曹军出困境，集中兵力于荆州，并着 手 离间孙刘联盟，欲各个击灭。继唆使孙权袭杀蜀汉名将关羽，使曹军

节度使亦会于卫州,安庆绪倾邺城兵7万来援。子仪选3000弓弩 手 设伏于营垒，先战后退诱安军至垒下，伏兵万箭齐发，安军败走。子

移。途中大量抛弃甲仗财物，诱明军竞相争夺而乱阵,遂率部反击得 手 ,斩俘将校70余人、步骑数千，获柿园大捷。进围汝宁(今汝南)

抗日幌子，处心积虑“统一”云南；而龙云则处处防备蒋介石的这一 手 ，坚持龙氏小王朝独揽云南政治经济军事大权的局面。关于云南的政

蒋介石这时对龙云所运用的政治 手 腕是：一面派中央大员如宋子文等人向龙云多方疏通、拉拢，一面以

个老牌的帝国主义、殖民主义国家，十分自高自大。它向来惯用两面 手 法控治欧洲大陆，挑拨战争，从中渔利，这是它的拿手好戏。在第一次世界大

后路。而英缅军第一师及装甲七旅共七千多人辎重车百余辆，竟至束 手 无策。经我军猛烈攻击，至午即将敌击退，英军全部解围。

到皎克西后问罗为什么这样改变决心，罗拿出蒋介石四月二十四日“ 手 启”电给我看，其中要点是：“腊戍应有紧急处置，万一腊戍不守，

战的意见，蒋始终未复，不知他的意图；第三，我认为蒋二十四日“ 手 启”电是未了解棠吉二百师的战绩，决心变得过早，给史、罗钻了空